辽河文明

梁海燕◎主编

王颖 张洋 何丹◎副主编

辽宁人民出版社

© 梁海燕　2021

图书在版编目（CIP）数据

辽河文明 / 梁海燕主编.—沈阳：辽宁人民出版社，
2021.5

ISBN 978-7-205-10113-8

Ⅰ.①辽… Ⅱ.①梁… Ⅲ.①辽河流域—文化史—研
究 Ⅳ.①K296

中国版本图书馆CIP数据核字（2021）第003977号

出版发行：辽宁人民出版社

　　　　　地址：沈阳市和平区十一纬路 25 号　邮编：110003

　　　　　电话：024-23284321（邮　购）　024-23284324（发行部）

　　　　　传真：024-23284191（发行部）　024-23284304（办公室）

　　　　　http://www.lnpph.com.cn

印　　刷：沈阳市昌达印刷有限公司

幅面尺寸：170mm×240mm

印　　张：25

字　　数：300千字

出版时间：2021年5月第1版

印刷时间：2021年5月第1次印刷

责任编辑：董　喃

装帧设计：G-Design

责任校对：吴艳杰　等

书　　号：ISBN 978-7-205-10113-8

定　　价：98.00元

编委会

主　编
梁海燕

副主编
王　颖　张　洋　何　丹

编写人员
（以姓氏笔画为序）

王　博　王　颖　朱学武

齐光宇　孙其媛　何　丹

张　洋　黄玥琪　鄂孟迪

梁海燕　葛起龙

序

郭大顺

十多年来，辽宁省文化艺术研究院（辽宁省文化资源建设服务中心）把地方特色文化资源尤其是文化遗产的研究整理和宣传推广作为一项重点工作，在国家和省文化主管部门的大力支持下，全面系统地梳理了辽宁的物质、非物质文化遗产和其他地方特色文化资源，组织策划制作了几十部辽宁地方文化专题片，基本形成了系统化的地方特色专题片资源库。其中，《辽河文明》文化专题片是重中之重，该片内容丰富，影响较大，分为上、中、下三部，共60集。这次把文化专题片《辽河文明》编写成书，将成果加以延伸，是我省文化事业中一件很有意义的事。

多年的考古发现和研究证明，辽河文明，从史前到近现代，有诸多区域特色，又在中华文明起源、中华传统文化形成、中华民族文化多元一体格局形成历史上起到特殊重要作用。突出表现为：在中华文明起源过程中，辽河流域曾先走一步。早在旧石器时代早期的营口金牛山遗址，所出古人类化石就表现出较北京人进步的人体特征，并掌握了保存火种的技能；旧石器时代晚期的海城小孤山洞穴遗址所出由两面钻孔的骨针，比时间较晚的北京周口店山顶洞遗址的同类器物要进步，更出有国内唯一的带倒钩、"栏"的骨鱼镖；阜新查海遗址所出龙形象和玉器，是提出"上万年文明起步"的最早依据；到了距今五千年前，以朝阳牛河梁红山文化"坛庙冢"为象征，辽河流域率先跨入文明社会。此后，辽河流域仍然保持着强盛的历史发展势头：距今四千年以后、遍布辽宁西部山区、聚落遗址数以万计的夏家店下层文化，被称为"与夏为伍"的强大方国，可能与商文化起源有关；在多民族长期融合的背景下，燕秦帝国在山海关内外的绥中渤海北岸，建起漫延 50 公里的行宫，其规模、规格都可与秦阿房宫相媲美，并为汉魏延用，是秦汉大帝国和统一多民族国家形成的象征。到了先秦以后，从鲜卑、契丹到满族，许多重头戏都是在辽河流域及其邻近地区的舞台上演出的。在这一历史演进过程中，活跃于辽河流域的各族先人们，也是中华传统文化的学习者、继承者和创造者，如红山文化"坛庙冢"的组合、北庙南坛的布局与玉龙凤等玉器群，都为后世所长期传承，直到明清时期，是中华文化与文明连绵不断最集中的体现；新近在北镇医巫闾山辽陵揭露的陵前享殿建筑群，开皇家陵寝享殿由单体到群体的先河，明清时期从关外到关内宏大的皇家陵寝建筑，都由此延续。从中华文明史开端的红山文化到中国最后一个封建王朝——清朝，都为中华民族文化多元一体格局的形成和发展做出过杰出贡献。就中国历史上长期存在的南北对立格局来说，早在五千年前的红山文化，就在与黄河流域仰韶文化等的频繁交流中实现了南北第一次融合，此后从秦统一以来，一直是以筑长城、设重防，来隔绝北方与中原，直到满族兴起，善于总结历代经验，正确处理民族关系，敢于说长城内外是一家，才彻底改变了游牧民族与农耕民族对立起来的格局，长城失去作用的同时，中国北部出现明确的疆界，中国最后一个封建王朝，也是中国漫长历史的集大成者。

《辽河文明》一书，对以上内容都有重点论述。书中还用较多篇幅谈到辽河流域的自然地理形势和域内外的文化交流。就自然地理形势而言，辽河流域的西部是处于蒙古高原向华北平原过渡的丘陵地带，东部则是东北松辽大平原的组成部分，有东北至西南走向的山川和漫长的海岸线。至少在距今万年到四五千年前，辽河流域是暖湿性阔叶林和针叶林混交的森林草原带，这种自然地理环境，既适于本土文化的成长，又是南北之间与东西之间交流的天然通道，使辽河流域既属于东北文化区，又成为东北文化区与北方草原、中原区交汇的前沿地带。不同经济类型和不同文化传统的群体间的交汇，往往会产生意想不到的效果。红山文化"坛庙冢"这一中华五千年文明象征的出现，就是以渔猎为本的红山文化与以粟作农业为主的仰韶文化北南交汇的产物。此后辽河流域作为商周北土、秦汉郡县以及后世诸中央王朝的辖区，又都是多民族文化频繁交汇的场所。辽河流域的文化交流还经常影响到广大东北亚地区。如前所述，早在旧石器时代，小孤山旧石器时代洞穴遗址骨针的出土，就意味着古人类已学会缝制皮衣，为走向更寒冷地区、走向新大陆作好了准备。查海遗址玉玦和玉匕的组合，也见于日本海的东、西两岸，黑龙江流域也常有具红山文化特征的玉璧类以及年代更早的玉器出土，说明自万年以来在东北和东北亚地区就存在一条"玉器之路"。青铜时代和早期铁器时代，以曲刃青铜短剑为代表的辽河流域古文化和燕文化都影响到朝鲜半岛和日本列岛。辽河流域还是从欧亚大陆到东北亚地区东西文化交流的一个枢纽。商周之际的"北方式青铜器"和两周之际前后可能与山戎族有关的夏家店上层文化丰富多彩的草原文化内涵，都有来自于内蒙古中南部甚至更西的成分。公元3到6世纪是中国历史上民族大迁徙、大融合时期，也是东西方文化交流更为活跃的一个时期，这一时期辽河流域先后出现的公孙氏、慕容鲜卑族和高勾丽民族建立的政权，作为辽河流域与东北亚地区交流的使者，促成了骑马文化的东传，也是中西亚的先进文化因素如玻璃器、金饰品等向东传播的必经之路，从而直接影响到朝鲜半岛和日本列岛的文明起源进程和国家的建立。此后辽王朝与西方交往，除了文献记载外，考古也屡见中西亚文化因素，如契丹族喜用的琥珀饰件，其原料就是由遥远的波罗的海经中亚到达辽王朝的，说明这条"草原丝绸之路"延续到10世纪以后仍然畅通。

《辽河文明》的作者们除了对以上内容都有重点描述以外，还在科学化与大众化辩证结合上做出努力。力求做到文章结构多变、语言通俗活泼，以将丰富多彩的历史画卷更生动地展示给越来越多的读者。为此，他们除尽量引用新的考古资料，吸收最新研究成果以外，还经常下到考古遗迹现场，亲身体验，掌握第一手资料，这对于一个以文艺传媒为主要职责的单位来说，十分难能可贵。

据我所知，辽宁省文化艺术研究院（辽宁省文化资源建设服务中心）自承担辽宁地方特色文化资源建设任务以来，通过国家立项，先后拍摄制作了《辽宁古塔》《辽宁长城》《辽宁历史文化名镇》《一宫三陵》《辽宁国宝》《辽宁满族文化》等文化专题片30多部，这些文化专题片已经成为辽宁省优秀数字文化资源的传承精品。其中《手艺辽宁》文化专题片获得2019年度辽宁省第十五届精神文明建设"五个一工程"奖；《一宫三陵》《手艺辽宁》还分别荣获2018年度中国广播影视大奖专题类一等奖；另有《古塔辽宁》《辽砚》《辽宁满族文化》等文化专题片都在优秀国产纪录片季度推优中获得优胜奖。《传承》文化专题片获得2017—2019年度辽宁省广播电视大奖一等奖。《辽砚》获得2020年度全省优秀电视纪录片大赛优秀作品奖。《辽河文明》获得2020年度全省优秀电视纪录片大赛优秀作品提名。这些数字文化资源都作为优秀教育资源被选入中组部党员远程教育系统和学习强国辽宁平台，并在"魅力中国"海外平台推出的辽宁专区《魅力辽宁》、辽宁广播电视台、北方导视频道、辽宁先锋IPTV党员远程教育平台、辽宁文化共享频道、辽宁文化云、辽宁文化数字网、辽宁文化共享APP、辽宁省文化艺术研究院公众号等传统和新媒体上多渠道推广传播。这些文化专题片不仅对辽宁地域文化宣传推广、文旅融合发展和文物保护传承做出重大贡献，同时对弘扬中华民族悠久的历史文化、扩大对外文化交流也具有积极的意义。从目前所见成果来看，在科学运用资料前提下追求通俗化和艺术化方面，也有越来越熟练的趋势。

习近平总书记多次强调要增强中华民族的文化自信，并指出文化自信是建立在文化自觉即对本民族本区域历史文化实事求是的"自知之明"基础上的，为此，要将加强历史考古研究提到文化建设的日程上来。对辽宁来说，还存在提高地方文化自信的问题，因为与黄河文明和长江文明相比，对辽河文明的认识还有待大力加强，这是向世界展示辽宁形象不可缺少的有机组成部分，应多渠道多行业多形式进行宣传。振兴辽宁，文化建设是不可或缺的大事，研究宣传辽河文明，讲好辽宁故事，责任重大，前景广阔，也很急迫。希望辽宁省文化艺术研究院（辽宁省文化资源建设服务中心）在《辽河文明》等项目已取得成果的基础上，总结经验，弥补不足，不断有新的更成熟的作品问世。

2021 年 6 月 2 日于沈阳御林家园

目录

辽河文明

上篇

———

源远流长

奔腾入海

第一章

——辽河水域和龙的迷踪

源头涓细，汇聚千百，蜿蜒千里，奔腾入海。

悠悠辽河，荡漾古今，

孕育了中华文明的第一道曙光，

也培育了博大精深的东北文化。

从洞穴到城市，从红山文化到盛京盛世，

辽河，是一路谱写传奇的生命之河，

更是穿越地域与时空的鲜活历史。

跟随着母亲河的容颜与沧桑，

我们读出的是，她厚重生命里的，

那些躯体与灵魂，那些故事与过往，那些熟悉与陌生。

辽河风景

　　在中国东北地区的南部，一条大河多支多脉，它的树枝状水系发自多个源头，逐渐汇聚一体，而后再分出支脉流向各处。这正如中华文明的起源和发展历史一样，多源汇聚。它，就是中国七大江河之一——辽河。

　　"辽水出卫皋东，东南注渤海，入辽阳。"这是先秦古书《山海经》中对于辽河的记载，也是关于辽河的最早记载。辽，本为辽远之意，后来又有了大辽水、巨流河等名。也许，我们的先祖不曾想到，几千年来，这个"辽"字，对于这片热土地名的衍生产生了非常重要的影响。

　　辽河是中国东北地区南部的最大河流，干流总长 516 公里，包括辽河、浑河、太子河、绕阳河等水系，水系内长 100 公里的河流有 29 条。辽河水系犹如一棵大树与它大大小小的枝干一样灌溉着广袤的黑土地，滋润着数千万辽河儿女。在中国，有文字记载的历史是从 4000 年前的夏朝写起，然而在辽河流域，却发现了从 40 万年前远古人类到 5000

辽河俯瞰图

年前三皇五帝时期的无字遗存。这里，也是中国最后一个封建王朝——清朝的发祥地。历经人世沧桑、朝代更迭，久居在这里的人们祈愿"辽河流域永远安宁"。"辽宁"，便取意于此。

辽宁省昌图县的福德店是辽河干流交汇点的所在地，沿河上寻，有东西二源，东辽河发源于吉林，西辽河又分别发源于河北与内蒙古。辽河上游东西两支的千百涓流就是在这里汇聚成河，自东北向西南贯穿辽河平原。汇集万千细流的辽河似乎从福德店开始，变得豪迈而富有激情。

在辽宁，除了西部与东部的丘陵地带，中部平原则由深厚的河流冲积物构成，地势平坦，间有沼泽和滩涂分布；1958 年，辽河水系在盘山县六间房被人工堵截，至此辽河流域分成两个独立入海水系：辽河、绕阳河在盘山县境内双台河盘山汇流入辽东湾，浑河、太子河经大辽河在营口市入渤海。

大辽河入海口——营口

　　辽河流域地处暖温带，气候温暖湿润，无霜期长。从古至今，自然风光秀丽，古迹名胜众多，物产资源富饶，民族风俗独具特色，一山一川，一草一木，一民一俗，都有着独特的文化印记。在工业、农业与城市建设的飞速发展中，辽河有如母亲，一直无私奉献着她爱的乳汁。但问题却出现了，水源条件日渐恶劣与经济发展的迅猛有了越来越突出的矛盾，因此，保护母亲河的行动迫在眉睫。

　　辽宁是东北地区唯一的沿海沿边省份，这样的地理位置，具有得天独厚的优势。辽河流域成为我国古代中原黄河文化与北方少数民族文化的交汇过渡地区，也是中国与域外文化交流的枢纽之地。从发现距今40万年前的辽河流域庙后山古人类遗址到距今5000年前的红山文化，在这近40万年的历史跨度里，辽河地域出现的旧石器文化、新石器文化、青铜文化、铁器文化等文化现象，均印证了辽宁为中华民族和中华文明的发源地之一。

地域、时间、出土的具有一定特征的遗存和遗物的共同体，是构成考古文化命名的基本条件。考古文化研究的对象是出土的文物，包括石器、陶器、骨器、玉器、青铜器、墓葬及各种器物上的各种纹饰，以它们之间存在的共同点。以筒形罐和彩陶为主要特征之一命名的红山文化则是辽河文明中最具标志性和识别性的地域文化，辽宁由此也被认定为是中华民族与中华文明文化的发源地。

在不断被探寻的辽河流域，各个时期均有遗存发现。营口金牛山遗址与北京周口店遗址晚期时间相近。新石器时代，在这里居住的除汉族的先人外，还有肃慎、东胡等民族的先人。在各民族祖先的共同努力和开发建设下，辽宁形成了与我国"中原古文化"既有内在联系，又有自己特点的"北方古文化"区系。

夏、商、周时，辽河流域畜牧业和手工业已有雏形，开始使用青铜器，与中原地区关系进一步密切起来。步入秦汉时期，河北、山东等地居民迁至辽宁，与当时居住在这里的土著共同开发辽河流域，并实行了郡县制。这时，铁器已在农业生产中使用，随着人口增多、土地开垦面积的不断扩大，农业、牧业、渔业、蚕业都进入了一个繁荣时期。

东汉末期，由于各族统治相互争夺，中原形成了分裂割据的局面，辽河流域为公孙氏占据，高句丽族也曾一度在此称雄。随后，唐王朝在此设都护府。"安史之乱"后，契丹族兴起，辽宁为其主要活动地区，辽东并一度为渤海国势力范围。接着，女真族举兵抗辽，建立金朝。在金与南宋对峙期间，新兴的蒙古族崛起，先后灭金和南宋，建立元朝。

喀左北洞商周青铜器窖藏

此时，辽宁已成为"边户数十万，耕垦千余里"的富庶农业区。冶铁、丝织、制瓷业也很发达，金矿已有开采。鞍山之北曾设置铁榷，抚顺的煤已供烧制陶瓷之用，盐业也有发展。明朝接管元对辽宁的统治后，在继续发展农业的基础上，将冶铁、制盐为主的手工业也发展起来。当时，本溪已成为全国闻名的三大冶铁中心之一。

明朝中晚叶，女真人首领努尔哈赤用武力、怀柔、联姻等手段征服了东北的各族部落，定都新宾，建立了后金政权。其奖励移民开垦的政策，吸引关内大量移民涌入，耕地面积再度扩大，使辽宁成为当时重要的粮食生产区之一。皇太极继位后，改国号为大清，女真族逐步强大。至福临继位后，统一中原，建立了清王朝，国都由盛京（沈阳）迁至北京。辽宁因是大清的"发祥地"，划归盛京特别行政区管辖。

随着近代考古学的发展，我们能够更加清晰地与母亲河的历史隔空相望。

从历史轨迹中可以看出，辽河流域的文明与中原同步兴起，是中华文明起源地之一。自秦开却胡后，中原农耕民族逐渐东移，在历史的发展进程中，以各种不同的方式，携带自己的生产技术和技能，在这里生根、开花、结果，最后形成多元一体的文化。这一多元一体的文化，是

牛河梁遗址出土的女神像

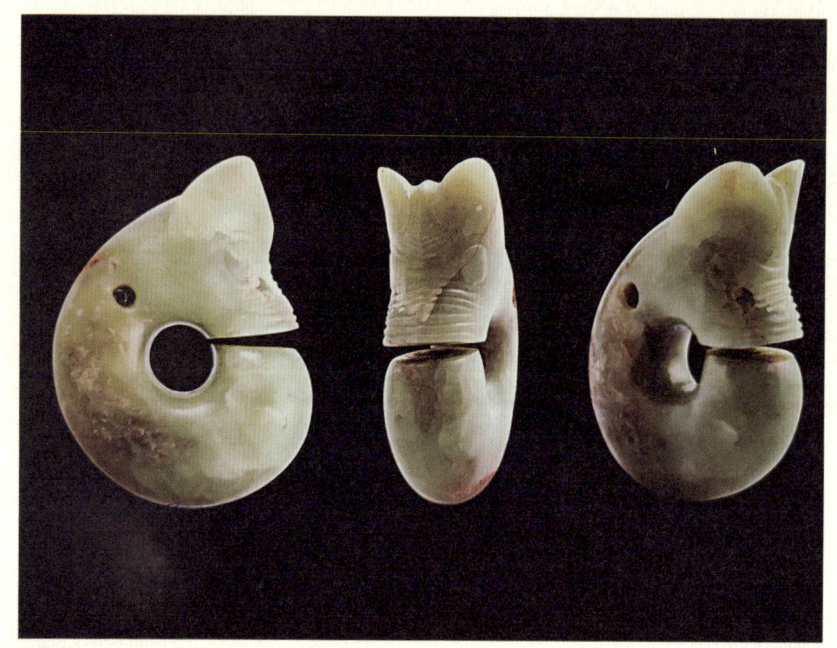

红山文化玉器——玉猪龙（牛河梁）

以活动在这里的华夏民族与曾经在辽宁地区出没的如乌桓、鲜卑、契丹、女真、蒙古等多个民族的文化汇合交融而成的。

牛河梁红山文化遗址发现的女神庙和女神像，打破了中国没有女神雕塑的历史记录。红山文化是中国龙文化的滥觞，辽河流域的龙文化起源早、多类型、成体系，出土环境保存良好，它对中华龙文化产生了巨大影响。玉文化也是中国文化精神的载体，而辽河流域的史前玉文化，大约与龙文化同步产生，它与龙文化一起，构成了辽河文明的联翩亮点。

作为世界文化遗产的五女山高句丽山城，沈阳故宫、清永陵、清福陵、清昭陵，九门口长城，无不闪耀着历史文化的异彩。

古人说："日月经天，江河行地"，辽河蜿蜒千里，奔腾入海。它生生不息的血脉，孕育了胸怀博大的辽河文明。那么，辽河流域的往世今生到底如何？在神龙魅影中，我们是否能够探得真龙原形？在远古先民的聚落里，我们是否能感受到那升起第一缕文明的曙光？古老的辽河水系到底还蕴涵着哪些不为人知的故事？作为辽河儿女，面对隔世的遥远，我们有必要一同穿越历史时空，步入悠远岁月，置身聚落，触摸兵戈，去感受先祖生活的或熟悉或陌生的过往。

历史黎明

第二章

—— 辽河流域的远古人类

经历近百年的考古探索，
我们与沉睡了28万年的金牛山人进行了历史性会面，
也感受到了4万年前小孤山人的智慧生活。
这些旧石器时代遗存将传达给我们怎样的信息与启示？
追随辽河流域古人类的足迹，
让我们踏上人类起源进化的探秘之旅。

金牛山遗址全景

美丽富饶的辽河流域，滋养了一辈又一辈的远古先民。从数十万年前起，我们的祖先就来到了这里，留下了神秘而罕见的踪迹。这些足迹，似乎在向我们提供一条通往史前时空的路，带领我们去找寻人类起源问题上一些悬而未解的答案。

1973 年，考古工作者在位于辽宁省大石桥市南 15 公里的金牛山上发现了一些哺乳动物化石，经过专家鉴定，其中一块为 20 万年前早已灭绝的肿骨鹿下颌骨。消息一出，顿时引起了省内外文物部门的高度重视。

除了由国家、省、市三级工作人员组成的发掘队，北京大学考古系教授吕遵谔以及他的学生也参与到了研究工作中来。从 1974 年到 1994 年的多次发掘中，工作人员发现了食虫类、啮齿类、灵长类、奇蹄类、偶蹄类等 70 多种哺乳动物化石，这些绝大多数已灭绝的动物不但对于确定东北中晚更新世的地层情况，更对研究东北地区的远古地理气候状况意义重大。在金牛山，最重要的发现莫过于人骨的发现。

棕熊头骨化石

葛氏斑鹿角化石

梅氏犀下颌骨化石

肿骨鹿角化石

普氏羚羊颌骨化石

　　经过专家的校正和修复，学者们惊讶地发现，这些骨头属于同一个人，从耻骨等一些特征判断金牛山人是个女性个体。在世界考古史

金牛山人头骨出土现场

上，保存这么完整的人类化石标本是十分罕见的。在地下沉睡了数十万年的这些远古人类化石，尤其是头骨，给我们带来了丰富的人类进化信息。

根据国际地质考古界通用的一种同位素地质测量方法——铀系法测定，金牛山采集样本的测定平均值为28万年，即旧石器时代早期，这正是直立人向早期智人过渡时，这也证实了专家的研究结果。在发现人骨后的发掘工作中，人们又发现了九处灰堆，灰堆中有烧土和炭屑，以及动物烧骨近两百件，人类敲骨吸髓的碎骨片近万件，石器两百多件。这些资料为研究当时人类生存、生产和生活状态提供了重要依据。

在人类进化史上，火的作用极大，对火的有效控制与利用不仅改善了远古人类的物质生活，同时也丰富了他们的精神生活。火驱散了寒冷，也驱走

刮削器

了黑暗，却留下对大自然的神秘记忆。所以，火对人类的艺术创作和传承提供了条件，也是许多精神文化灵感产生的源泉。

专家发现金牛山人具有铲形门齿等东亚蒙古人种的特征，这些特征在现代中国人的面部仍然有较高概率的体现。金牛山人是中国大陆乃至整个世界上最早出现的早期智人之一，他们比同时期生活在周口店的北京猿人体质进步，也是已知最早采用封火法保存火种的远古人类。著名古人类学家贾兰坡先生指出："当北京人仍然生存于世，具有进步性质的金牛山人已在世界上出现。"金牛山人填补和连接了人类进化系列上的重要缺环，对研究人类的进化历史具有重大学术价值。1985年，金牛山考古发现被列为中国五大考古发现之首，当年科技界推荐其为世界十大科技进展之一。1988年，金牛山遗址被国务院列为第三批全国重点文物保护单位。

在辽宁发现的旧石器时代早期文化遗存，除了金牛山，还有位于辽宁省东部太子河畔的庙后山，这里是旧石器时代早期在我国分布最北的洞穴遗址之一，在这里发现的人类牙齿化石经测定距今约40万年。

庙后山人的打制石器很有特色，具有华北地区匼河——丁村系大石器文化传统，也同朝鲜半岛的旧石器文化有密切关系。

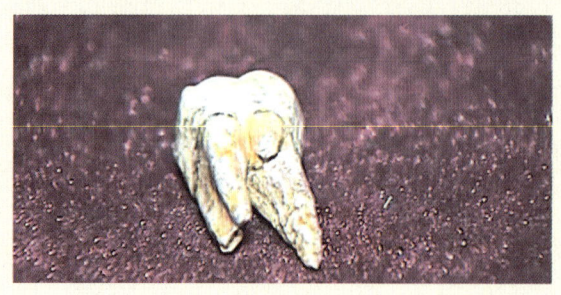
庙后山遗址出土的人类牙齿

根据出土的石器和动物化石，专家认定，庙后山人已经能用砸击法、碰砧法、锤击法制造石器。因为其地层年代关系较早，庙后山人被称为"东北第一人"。

在旧石器时代里，人类使用比较粗糙的打制石器，过着采集和渔猎的生活，度过了漫长的洞穴岁月。在这漫长的时间里，他们从低级发展到高级，慢慢走出了茹毛饮血的时代。

位于辽宁朝阳的喀左鸽子洞遗址，距今约7万年，属于旧石器时代中晚期遗址。洞穴在大凌河畔，为奥陶纪石灰岩组成的岩厦结构，洞口朝东向阳，有洞道通主室。鸽子洞人继承了周口店北京猿人文化，用石英石制作石器，形体趋于小型化，以岩羊为主要狩猎对象。

鸽子洞也发现了完整的用火痕迹，还出土了不同动物及粪便化石，也为分析古人类生存的气候和环境提供了重要依据。

旧石器时代晚期的主要成就，是人们学会了制作细石器和使用复合工具。弓箭的发明为狩猎增添了一种新武器，从此，人类可以猎获大兽、飞禽和游鱼。位于海城小孤山的仙人洞遗址，距今约4

鸽子洞遗址

万年，小孤山遗存联系着贝加尔湖以东、东亚北部大片地区，也说明人类发展出现了质的飞跃。

骨鱼镖是在小孤山遗址出土的重要文物，这是中国发现的时代最早、也是中国旧石器时代遗址出土的唯一一件骨鱼镖。它的形制与欧洲马格德林文化骨鱼镖相似，是选用鹿角为料，以锯、切、刮等多种技术制作的。鱼镖的两侧做出双排倒刺，且有栏有柄，便于叉牢猎物，经模拟实验，可捕捉60厘米以上的大鱼。利用鱼镖叉鱼，不仅加长了人的手臂，也极大地增加了捕鱼的速度，扩大了当时人们的生活范围。

在小孤山遗址还发现了三件钻孔的骨针。制作技术较时代较晚的山顶洞人剔孔骨针更进步。有了骨针，人类就能用粗针大线把兽皮连缀在一起，作为遮身御寒的衣服。由此人类可以走出洞穴，走向平原，向更寒冷的地区发展，甚至可以越过海峡，到达新大陆。这扩展了人类活动和交往的空间，辽河流域运故化的进一步发展也由此拓开了新路。小孤

小孤山遗址

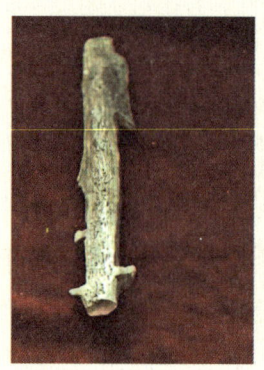
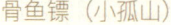
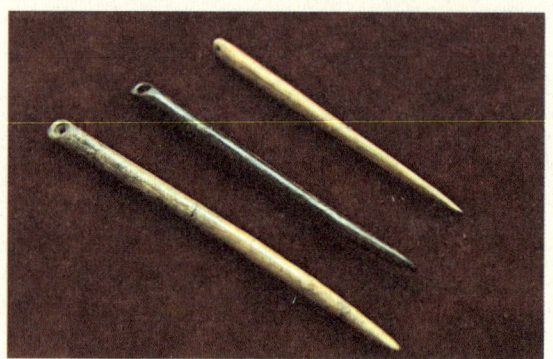

骨鱼镖（小孤山）　　　骨针（小孤山）

山遗址出土的饰品中，一件以刻划纹作为装饰的小圆盘形的装饰件甚为重要。从它的装饰性花纹可以看出，有些饰件已经从普通的装饰品发展到带有较多思维观念的工艺品，它的出现表明了小孤山人的精神生活和审美观念已经很不单调。装饰小圆盘在欧亚大陆西起法国，向东经德国、捷克、波兰等国家，至俄罗斯顿河流域的旧石器时代遗址中都有发现，是旧石器时代人们的一种很有特色的艺术品。亚洲的发现仅限于贝加尔湖以西的地区，小孤山遗址的发现，填补了贝加尔湖以东、东亚北部大片地区的空白。以饰件和骨针为代表的服饰文化的出现，是人类文化史上的一件大事。

在小孤山遗址，形制先进的骨鱼镖、骨矛头、骨针及利用动物牙齿、贝壳做成的装饰品的发现，令人十分震撼，这说明旧石器时代晚期人类的发展出现了质的飞跃。特别是被熟练运用的挖钻技术，已经将人类带出了原始阶段，走向了文明。

从 200 万年前开始，到一万多年前为止，是地质时代更新世，那个时代早已飘然远去，现代专家和学者们只能以考古发掘所获古人类骨化石，以及他们所制造的工具和遗留的生活痕迹作为研究对象，去探索人

穿孔项链（小孤山）

类的起源和演化。

　　辽河流域是远古人类活动较早的地域之一，在辽宁，已发现旧石器时代遗址十余处，人类化石标本四例。其中，金牛山人的体质进化程度和小孤山人创造的物质文化水平，都走在了人类进化史的前列，极具东北地域性渔猎文化特色，成为辽河文明起源的先导。但对于他们是走向消亡还是延续至今成为中国现代人的祖先，仍旧在探索中。

　　悠悠辽河水，广袤黑土地，还有这些弥足珍贵的遗迹和化石，就像一部记录地质演变远古动物变迁和原始人类生存进化的教科书，包括了旧石器时代早、中、晚期较为完整的序列。未来的研究成果可以带着我们穿越漫漫岁月，一路追随着远古先民重温"告别蒙昧，走向文明"之路。

龙出辽河

——从查海到牛河梁

第三章

这是一个震惊了世界史学界及考古界的发现，在辽河流域的几处远古人类聚落址中，巨大的龙形堆塑、类龙纹浮雕陶片，振翅欲飞的木雕鸟纹权杖、造型奇特精美的龙形佩饰，相继呈现在世人眼前。中华龙祖呼之欲出，所有线索仿佛是在为龙的传人提供一条寻根之路。

查海遗址龙形堆石

在中国人的十二生肖中，唯一非现实存在的动物是龙。在中华文明的发展史中，龙是一个非常神奇的精神存在，它已经成了民族精神生命力的象征，一种血脉相承的凝聚力。

龙，究竟是从哪里来的？又是从什么时代开始成为图腾？它是如何演变成今天的形象的？这又和中华文明的起源有着怎样的渊源呢？跟随考古发现，让我们一起回到"龙之初"。

查海遗址位于辽河支流绕阳河源头、辽宁省阜新县沙拉乡内。1982年，辽宁全省文物普查工作正在进行时，工作人员发现了它。经过考古工作者的全面发掘，这个神秘先民居住过的聚落址被掀开了神秘的面纱：遗址主体部分面积约1万平方米，周围有环壕围绕，中间以房址群为主，在房址群间分布有窖穴，聚落中心有墓葬群。在这处聚落址中，最惹人注意的是位于中心部位数量众多的堆石。为什么会有这么多的石块？它们集中在一起是在表达着什么呢？与龙的起源有关系吗？

更令人吃惊的是，这个遗址距今约有八千年，已经远远超越了我们华夏文明五千年的说法，因此，这处新石器时代的聚落遗址，便被称为"辽河第一村"。那么，这个时期的先民有着怎样的文化和精神追求呢？在查海遗址中发现的数量众多的堆石会是龙的雏形吗？到过考古现场的工作人员曾这样回忆他们初见石堆时的情景。王绵厚（辽宁省博物馆原馆长）："基本在房址的旁边，在地下一米到两米深清理出来石堆的。如果不是考古专业人看，一般人想看出龙也很难，但仔细看能有一个形。走向基本是东西走向，不是纯东西，我印象是西南到东北走向。"

经过进一步测定，这些堆石是与石脉质料相近的花岗岩石块，首部朝西南，首部以下是十多座墓葬，尾部朝东北，与聚落中最大的一间房屋相邻，可见整体堆摆的位置十分显赫。仔细观察石堆，首与身处石块的堆摆尤为厚密，而尾部石块则较松散。随着了解深入，研究人员不约而同有了相同的看法：石堆的造型生动形象，酷似一条飞龙，龙昂首张口，弯身弓背，尾部若隐若现。然而，这个看法在当时看来，只是一种猜测。

除了大型的龙形石堆，遗址的房址中还出土了一定数量的陶器、石器、玉器、细石器。有些陶器上竟出现了类龙纹和蛇吞蛙等题材的浮雕。这些陶片，为"石堆为龙"的猜测提供了有力的印证。

随着时间的推移，摆塑方法成龙的实例又分别在河南和湖北两处距今六千年的古遗址中相继出现。河南濮阳的蚌壳龙，湖北黄梅的卵石龙，均为查海"石堆为龙"提供了依据，由此可见，摆塑龙是早期龙的一种普遍形式，查海先民对于龙的崇拜，是确定无疑的。随之，这条巨型的石堆龙，也确立了其为国内年代最早、形体最大的龙形象的地位，被称为"华夏第一龙"。并且，随着龙形象的确立，专家推断，龙形石堆广场是查海先民聚会和祭祀活动的场所。

饰蛇衔蟾蜍纹筒形罐（查海）

浮雕龙纹陶片（查海）

巨大的龙形堆塑、成排的房屋、独特的墓葬、制陶工艺、玉玦状耳饰等远古遗迹与遗物为后人拼接出了一个进入文明起步的灿烂的古老文化。很多专家认为，这个文化是红山文明的前身与渊源。

在沈阳市北部的黄土台地上，考古人员发现了距今约七千年的新乐遗址。这处遗址，是辽河下游平原最具代表性的史前遗址。遗址由四十多座房屋组成，除出土了同时代遗址应有的陶器、石器、玉器、细石器和煤精制品外，还有一件特别的木雕艺术品——"鸟形木雕器"。

这件鸟形木雕器出土于遗址最大的 2 号房址中，全长 38.5 厘米，宽 4.8 厘米，呈扁平长条形，本体由嘴、头、身、尾、柄五个部分组成。除柄外，全身双面雕刻，饰几何菱形纹饰，刀法娴熟流畅，线条刚劲细腻，宛如振翅欲飞的鹏鸟，我们不难想象，这件至今看来仍旧栩栩如生的木雕品，在七千年前，一定也是难得的艺术珍品。

据民族学资料载，这件木雕艺术品是古代一种表示等级地位的礼器——发笄，是代表等级身份的标志物。只有首领一类人物才能拥有纹饰特殊、个体特大的发笄，而且只有在举行重大仪式时才能使用。据此，说明新乐氏族已经有了某种程度的社会分工和社会阶层，而这个鸟形木雕器属于哪种图腾，始终没有定论，有人说应属龙类，也有人说是凤头鸟，更有人说是鹏鸟。尘封七千年岁月的遗迹也许并不能给我们带来确切的答案，但可以肯定的是，新乐人是辽河流域中又一个以鸟形作为图腾崇拜的氏族，是辽河文明史上的又一次跃进和传承。

如果说，初创期的龙文化，只是具有了龙的一些基本特征，是龙形象的初现和龙文化的滥觞，那么红山文化则是进入了龙的定型期，同时揭开了史前龙文化最为辉煌的一页。距今五千年前后，在燕山以北，在大凌河与西辽河上游流域活动的部落集团创造了灿烂的文化，中华文明的曙光在辽河流域升起，这就是把中华文明史提前了一千多年的红山文化。

20世纪70年代到80年代的十几年间，很多在红山文化遗迹附近的文物单位陆续收集到一些古玉器，其中以一件圆勾形的古玉器最具代表性。这件玉器造型很奇特，看不出具体的年代和用途，这引起了研究者的高度注意。这究竟是什么年代的遗物，

鸟形木雕器（新乐遗址）

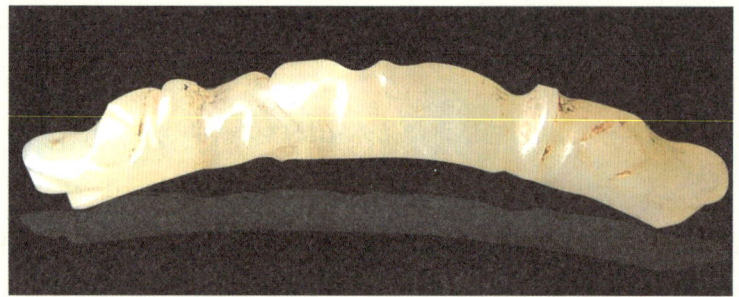

双龙首玉璜（东山嘴）

绿松石鸮（东山嘴）

牛河梁遗址玉猪龙出土照

玉器的出土地点是墓葬、窖穴还是其他地点，一切还没有定论。

当时，以郭大顺为领队的辽宁省喀左文物普查队正在辽西朝阳地区进行着田野工作。随着考古工作的深入，东山嘴遗址和牛河梁遗址被先后发现，一座珍奇而古远的文化艺术宝库的大门被渐渐打开。

在东山嘴遗址中出土的双龙首玉璜，以其独特的造型成为公认的红山玉器代表。随后，1983 年，在牛河梁遗址出土的一种有或猪或熊的兽首的环形玉器成为大家关注的焦点，人们称它为"玉猪龙"。令人惊奇的是，在以牛河梁遗址和红山为中心方圆二十万平方公里的红山文化分布区内，发现的玉猪龙一共有二十多件，而这二十多件玉猪龙无论从整体的造型到细部的处理都惊人的一致。这些玉猪龙到底是不是辽河流域早期玉龙的延续，它们和后代的玉龙又有怎样的联系？

从红山玉猪龙与后世两千年商代玉龙的形象比对上，专家推断，玉猪龙更为原始和抽象，很可能就是后世所塑造的龙图形的祖形。而那件最初被发现的圆勾形的古玉器，也正是红山玉龙中的另一代表类型——"C 字形龙"，也称勾形龙。其体形硕大，长喙前伸，鼻端截平，梭目上挑，鬣毛动感飘扬，龙身内蜷刚劲有力。

在红山文化的众多遗物中，以龙做题材的饰品层出不穷：女神庙遗址内的泥塑龙、龙纹图案彩陶器等等，均具有独特精美之感。而这些所有与龙有关的文物，都相互成为彼此的印证，甚至，在某些大型的墓葬中，还发现了龙凤合体的玉器。

1987 年，著名考古学家苏秉琦先生所著《华人·龙的传人·中国人——考古寻根记》一书中，明确地阐述了辽宁西部地区的红山文化为中华龙文化标志，是中华文化起源和文明起源这一观点。辽河流域以红山文化为代表的几处古人类聚落址，也随之一并被世人瞩目。

通过对红山玉的研究，相关专家推断，红山人将玉器作为随葬品，

"C" 字形大玉龙（内蒙古赤峰翁牛特旗赛沁塔拉）

既是身份的象征也是在表达与尸身共存的一种祈愿。被埋在历史洪流中的红山文化，作为一支地处辽河流域内的原始文化，正在发挥着关乎文明起源问题的巨大作用。

而除了新石器时代中晚期的红山文化遗存，我们在早期青铜器时代的夏家店下层文化遗存中仍然能够找到龙的踪迹。在辽河地区，龙的定型延续到青铜时代，这就是属于先商文化一支的夏家店下层文化的彩绘龙。夏家店彩绘龙有单首双身龙，夔龙纹和兽面纹，它们都是在黑陶器磨光的表面，以黑色为底，用朱、白、彩三种色彩表现的龙形象，神秘性和宗教祭祀色彩更加浓厚。

红山文化龙凤玉佩（牛河梁）

同时，夏家店下层文化的龙纹，都已经高度图案化，与后世的龙形象更为接近。特别是与商代青铜器龙纹更为相似。

从查海到新乐，再到牛河梁，龙文化、文明起源过程与基本演化序列清晰可见，也是五千年文明起源的新课题。而尘封五千多年的牛河梁祭祀古建筑露出真容，更是史前龙文化发展的一个高峰，无论是作为随葬品的玉雕龙，还是积石冢上的龙纹陶器和伴随先祖偶像的泥塑龙，都是大规模祭祀建筑的一个部分，承担着人类关于人和自然、灵性和上苍的最初思考和沟通的渴望。

夏家店文化夔龙纹彩绘陶瓿（大甸子）

古国文明

——红山文化

第四章

这是一个将中华文明史提前了一千多年的考古发现，在辽宁西部的牛河梁一带，尘封了五千年的红山文化重见天日，庄严神圣的远古殿堂，带着神秘微笑的红山女神，等级森严的古代墓葬，数以千计的精美玉器，一切的远古遗迹，为后人拼接出了一个五千年前的古老文明图画。

牛河梁遗址远景

　　牛河梁，是燕山支脉努鲁儿虎山南麓的一组山丘，在牛河梁的土山上，是老百姓的庄稼地，庄稼地边上散落着不知道什么年代留下来的石块。1983 年，辽宁省博物馆考古队驻扎在了牛河梁，经过实地调查和了解，他们惊讶地发现，这些石块竟是五千年前的红山人垒在墓葬上的标志。困惑了考古学者近半个世纪的谜题终于解开了：红山人的墓葬，不是那一时期普遍流行的"土坑竖穴式"，而是在墓的顶上堆满石头的"积石冢"。

　　到目前为止，人们还没有在平地上发现 "积石冢"的踪影。而红山人为什么要不辞辛劳地把大石运到山顶，将积石冢建在大山的顶部呢？积石冢以设置中心大墓为主要特征。积石冢不仅结构特别，就连它周围的摆放器物也很有特点。在积石冢周围，最引人注目的是环绕排列的彩陶筒形器。这种筒形器上下中空又无底，高近半米，值得注意的是，许多筒形器内部都放有一块小石头，象征着沟通天地。

根据红山文化墓葬的特点，专家判断有诸多积石分布的牛河梁地区，具备了红山文化古国"陵区"的规格，在同时期诸考古文化中，社会分化已达到出现凌驾于一切之上的王者一类人物。红山文化积石冢是较为明确的一例。

记载在中国漫长的历史中，超越氏族社会首领的一类人物的出现是从五千年前的黄帝开始的。而在同时期的尼罗河畔，也正出现了埃及法老们的那些巨大坟墓——金字塔。红山文化发现的积石冢，边缘起台阶，顶部平缓，时间距今五千五百年，其形式与时代都介于埃及马斯塔巴和台阶式金字塔之间，这应不是偶然的巧合，从形制及其演变看，称之为"中国金字塔"，是名副其实的。

牛河梁第 16 号遗址虽然不是牛河梁遗址群中最大的一处，但却是发掘最早的一个遗址。早在 1979 年，这里就出土了 11 件精美的红山文化时期的玉器，轰动一时。二十多年之后，一个做工精美、高度写实的红山玉人，又在这里横空出世了。

在对红山文化墓葬的发掘过程中，考古队员们发现了一个特殊的现象：红山文化的墓葬有一个独特之处，就是只随葬玉器。牛河梁第二地点 1 号冢 21 号墓是出土玉器数量最多的墓葬之一，但就是在这样一座随葬品如此丰富的墓中，竟然没有新石器时代墓葬中普遍随葬的陶器。

这些玉器仅仅是代表墓葬主人财富的多少或者权力地位的大小吗？接下来的发现似乎否定了这一点。红山文化墓葬中虽普遍随葬玉器，但在各类墓葬中的随葬玉器却很少，就是中心大墓和大型的石棺墓，一般也不超过 10 件。这与红山文化积石冢的巨大规模显得很不

积石冢上的彩陶筒形器（牛梁河）

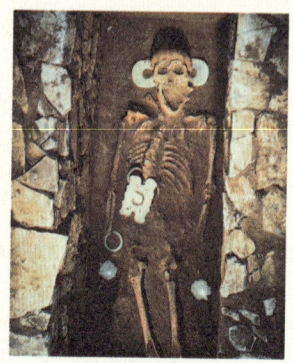

牛梁河第五地点冢1中心大墓

玉人（牛河梁）

勾云形玉器（牛河梁）

相称。

如此矛盾的现象让考古专家们得到了另一种启发，他们认为，这恰恰反衬出每一件随葬玉器的分量更重，含义也更为深远。看来，这些玉器主要不是财富占有的显示，也不限于表现等级差别，而是自有其特定的实用功能。

红山文化的玉器可分为三类。第一类是斧、凿等工具和兵器；第二类是如龙、虎、龟、蝉、熊等动物雕塑；第三类则是具有某种特定形状的器物，如勾形玉佩、连环饰、琮、箍、璧、环、璜等。这种具有特定形状的玉器分别代表了什么我们不得而知。但当我们把这类玉器同《周礼》中记载的六种玉礼器璧、琮、圭、璋、琥、璜相比较，就会发现它们竟然有着惊人的相似。 因此，有学者认为这些随葬的玉器，在当时有可能是作为一种通神的礼器。

随着考古工作的进一步开展，考古队员们又有了新的重要发现：在积石冢里还有红山人建造的大型祭坛。这座祭坛位于牛河梁第二地点冈丘的顶部，两侧都有积石冢相邻。坛体为正圆形，直径达 22 米，这座祭坛的特殊之处就在于，它不是简单地由石块砌出一个外圈形成坛形，而是砌出十分规整的同心三重圆圈。

中国具有悠久的原始信仰历史。民间信仰源自民众对自然和祖先的崇拜。这些被称颂的历史人物，受到民众的尊崇而成为偶像，并且被加以神化。造庙祭祀，成为一道独特的文化景观。那么，中国最早的庙宇在哪里？

1983 年的秋天，考古队员们在冲沟里发现了泥塑的人耳，而在它的不远处，竟有一座五千年前的庙宇。庙的平面结构呈"亚"字形，主体由主室、东西侧室、北室和南三室连为一体，另有南单室，总范围南北长 25 米，东西宽 2—9 米，面积 75 平方米。在室内，考古队员们发现了大量的人物塑像碎块，有头、肩、手以及乳房等部位的残块，均属女性。更让考古队员们惊叹的是，其中竟有一个如真人头部大小的泥塑头像，她的脸形为方圆形，颧骨突起，双眼中镶嵌着两块经过抛光处理的青色圆形玉片。

这就是在牛河梁遗址的主梁上，继积石冢和大型的祭坛之后， 考古队员们发现的修建于红山时期中国最早的庙宇——女神庙。

中国远古女神，在地下埋藏了五千年之后，终于露出了她那端庄而

牛河梁女神庙遗址

泥塑大耳

牛河梁遗址女神像出土

又高贵的容颜。

从旧石器时代晚期起，女神雕像开始在欧亚大陆各地广泛出现，她被称作大地母神的女神像，象征着生育，也象征大地和收获。作为一个群体和民族生命力、延续力的体现，受到原始先民的广泛崇拜。到了文明时代初始，神庙已经成为政治和经济的中心。红山女神像反映的是红山先民更高层次上对于祖先偶像的崇拜，不仅如此，据已掌握的资料分析，女神像中有主神，庙内众神像以主神为中心的严格层次性是以人世间人际关系为依据的。是以"一人独尊"为中心的等级制度，在宗教上被固定下来的体现。

值得一提的是，女神庙作为先祖偶像的居所，总面积竟然还不到100平方米，最窄处仅2米，以如此窄小的空间容纳以大型神像群为主、包括动物神在内的丰富而庞大的阵容，曾使人对它的功能产生怀疑：这是否是一座盛装神像的仓库，而对神像的祭祀是在另外的地方？其实，

牛河梁遗址祭坛

牛河梁遗址第二地点坛与冢

这正说明当时主持祭祀与神对话是极少数人甚至"一人"的权利，是神权独占的体现。

积石冢、祭坛、女神庙、玉葬之礼，一系列考古发现让我们不得不重新审视我们的祖先，在万里长城以北的塞外，他们已经有了较为发达的宗教信仰和礼制，在五千年以前的红山文化时期，已经形成了一个比较完整的体系，这种坛、庙、冢三合一的布局，一直延续到明清时期北京的天坛、太庙和明十三陵，而这两者的先后承袭关系说明，中华文明起源的过程也是中华文化传统形成的过程。

从红山文化升起的中华文明曙光，沿着辽河流域渐渐清晰起来，为辽宁这片土地找到了文化之根，更为中华民族镌刻下了最初的文明记忆。今天，牛河梁红山文化遗址作为辽宁的主要文化符号，已经具有了强烈的标签性意义。对于它的发掘，至今依然在不断进行，更多历史的疑团和文明的记忆，等待着它给予新的解答。

第五章

辽河女神

——祖先的世界

红山文化坛、庙、冢的相继发现，让辽河流域成为世人瞩目的焦点。

透过薄雾笼罩下的层层面纱，我们看到了一个神秘的古国，一个上古时代的宗教圣地。

栩栩如生的泥塑神像，规模宏大的祭祀中心，精心的规划与布局，人文与自然的巧妙结合。

那究竟是怎样的一个世界？红山人的物质与精神世界到了哪种层次？

让我们通过远古先民留下的遗迹一起去窥探五千年前祖先的世界。

在辽宁省喀左县县城东南，有一个三面环山的小村落，名叫东山嘴。由于村后有三座相连的弧形黄土山梁，恰似一座山的嘴，故而因此得名。山嘴的正中有一座长方形的平坦台地，在它的上面，五千年前的红山人建造了一座大型祭祀址。

这座石砌建筑相当讲究，采用错缝砌法，长条基石经打磨，棱角突出，表面光滑。遗址内有圆形祭坛和方形建筑址。总体布局按南北轴线分布，注重对称，有中心、有两翼，主次分明。这种反映中国传统建筑特色的建筑群址在我国新石器时代还是首次发现。在这个遗址中考古学家发现了许多遗物，其中最重要的是陶塑人像。大多数人像已经残缺不全无法辨认了，只有两件小型孕妇裸体立像和一件大型人物坐像残块幸运地被保留了下来。

这两件小型裸体孕妇泥像，是写实性很强的小型圆雕作品，它们的尺寸都不到正常人体的二十分之一，在这小小的黄土泥块上，五千年前的巧匠展示了才华。两尊裸像一尊修长，一尊丰满，各显丰姿。国内外许多专家看到这两尊女裸像的第一眼印象就是"中国的维纳斯"。

19世纪以后，在世界上许多国家的旧石器时代晚期至早期青铜时代里的遗址中，都发现过一种丰乳、肥臀、极度夸张生殖器官的女性形象。但在中国的考古遗存中，有关人体形象的材料却很少，大多是器物上的贴塑、附饰等。长时间以来，人们一度认为中国与女神无关，然而这一观点被红山文化一系列发现所击破。

红山人塑造的这两尊女裸像在当时究竟代表着什么呢？结合东山嘴遗址具有祭祀的性质来看，专家们首先将这些人物塑像定性为具有宗教性质的崇拜物。当时的人们通过这两尊女裸像，在祈求着什么呢？人类自诞生之日起，生存与自身繁殖是他们面临的第一个现实问题。在严酷

东山嘴遗址全景

的生存环境中，他们要与野兽搏斗，争夺生存的空间，要与自然搏斗，获取生存的权利。在这样的条件下，人类想要与自然抗争，唯有依赖妇女旺盛的生育能力，通过繁衍后代增加人口来提高整个部落的竞争力。因此，对女性生殖力量的崇拜，自然成为原始宗教和神话中十分重要的部分。

　　从旧石器时代开始，在世界各地见到的许多用象牙、兽骨或石料制

东山嘴祭坛

作的孕妇形象，通常就被认为是生育崇拜的偶像。它们一般是全裸的，

东山嘴陶塑孕妇裸像

少数有局部的遮蔽物。臀、腹、乳房等能够代表女性特征的部位均被极力地夸张，面部则修饰草率或根本无意去表现，而东山嘴遗址出土的小雕像与他们有着异曲同工之妙。

从人类的宗教观念起源的过程看，这种塑像被认为是生殖崇拜的象征，无疑是很有道理的。那么，她仅仅是母系氏族社会的一个简单标识物吗？

为了更好地解释其中奥义，这时考古学家们将目光转向了那件与小型孕妇像共出的，呈双臂相交、盘腿正坐姿态的

东山嘴陶塑孕妇裸像

东山嘴陶塑人物坐像残件

中型陶塑像，专家们推断，这样的塑像可能并非直接置于露天坛顶之上，而是应有"神居之所"，散见于东山嘴遗址的红烧土建筑构件残块，也隐约暗示着这种特殊居所的存在。果不其然，在东山嘴遗址发掘后的第二年，考古专家们在北距东山嘴三十公里的牛河梁，发现了比东山嘴更大的坛庙冢遗址和大批玉器及女神像，红山文化从此异军突起了。

"猪山无意，女神有情。"这是考古学家郭大顺先生在讨论牛河梁红山文化祭祀遗址的布局时总结出的十分富有诗意的一句话。站在举行神社活动的大平台上，向南极目远眺，脚下是莽莽群峰，在群山的后面，一座巍峨的山峰映入眼帘，远远望去，山形正面酷似猪首，与神庙及山台南北遥遥对应。在这座山峰与神庙间的各个山梁上，红山人布置起了一座座积石冢，如同突兀升起的一座座山陵。他们环绕在庙台的南部，好像虔诚的臣子，拱卫着心中的诸神。

神庙是继东山嘴遗址之后的又一重大发现。其地下部分保存之完好程度，内容之丰富多彩，尤其是神像群规模之大，形象之逼真，都大大出乎了人们的意料。"女神"头像形象逼真，仪态庄静，她的器官特征与所谓的"维纳斯"形女神不同，"维纳斯"形女神是对生殖魔力的崇拜，而此处的女神与积石冢紧密联系，很有可能是对"祖先偶像的崇拜"。那么他们有着怎样的生活生产形态呢？从牛河梁陆续出土的人和动物的骨骼对此给出了清晰的答案。

除女神外，在这个遗址里还有大鸟的翅膀、猪或熊的鼻子、鹰的爪子等残块出土，神庙的墙壁上似乎还有各类仿木装饰泥条与壁画，这是一座雄鹰护卫下的高大而神圣的殿堂。它真正向人们展示出了一个神的世界，它是上古时代的宗教圣地和艺术宝库。

初看牛河梁遗址，几乎所有的遗迹与遗物对我们来说都很陌生，然而细究起来，几乎所有的东西对我们来说又很熟悉，红山文化的金字塔，给了我们同样的印象和启示。这座建筑建在牛河梁遗址区南部的一个名叫"转山子"的山冈顶部，编号为牛河梁第十三地点，海拔564.8米，它是一个占地1万平方米外形呈截锥状的以土石混筑的建筑。

牛河梁第十三地点

红山文化玉器——玉凤（牛河梁）

红山文化玉器——玉龟（牛河梁）

如此大规模的巨型建筑，它所动用的土方和石方量，都要以上万立方米来计算，工程量大得惊人。堆土与外石墙既是界限清晰的两部分，又是相互结合的整体，尤其是直径六十米的石台阶，砌成正圆形状，一丝不苟。

这样精致而细腻的手法，让人不由得联想到红山文化发达的玉器制作工艺。红山文化出土了很多精美的玉器，其中的玉龙、玉鸟、玉龟以及勾云形玉器、马蹄形玉箍器等无一不带有浓厚的宗教色彩，它们是专为巫师及权贵阶层制作的，因此工艺要求十分严格，没有专业化的制玉工匠队伍是完不成的。

由此看来，由庙、冢、坛建立起来的大规模的祭祀场所不仅是一个部落或一个部族的宗教活动中心，更可能是整个部落联盟的中心。这个中心的出现以及伴随它而产生的神职阶层和工匠队伍，反映了这个社会结构的巨变。特权阶层掌握神权和政权，他们迫切需要一个维护他们权力的工具，从这一刻开始，国家已经产生在即了。

红山文化中的祭坛、神庙、贵族墓构成的固定祭祀场所，祭祀中的一套规范、程序化的惯例，孕育着"礼"的初始，是古代文明孕育、萌芽、发展的母体。龙、龟图腾崇拜的历史与中华文明的孕育、萌生、形成、发展、传播与融合的历史是一致的，龙与龟的文化史更是折射出中华文明史连绵不断的发展历程。

牛河梁女神庙极其珍贵的价值就在于，既有明确的崇拜对象——神像群体和神居之所——庙址，而且女神庙还不是孤立存在的，而是作为整个祭坛遗址群的一个组成部分。与庙呈三位一体组合的积石冢与祭坛，是以祖先的亡灵作为祭祀对象，是更高层次的祭祖场所。正如苏秉琦对女神头像的评价："女神是由五千五百年前的红山人模拟真人塑造的神像，而不是由后人想象创造的神，她是红山人的女祖，也就是中华民族的共祖。"

牛河梁是一个在占地50平方公里范围内包括坛（祭坛）、庙（宗庙）、冢（陵墓）三位一体的大遗址群。这个遗址群按南北轴线规划布置，使诸多遗址之间既有主次又彼此照应，形成以女神庙为中心，以巨型建筑为前沿，以诸多积石冢为环围，有主轴、有两翼、有呼应的大规模礼仪性建筑群体。

这是一种将人文景观融于大自然之中的规划思想，这一规划思想已经超越了以一人独尊为主的人与人的等级关系，具有人与自然协调关系的深刻含义。此时的红山人，在尊重自然、适应自然，进而将人文与自然相协调并融为一体的观念方面，已经进入了一个很高的境界。

红山文化是富有生机和创造力的优秀文化，它全面反映了中国北方地区新石器时代文化特征和内涵，对于后世有着广泛而深远的影响。

石城与石棚

——北方土方国和半岛巨石

第六章

在辽西，绵延不绝的石城堡映射出一个雄踞燕山南北与夏王朝对峙的强大方国集团，密集分布于平地和高岗的石筑城堡群，显示出他们定居的连续性和强烈的防御性。最具特色的三足器，向我们诉说着三千五百年前的饮食文化。

而辽东半岛另一些古老的巨石遗迹则更为神秘，千百年来他们以其抽象的建筑魅力感染着人们，他们是由何而来？与当时的文明有着怎样的渊源？

一个又一个考古发现将带领我们回到过去，去探寻和见证古老文明的未解之谜。

夏家店下层文化康家屯石城址

历史的车轮滚滚向前。在距今四千年左右，一个与中原王朝对峙的氏族部落迅速崛起，它与夏王朝长期并存，被考古界称为"与夏为伍的方国"，因其雄踞东北，也称为"北土方国"。

20世纪60年代初，赤峰市一个叫"夏家店"的小村庄突然成为考古界的瞩目之地——随着考古发掘工作的进展，大量石器、陶器、铜器、玉器、骨角器等古代文化遗存出土了。该遗址有上下两个内涵丰富的文化层，特别是在下层文化层内发现了青铜器具。从此，一种被命名为"夏家店下层文化"的新的考古学文化引起了考古界的广泛关注。我国著名考古学家夏鼐先生在《中国文明的起源》一书中曾这样说：青铜器、文字、城堡是文明产生的三个标志和要素。青铜器的诞生，使人类文明发生了重大进步。由此，人类步入了一个文化内涵丰富多彩的青铜时代。

北票市位于朝阳东北部，大凌河中游，一度以盛产煤炭著名。然而，就是在这样一个小地方却存在着两处夏家店下层文化的重要遗址。

丰下村位于北票市西北约 16 公里处，遗址就在河沟西岸一处平坦的台地上，台地高出河床约 6 米。遗址东西长 100 米，南北宽 75 米，年代为距今约 3500 年至 4000 年的青铜器时代早期，属于夏家店下层文化遗存。

在挖掘中，考古队员们收获颇丰。遗址的文化层多灰土，所含陶片很多，器型有鼎、鬲、甗等三足器，盂、盆、罐等平底器，还有圈足的豆。而以三袋足器特别多见，其中最能印证我国古代蒸食文化传统的特用器具尤数陶甗、陶鬲和陶甑。

陶甗是夏家店下层文化中最有特色的三袋足器，都是夹砂褐陶质，外表以绳纹装饰，器体较为高大，上部为一个深腹的盆形，上、下部之间置一个陶箅子（类似今天的盖帘），下面放水，可蒸煮，有孔的箅子上可放置食物来蒸食。

夏家店下层文化中对陶甗、陶鬲、陶甑的大量使用，说明蒸食已经成为生活在北土方国的人们一个非常重要的生活习俗，这显然与当时农耕的发达和栽培粟作植物有直接关系。据考古人员对夏家店下层文化地层中植物种子的测定，发现栽培植物中最多的是黍（黄米）和粟（小米），可知黍和粟是当时的主要食物。而黍、粟这些粮食更适于以整粒蒸煮的方

夏家店下层文化陶甗（康家屯）

夏家店下层文化彩陶罍（敖汉旗大甸子）

式做成饭，于是中国的原始陶器里便出现了煮器、蒸器，形成了中国人吃蒸食的习惯。

在遗址中，专家们注意到一个现象，那就是最常见的陶器在墓葬中也极为多见，可见这是一种完全生活化的实用器具。如下图这种陶鬲，它既存在于居住地址，也存在于墓葬，尤其在墓葬的随葬陶器中，盂形鬲是基本组合成员，常常倒扣在陶罐之上，多数还通体描绘美妙的花纹，而且在墓葬中出现的陶鬲，质地也多属普通泥质黑陶。

盂型鬲和甗的形制特点、功能分化和发达程度说明，夏家店下层文化既将本地文化与外来文化相结合，又有新的创造，是文化吸收与创造的又一范例。

3500年前的蒸食文化、聚落文化让我们看到了先民们安居乐业的美好生活图景。而同样坐落在北票的康家屯石城址从另一个角度向我们讲述着久远的方国文明。随着考古发掘，一个北土方国的防御体系呈现在我们眼前。

夏家店下层文化彩绘筒（盂形）鬲（敖汉旗大甸子）

康家屯城址位于北票市大板镇康家屯村小波台沟，早在1992年，辽宁省文物考古研究所为配合白石水库基本建设，就发现这里有丰富的文物堆积；1995年又进行了复查和重点勘探；1997年，辽宁省考古研

北票市康家屯遗址房址

究所正式开始发掘。这是一处保存较好的夏家店下层文化石城遗址文物。现存面积 1.5 万平方米，发掘面积 4000 多平方米。

这里城墙的营建已经较先进，城市的布局十分合理。南墙保存完整，全长 135 米。城墙上窄下宽，截面呈梯形。内外墙面选用较大的青灰石抹泥口压缝垒砌，墙面规整，十分坚固。

在后世燕长城经过的河川地带，也有"链锁式"分布的"北土方国"石城堡，东西绵延达几十公里。而这些石城堡群比燕秦长城的历史还要早近 1000 年。因此，石城堡群在考古界也被称为"原始长城"。从地理位置分析，北土方国正好位于历史上的长城地带。自古以来，这一地带就是农耕、畜牧等不同经济类型、文化传统的部族错居杂处之地，他们之间既经常发生矛盾冲突，又互相补充、互相依赖。北土方国所要时刻小心提防的很可能并不是夏，而是在其北面的游牧民族。

在我国古代国家形态演进问题上，著名考古学家苏秉琦于 1994 年提出了"古国—方国—帝国"理论，概括了中国国家起源的三个发展阶段。古国是指高于部落的、稳定的、独立的政治实体。牛河梁红山文化遗址群被考古专家确认为是与古国有关的重要发现。古国以后是方国时代。"与古国这一比较原始的国家形式相比，方国是更成熟、发达、高级的国家，夏商周都是方国之君。"

如此庞大的军事工程得以顺利实施，也预示着当时必有一种强制性的力量存在。北土方国雄踞燕山南北，所处时代是夏到早商之间，时空框架与商文化的起源多有吻合之处。我国史学界有一种观点认为：夏家店下层文化很可能是构成先商文化的一支。著名史学家傅斯年先生也曾说："商之兴也从东北来，商之亡也往东北去。"

此外，在夏家店下层文化遗址中出有卜骨，考古专家研究后发现，以往中原地区（包括夏在内）以占卜之盛而闻名，但是考古发掘却证明，在卜骨的制作与卜法方面，夏店下层文化北土方国的水平要明显高于前者。占卜行为反映了对神权的尊崇，北土方国与商都充满了神权色彩。

在辽东半岛，另一种神秘的巨石建筑，随着考古发现进入了人们的视线，那就是石棚。和石城堡不同，它们抽象的造型使得它们的建造功用显得更为神秘莫测。

石棚，是人们对建于地上、以三块石板为壁、上覆一完整巨大顶石建筑的俗称。

这类巨石，都以相同的姿态散落于世界各地，可它们的名字却各有不同。德国人把它

卜骨

海城析木城石棚

叫作"巨人之墓"，比利时人称之为"恶魔之石"，葡萄牙人把它叫作"摩尔人之家"，而浪漫的法国人则用"仙人之家"和"商人之桌"这样雅致的名字来命名它。

到目前为止，在辽东半岛已陆续发现了50多处120多座石棚。按规模大小、制作精简的区别，辽东半岛的石棚可分为大、中、小三种类型。最大的石棚是盖州石棚山石棚，仅盖石重量就达到数十吨，而盖州、岫岩等地的小石棚，有的高仅1米左右，顶石长、宽约2米，使用的是未经雕琢的花岗岩，一般不伸出壁石之外。大石棚多独立于较高台地和山丘顶部，中、小石棚多成群分布于低缓台地和平地上。

那么，这些石棚是什么时候建的，又是用来做什么的呢？上世纪初，日本考古学家鸟居龙藏就对石棚有着浓厚的兴趣，他通过石棚中发掘出来的石器、陶器等物断定石棚是新石器时代晚期的产物，推断其年代大约在一万年前。近年来，我国考古学家通过对更多石棚进行的细致挖掘和研究，逐渐有了新的发现。 由于大部分石棚所在地都发现了青铜时代遗址，所以专家们推断，辽东半岛的石棚多数应建于青铜时代，但具体在青铜时代的什么时间，就不得而知了。它的发展，可能经历千百年的过程。

在几千年前的青铜时代，生产力和科技水平都很有限，先民们为何要异常辛苦地建起这些巨大的石质建筑呢？

石棚山石棚位于盖州市二台子农场石棚村南的一块圆形台地上，它北靠大山，南临浮渡河，距今已有大约3000年的历史了，是已发现的辽东半岛地区规模最大、保存最好的一座石棚。在清代，它曾经被当作庙宇来使用，称为"古云寺"。在巨大的盖石上面，我们还可以隐约看到先民们刻下的符号。

在青铜时代，要建造这样一种建筑绝非易事，需要采石、起运、打磨石材等多道施工环节，需要一定的设计、加工技术和工程组织管理水平。石棚山石棚形如棚厦，是非常标准的一座石棚。它经受了3000年风雨侵蚀，到现在仍基本保存完好。它是用花岗岩建成的，表面十分平整，显示出人工精心打磨的痕迹。很难想象，在生产力水平很低的青铜时代，先民们为建造它要花费多少血汗。 这座石棚的底部铺有石板，东、西、北三面立三块石板为壁，上覆顶石，石棚全高3.1米，平

盖州市九寨石棚山石棚

面呈长方形，占地面积约 50 平方米。三块壁石均呈梯形，下宽上窄，东、西两侧壁石向内倾，后壁（北壁）石倾靠在两侧壁上，并分别长出东、西两侧壁 18 厘米和 19 厘米。东、西侧壁内侧北端偏上各有一相对应的横凹槽，长 30 厘米、宽 8 厘米、深 3 厘米。

石棚最醒目的部分是它那巨大的顶石。该石为圆角梯形，南宽北窄，南高北低，南北长 8.6 米、东西宽 5.9 米，东、西、南、北各伸出壁石外 1.7 米、1.6 米、2.8 米、3.25 米，厚度达到 0.46~0.55 米，重量达数十吨。且不说古人对石料进行设计、测量和加工要耗费多少人力和时间，单单是把这块几十吨重的巨大顶石准确平衡地摆放到三块壁石上，在当时没有任何机械辅助的情况下，难度可想而知。他们是怎么做到的呢？关于石棚的建造方式，学者们目前有两种说法。

倘若石棚真是采用这种方法修成的，那么先民们又是怎样把几十吨重的顶石运送到山冈上的呢？由于石棚附近都有小河，所以也有专家推测，先民们很可能选择冬天来建造石棚，将圆木垫在巨石下面，利用冰的润滑性和杠杆原理让巨石在圆木上一点点滚动前行。而在民间，人们则用美丽的传说来解释石棚的形成。

在辽宁省海城市析木城的一处高台地上，有一个屹立数千年的大石棚，在山脚下相距 350 米处，原先还有一个略小的石棚。但是历经风雨的沧桑，现已倒塌。这一大一小两个石棚分别在山上和山下高低相望，当地的人们把这两座石棚称为"姑嫂石"。山上的大石棚为"姑"，山下的小石棚为"嫂"。关于姑嫂石，民间还流传着一个美丽的传说。传说姑嫂二人相约升仙，都选定了石头站好，小姑登上石头成了仙人。嫂子在登上石头的那一刻，俗心又动，惦念起她的孩子来，等到她抱了小孩来站到石头上，不但不能飞升，石头反而倒塌了。于是，留下了一立一卧两座石棚。

大连金州区小关屯姑嫂石石棚

石棚坚固雄伟、年代久远，给后人留下了巨大的想象空间。关于辽西的北土方国，关于辽东的石棚，都还有许多未解之谜。随着考古研究的深入，相信未来会带给我们更多更确切的答案。

青铜时代

——青铜时代的文明发展链条

第七章

它们的发明是人类进化史上的一大奇迹。自它诞生之日起，社会、权力、政治的格局从此进入了划时代的发展期，它与政治经济、科技艺术以及信仰等丝丝相扣、难解难分。青铜文化的变迁体现了社会、经济的变迁及文化内涵的变迁，而一个东北区域前所未见的先秦时期墓地的出现，将改写辽宁乃至整个东北地区青铜时代的历史。古墓传达着丰富的文化信息，辽河流域青铜时期的文明链条由此展开。

商周之际前后，辽宁地区出土不少北方式青铜器，这类青铜器以刀为主，带有浓厚的北方草原游牧文化气息。

喀左是辽西大凌河流域一个吸引全世界考古学者目光的地方，它的全称是喀喇沁左翼蒙古族自治县，它是白垩纪霸王龙——中国暴龙的化石之乡，也是鸽子洞远古人类遗址、东山嘴红山文化祭祀遗址的出土之地。它还与青铜文化有着不解之缘。

有史料记载，西周时期的喀左即为当时商的同姓诸侯国孤竹国，《史记集解》有载：孤竹在辽西令支。《汉书·地理志》辽西郡条记载："令

燕侯盂（马厂沟）

伯矩甗（山湾子）

鸭形尊（马厂沟）

圉簋（小波汰沟）

支"下有孤竹城。清人吕调阳在所著《汉书·地理志详释》一书中考证，认为商代孤竹城就在辽西喀左。

自清以来，大量商周青铜器在喀左出土，而窖藏青铜器尤为突出。现已发现11个窖藏坑，分布于大凌河两岸，而喀左县最为集中。该县先后出土6批计69件商周青铜器。仅一县之地，出土如此之多青铜器，实属罕见。

著名考古学家唐兰先生据喀左北洞村出土的铭文"父丁孤竹亚微"，并以文献为佐证，认为"喀左属孤竹无疑"，是伯夷叔齐的故乡。

关于孤竹国地望还有河北卢龙一说，这些虽仍需探索求证，但可确证无疑的是，喀左出土的窖藏青铜器，大部分来自中原或燕国，多是象征国家主权的重型青铜礼器。

这些不乏艺术精品的青铜器，大量地、成批地涌入辽西，落户喀左，在辽西乃至辽宁文化发展史上还属首次，也是中原文化集中传入东北地区的开篇之作、重头之作。

喀左西周铜器多有铭文，重要的如匽侯盂、叀方鼎、伯矩甗、圉簋等。铭文内容大都与在北京房山琉璃河西周燕国墓地发现的青铜器铭文有十分紧密的联系，如两地所见都有匽侯，且字体一致，都有"伯矩"以及圉器，证明周初燕国的势力范围已经达到辽西地区。

对辽宁青铜文化虽然制造艺术同中原式铜器比有较大差异，但也有精品，如马厂沟出土的鸭形尊、北洞出土的龙凤罍等，造型生动别致，这是当地匠人在中原青铜文化影响下自制的具有地域特点的青铜器工艺品。

更值得重视的是，辽西的匠人们凭着他们的聪明才智，创造出了融中原青铜文化和北方草原文化为一体的新器物。代表作是小波汰沟出土的"圉簋"，这是一件典型的中原形制的方座簋。簋的耳部除在耳上装饰牺首为商周铜簋所常见外，还在耳身同时铸出一虎噬猪的形象，这种虎噬猪为北方民族喜用的题材。可见这件方座簋是中原文化和北方文化交融后的产物。此外，还有多件附铃和悬铃的铜器，都是南北文化交融的有力例证。

与巨石文化同时形成的，还有一种具有鲜明地域特征的文化——辽宁式青铜短剑文化，这种形制独特的曲刃青铜短剑与神秘的巨石一起，展示出了一个远古民族的鲜明地域文化特色。

北洞孤山

辽宁式青铜短剑是由剑身、剑柄、石枕首等三个独立部分组成的铜剑，与通常所见的柄身连铸的铜剑完全不同，曲刃是指这类剑的刃部，不是一般所见铜剑的直刃，而是有较大的弧度，而且剑身中部的刃有一个曲弧较大的变化，形成了一个突尖。

这种铜剑的特征不只表现为剑身的曲弧与曲刃，剑柄也很有特点，

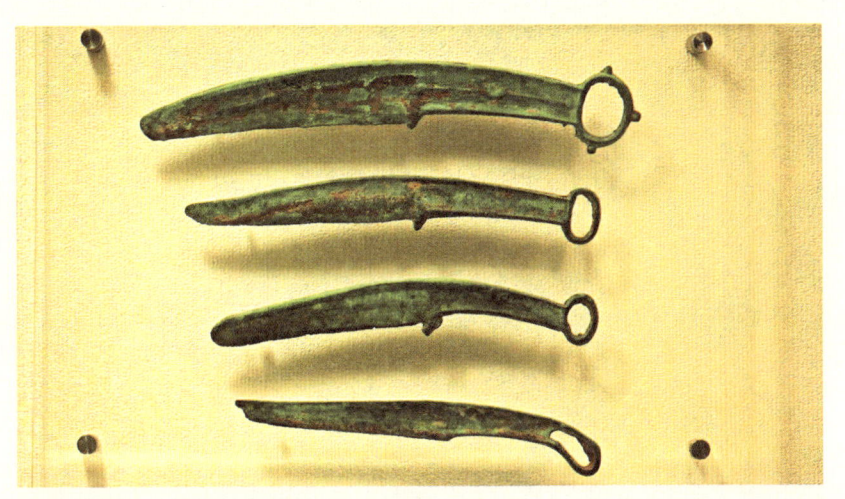

商周之际的环首青铜刀

柄首横长，与剑把形成十字交叉，有如一个倒丁字形，剑身插于剑柄的喇叭形口内。横长的柄首内空，空腔内嵌一个石制的枕首，而且石枕首非一般的石质，而是选用比重较大的铁矿石类，通体磨制，漆黑光亮，两端圆而鼓，中腰凹进，且起多道整齐的棱脊，形如枕而成为石枕首。

　　青铜短剑是辽宁特有的一种地域文化的象征物，这种由多个部分组装而成的青铜器，虽表现出相当的文化丰富性，但作为一种武器，却不具实用性。

　　西周晚期至战国中期，辽宁式青铜短剑不断向西扩展，由辽东半岛进入辽河平原后，又

辽宁式青铜短剑

辽宁式青铜短剑
（十二台营子）

东大杖子大墓

墓室棺椁及随葬品摆放

东大杖子村及墓地全景

跨越医巫闾山，到达辽西山区。曲刃青铜短剑在以大小凌河为中心的辽西地区有十分密集的分布，在多元分化的交汇中，特别是与先进的燕文化交汇中，产生了飞跃式的发展。

随着燕国实力向燕山以北地区的扩展，辽宁式青铜短剑文化才在逐步吸收燕文化因素的过程中被渐渐融合，成为燕秦文化的一部分。

战国中期前后，随着燕在东北地区设郡县、筑长城，燕文化迅猛扩展，今天的辽宁几乎全部进入燕的版图。于是文化发展趋势成为多民族文化的进一步融合。

东大杖子是距离建昌县城30公里的一个名不见经传的小山村。这里西侧紧邻河北省青龙县，北邻朝阳市凌源县，全村约有400户人家，村民们以务农或者外出打工为生。然而，就是这样一个不起眼的小山村，却埋藏着一个天大的秘密。在村民们世世代代生活的土地下面，是规模宏大的战国时期古墓群。

这件青铜壶是春秋战国时期的物品，学名叫青铜蟠螭纹盖壶，壶高约40厘米，肚大口小，胎薄纹美，上面有盖，盖上又有四条小龙，做工极为精美，属于国家一级文物。然而，就是这样一件稀世珍宝却差点被盗墓者占为己有。1999年10月28日，葫芦岛警方与文物部门合作破获了一起盗墓案件。 这一案件的告破，不仅仅是追回几件文物那么简单，而是揭开了一个巨大的文物宝藏：东大杖子村至少有规格相当高的春秋、战国时期的古墓群。

从那时起，省文物考古所会同葫芦岛市博物馆、建昌县文物管理所对东大杖子的战国墓葬群进行多次勘探，并着手进行抢救性挖掘。考古，这个让当地人感觉生疏的词汇，从此和他们的生活密切地连在了一起。

2000年，辽宁省文物考古所共清理出墓葬42座，这些墓葬虽然不

青铜蟠螭纹盖壶（东大杖子）

随葬陶器出土（东大杖子）

四蒂式滑石饰件（东大杖子）

方形滑石饰件（东大杖子）

大，却出土了丰富的燕文化铜礼器、铜车马器、铜兵器等。其中，配以金柄套的曲刃青铜短剑引起考古界的极大关注。

2011年11月16日，在村民李绍祥家前院的空场地，一座距离地面5.5米的战国古墓内的棺椁被慢慢地打开，这便是引起轰动的M40号墓室。在清理过程中，考古人员发现该墓主人埋葬过程极为复杂：棺、椁所用木板上部皆抹膏泥，其上铺席；墓葬填土至与二层台面平齐的高

青铜包金柄曲刃短剑（东大杖子）

度时，在东侧贴近二层台的中间部位放置了大量的动物头骨，有马、牛、羊、猪、狗，总计 74 个个体，可谓"五牲俱全"。这种陪葬规格在东

青铜簋（东大杖子）

北地区从未发现。如此高规格的墓葬不仅让考古队员们对墓葬中的随葬品充满好奇，他们本以为这里会出现更加精美的青铜器，却没想到等待他们的竟然是一些仿青铜的彩绘陶礼器。

在M40号大墓中，随葬品多数位于内、外椁东部之间的"头厢"部位，以仿青铜彩绘陶礼器为主，有鼎、豆、壶、盘等数十件，规格较大，彩绘的各种动物造型逼真，彩绘鲜艳；另在外椁底板上普遍放置制作精美的滑石镂空饰件和陶串珠等。滑石饰件有两种：一种为圆环状，饰有对称的3至4个勾云形纹；一种是长方形，饰有一首双身的夔龙状纹。棺内随葬品有铜带钩、环首刀、玛瑙环、绿松石珠等。与墓葬的规格相比，这样的随葬品显得不大相称，然而专家们对此有了另一种解释。

自2000年以来，在东大杖子已发掘的43座墓葬中，已经出土了各类随葬器物近千件。其中以带有金质剑格和柄端枕状器嵌框的青铜短剑、双胡戈、提梁双联壶，仿青铜彩绘陶礼器、矮领垂腹式陶罐、碗状盘式粗柄陶豆、侧面带有一斜向壶嘴状的陶和大敞口陶尊等最具特色，诸多器物都是东北地区青铜时代考古首次重大发现。两种墓葬形式，大量的青铜器和陶礼器反映出了当时历史背景下的文化交融。

东大杖子古墓惊天的发现，便反映了当时大量的社会、历史、文化信息，它极大地丰富了战国时期辽宁乃至整个东北地区的历史。它证明了在战国时期，东北的一部分地区就已纳入燕国的势力范围，它们与中原地区既各自独立，又相互联系；到了秦始皇一统天下的时候，"帝国时代"便到来了。

燕拓北疆

第八章

——辽东长城障塞

始建于春秋战国时期的长城，距今已有两千多年的历史，

古今中外无人不惊叹它的磅礴气势、宏伟规模；

战国时期，为了防御他国进攻，各国纷纷修筑长城，

而战国七雄中实力最弱的燕国，

拓展疆土、修长城、筑五郡，如此复杂的系统工程是

如何完成的？

燕太子因为导演了『荆轲刺秦』而受到暴怒的秦王的追杀，

本是幼时好友的秦始皇却为何非要置太子丹于死地？

关于太子丹的逃亡路线如今在辽宁境内又留下了

种种猜想。

黑水镇

老哈河

　　山村的早晨，一缕缕淡淡的晨雾像绸带飘在湛蓝的天空，这个小镇
就是位于辽宁省建平县向北大约 100 公里左右的黑水镇。不熟悉这个小
镇的人可能不会想到，这个面积仅 167 平方公里的小镇，却蕴含着浓重
的历史气息。

黑水镇境内蜿蜒恬静地流淌着一条河流，这条河就是西辽河的重要支流——老哈河。老哈河始称于清朝，为西辽河南源，在老哈河的东西两岸有很长的"老边"，当地的村民一直称之为"土龙"。直到1941年我国著名考古学家李文信在进行考古调查途经此地时，才终于为这条"土龙"验明正身，它就是历史上失踪已久的燕秦长城遗迹。

　　建平北部的这条燕国北长城不过只是其中的一段，经过多年的考古调查，发现了如今在建平境内保存最为完好的一段长城，虽然经历了两千多年的风雨侵蚀，残存破败，却也依稀可辨。燕为巩固新区，也效赵之所为，动员军民大修障塞，是为长达900余公里的燕国北长城。

　　建平境内保存最好的一段长城，位于建平北部烧锅营子化匠沟村张家湾至沟脑处，长约7公里主要为战国燕文化时期遗存，绝对年代在公元前311年至前279年，1979年被公布为辽宁省级文物保护单位。

烧锅营子燕长城遗址

孟家沟燕长城

　　燕长城遗址依山势为东西走向，这一带山冈纵横、沟谷交错，地势极其险要。城墙筑造方法为石筑、土筑和"天然屏障"三种。石墙基宽2–3米，存高1–2米。土筑城墙因年代久远、水土流失，现冲刷已尽，但仍隐约可见黑土带。除长城外，沿线还有不同类型的防御建筑设施——烽火台址、障址和城址。它们多筑于长城线上或长城南侧。沿线出土文物多为灰陶豆、盆、罐、瓮和席、绳纹板瓦、兽纹瓦当，以及红陶釜、燕刀币等。

　　燕国是中国历史上从西周到春秋战国时期在中国北方的一个诸侯国，也是战国七雄中各方面实力都较弱的一个国家，那么修筑长城如此浩大且又复杂的工程又是如何完成的呢？

　　战国时，北方游牧民族经常南下骚扰中原，燕国有一个叫作秦开的青年就是在一次掠夺中被强势的胡人作为人质带进东胡，没想到却为之后的燕国大败东胡埋下伏笔。

秦开初到东胡，难免受到歧视，可他机敏灵活，战胜种种困难，渐渐得到东胡人的认可，还被授予"勇士"头衔；更重要的是秦开借此熟悉了东胡的地理环境、风俗人情、军事虚实，通晓了游牧作战的战术特点。在公元前 300 年的时候，秦开率军北击东胡，深入千余里，取得了重大胜利。

《史记》载："燕亦筑长城，自造阳至襄平，置上谷、渔阳、右北平、辽西、辽东郡以拒胡。"

据考古学家、史学家考证，当年被称为候城的沈阳城是辽东郡临近长城的一个县级军事重镇，是为军务而设置。追溯沈阳起源，从无到有，从小到大，古候城便是沈阳的起点。如今，沈阳城南的五里河公园，有尊秦开的青铜塑像，重达五十吨，便是沈阳人对秦开丰功伟绩的纪念。

秦开青铜塑像

秦开却胡后不仅将燕国边境向东推进了一千多里，大大开拓了燕国的疆域，还将中原先进的生产方式，进步的国家制度，华夏文明，炎黄教化延伸到东北边远的落后地区。

而燕长城的修建虽然阻挡了匈奴的进攻，却并没能阻挡燕国灭亡的脚步。

"风萧萧兮易水寒，壮士一去兮不复还！"这悲凉的歌声透过两千余年的历史仍然回荡在人们的心中，荆轲刺秦的故事也一直流传到今天。而提到荆轲，就不能不提到那个派他前去行刺的人，也就是燕国太子丹。

在中国的历史上，早就有人批评太子丹为泄私愤而置国家安危于不顾。燕丹与秦皇并不是素不相识的两个人，他们不仅认识而且相当熟悉。命运将他们联系在一起，其实是开始于赵国的首都邯郸。

幼年好友成了陌路仇敌，在太子丹一手导演的"荆轲刺秦"失败之后，秦始皇更是暴怒地派将领李信前去追杀，一定要置太子丹于死地。

《史记·刺客列传》载："秦王大怒，益发兵诣赵，诏王翦军以伐燕。十月而拔蓟城。其后李信追丹，丹匿衍水中，燕王乃使使斩太子丹，欲献之秦。"

千百年来，太子河哺育着沿河两岸的人民，也见证着辽东地区的兴衰更迭和世间沧桑。"衍水"是太子河的古称，两千多年来，这一称呼久盛不衰。那么，"衍水"的名称又是从何而来的呢？《本溪史话·太子河史话》中这样记载道："太子河古称衍水。在春秋战国时期，太子河流域一带地区被称为衍，为东胡族控制，是以河称衍水。后因燕太子丹被秦将追杀逃亡于此，故名为太子河。"在这里，作者似乎对衍水的由来给出了令人信服的解释，但遗憾的是，文中并未指出这一由来的出处。

辽阳城古称襄平，在城东太子河中有一个叫作桃花岛的沙岛，也就是今天的辽阳沙砣子村。这座外貌平常无奇的河中小岛，近些年总有"意外的发现"惊曝于世，让人越发感觉捉摸不定。而太子丹当年藏身于此，则是这座小岛近些年来最吸引眼球的史学发现。

燕王喜与太子丹获知荆轲刺秦失败的消息后，自知大祸临头匆忙逃离都城"蓟"，奔往辽东襄平避祸。燕国的都城蓟最初在今河北省保定市的易州，后迁至今北京市郊房山区琉璃河一带。而当年太子丹是如何选择逃亡路线的一直是一个谜。

太子丹是直接从蓟都经辽西走廊逃到襄平城的吗？史无确载。不过以辽宁地区流传开来的有关太子丹的传说和近些年的考古发现看，太子丹很可能是逃逃停停，在秦军布下的天罗地网里东躲西藏。而秦军的追杀路线似乎也不是一条从"蓟都"到"襄平"的直线。

太子河

在临近辽阳沙砣子村的周边地区，更是不断发现当年秦军攻燕的历史证物。史载，秦军大规模攻打燕国有两次，均与太子丹刺秦有关，我们不由猜想秦军的攻击线路也多半是太子丹的逃亡线路。

公元前 226 年，太子丹被燕王喜设计杀害，以向秦求和，可这怎能阻挡秦王一统天下的决心，终在公元前 222 年，覆灭于秦。而太子丹的落难也加快了秦朝结束自春秋起五百年来诸侯分裂割据的局面，建立了第一个统一的封建君主专制国家，并创立了郡县制，将中国推向了大一统时代，为建立专制主义中央集权制度开创了新局面，对中国和世界历史产生了深远影响，奠定了中国两千余年政治制度的基本格局。

燕长城的修筑，是东北地区开发史上的一个里程碑。一方面，长城有了有效防御功能，长城一线息兵安民，使得生产得以发展，生活享得安宁，而更为深远的则是它的文化历史意义。

《后汉书·乌桓鲜卑传》中有这样的表述："天设山河，秦筑长城，汉起塞垣，所以别内外，异殊俗也。"燕秦长城在本质上不仅是民族文化的分界线和"汉郡文化"的藩篱。还是自秦汉长城修筑以来，长城一直是中华民族文化南北共融和聚汇的前沿地带。无论是"胡

燕王职戈（北票征集）

燕王铜短剑（北镇征集）

服骑射""匈奴和亲""昭君出塞",还是"澶渊之盟""土木之变",发生在长城地带的民族间的军事冲突和政治、经济、文化交往,其本质都体现了文化不断"趋同内聚"。

如果把长城看作是一条"线形"的文化遗产,它在文化史上的意义,不仅仅是单纯的军事障塞功能,更主要表现是南北民族文化区系的分界线,以及多民族文化碰撞、互渗的中介带和交冲带。

最初以防御为目的形成的长城地带,最终变成一个文化平台——诸多南北民族文化,都自觉不自觉地在"长城地带"中经历了融合与陶冶的过程,上升整合为"多元一体"的新文化。

东临碣石

——秦皇汉武东巡记

第九章

这是一个与历代帝王有着不解之缘的地方。

秦始皇曾来到这里，留下神秘行宫。

汉武帝来到这里，再次大兴土木。

曹操来到这里，歌以咏志，写下千古绝唱。

碣石，这个充满故事的地方，它究竟在哪里？

考古学家深入挖掘，层层剥茧，广泛考证，终于揭示了这个历史谜团，而分布广泛的秦汉史迹也慢慢露出了它们的本来面目。

"东临碣石，以观沧海。水何澹澹，山岛竦峙。树木丛生，百草丰茂。秋风萧瑟，洪波涌起。日月之行，若出其中；星汉灿烂，若出其里。幸甚至哉，歌以咏志"。这首《观沧海》是建安十二年（207）九月曹操北征乌桓，消灭了袁绍残留部队胜利班师途中登临碣石山时所作。这首传世名作将高山大海的动人形象和诗人豪迈乐观的进取精神融为一体。那么诗中提及的碣石，又在哪里呢？

由于与帝王有着不解之缘，关于碣石的话题始终未曾中断过。在众多话题中，学者们对碣石地点的论证产生了较大争议。

1982年辽宁省绥中县姜女石秦汉建筑遗址的发现，如同投石击水，激起层层涟漪。考古专家参阅历史文献，结合当地风貌，并以出土文物相印证，得出结论：姜女石就是碣石，而出土的空心砖踏步、夔纹大瓦当、大型陶制井圈的高台建筑就是始皇东巡碣石的行宫——碣石宫。

碣石宫遗址（石碑地，南对海中礁石——姜女坟）

绥中姜女坟（渤海中礁石）

辽宁省绥中县，濒临渤海湾，海中耸立着的一组自然礁石，即一组海蚀柱，这就是传说中的姜女坟。1982 年 4 月，锦州市文物普查队在“姜女石”附近的海岸发现了石碑地、黑山头、瓦子地、大金兰丝屯等遗址，以后又调查了止锚湾和周家南山遗址。1983 年 12 月，省文化厅、省博物馆组织专人复查，确认了石碑地遗址是秦汉时期的高台建筑群址，并于 1984 年 4 月组成联合考古队，对黑山头遗址进行清理，对石碑地遗址进行了试探性发掘。“姜女石”海岸及其附近的 6 处秦汉遗址，以石碑地建筑群址规模最大，时代较早，另几处遗址也都不晚于西汉前期。

根据《史记》的记载，秦始皇三十二年（前 215），“始皇之碣石，使燕人卢生求羡门、高誓。刻碣石门”。《汉书》记载汉武帝元封元年（前 110）“行自泰山，复东巡海上，至碣石。自辽西历北边九原，归于甘泉”。文颖注曰：碣石“在辽西，此石著海旁”。今山海关附近地区，在西汉时期属辽西郡，“姜女石”的地理环境、外观形状等都与史籍所记的碣石十分近似。曹操于建安十二年（207），在北征三郡乌桓回师的途中，

石碑地遗址局部

碣石宫遗址公园

曾有诗"东临碣石，以观沧海"之句，所以可以推测，"姜女石"应是秦皇汉武时期的碣石。

随着考古发掘的不断进行，规模宏大的碣石宫遗址清晰地呈现在了人们的面前。然而就在挖掘过程中，很多专家都心生疑问，如此大规模的建筑所需的建筑材料的数量和种类相当多，那么它的建筑材料从何而来呢？有专家推断这些建筑材料是就地取材烧制而成的。

规模宏大的碣石宫遗址位于辽宁省葫芦岛市绥中县万家镇南部的沿海地区，由六处遗址点组成，占地25平方公里。面海的三处遗址以石碑地为中心，止锚湾、黑山头为两翼，恰如一宫两阙；它们建于岸边的高台地上，俯瞰大海，欲张开臂膀与大海相拥；各遗址前海中高耸矗立着自然礁石，构成门阙，遗址与海洋融为一体，极其雄伟壮观。

碣石宫遗址为六处遗址中最大的一处，经考证为当年秦始皇东临碣石的驻跸之地，立体建筑的两翼有角楼，后面有成批的建筑群，除秦都咸阳和汉都长安以外，极少见有如此大型而又布局有序的宫殿建筑群。从这里出土的建筑上使用的当头筒瓦，当头为大半圆形，当面为高浮雕夔纹，直径54厘米，高37厘米，通长68厘米，堪称"瓦当王"，是秦代皇家建筑的专用材料，图案的规范化为国内所罕见。两千年前的行宫中的大小居室，排水系统，储备食物的窖井等，均清晰可见。

碣石宫遗址与渤海口遥遥相望，是秦国具有国门性质的纪念性建筑物，也是秦国兴盛的象征与历史见证。秦统一六国后，始皇因此名垂青史。在秦始皇众多惊世骇俗的业绩之中，东巡是其中一件大事儿。

夔纹巨型瓦当（石碑地）

窖井　　　　　　　　　　　　　　碣石宫排水系统

那么秦始皇东巡为何要到碣石呢？

　　自战国燕置右北平、辽西、辽东三郡后，辽宁地区即正式纳入中原王朝的版图。秦王政二十五年（前222），秦将王贲率大军伐燕，一举占领辽东，燕国灭亡，辽宁始纳入秦版图。次年，秦灭齐国。从此，结束了自春秋以来长达数百年的分裂局面，建立起中国历史上第一个君主专制的中央集权国家——秦王朝。秦汉在燕故地设郡置县，奠定了郡县制在辽宁地区的主导地位。

　　秦汉一统后，统一货币、度量衡，并将诏书刻在国家法定的度量衡器上。在属于辽西郡的今赤峰地区、辽东郡的沈阳地区，都曾发现刻有秦诏书的铜量和陶量。秦代通行的货币"半两"钱在长城线以内也多有发现，尤其碣石宫的发现，说明秦的强有力统治已延伸到边疆地区，辽河辽海地区的文化已经与中原融为一体。

　　据《史记》上留下的刻辞记载，始皇帝为了完成统一中国的大业而起兵，讨伐的是六国诸侯，最终达到了目的。按照功劳大小，分别给予奖励，始皇的恩惠遍及天下。始皇帝恩威并施，使天下第一次得到了统一与太平。于是拆毁诸侯遗留下来的城堡，决通六国利用河堤筑成的屏障，铲除了诸侯割据分裂的种种阻碍。臣民为了颂扬皇帝的功业，请求在碣石门上刻辞，作为后世的楷模保存下去。据称始皇刻石之处一共有六个。但到目前为止，人们已经无法找到刻石，所以始皇交代的事儿，方士们是否执行，也不得而知。

公元前 210 年，秦始皇死于第五次巡游的途中。 秦始皇对于巡游的热衷，史书记载中的表述已经够多了。而世人更好奇的是，劳民伤财的巡游，疲惫不堪的身体，为什么还要一直走？政治意义始终是第一位的。随之带来的文化交流，也是历史发展中的必然现象。

石碑地建筑遗址

黑山头遗址

　　这是我国考古工作者首次发现的秦代行宫遗址，它是最北边的秦皇行宫遗址，也是保存最好、规模最大的一处秦皇行宫遗址。这是秦汉考古史上的一次极为重大的突破，其学术价值不亚于秦始皇兵马俑的发现。在国内，目前除秦都咸阳、汉都长安以外，极少有这样布局有方的大型建筑群址被发现并保存下来。

　　那么，秦始皇为何选址碣石用来建造自己的行宫？这与辽宁在历史上的文化地位密切相关。辽宁处于大东北文化圈的前沿，华北平原的农耕文化、内蒙古的草原文化以及东北的渔猎文化在此交汇融合。秦行宫建筑群是秦始皇"择地作东门"的国门所在，对于中华统一多民族国家的形成来说，更具象征性。

　　而就在始皇离开这里的一百年后，汉武帝也到了碣石。据《汉书·武帝本纪》记载，公元前 122 至前 87 年，汉武帝外出祠神、巡行、封禅共达二十九次之多，其中远行出巡、祭祀也达到了十三次。汉武帝游历到此正值夏历四月，冰雪消融，草木萌发，景致是最好时。秦时修造的观赏和祭祀设施，经过百年的风蚀早已残破不堪。于是汉武帝大兴土木，在秦遗址西侧的黑山头修缮了观海台。

多少年以后，帝王将相灰飞烟灭，而碣石还顽强地仁立在海水中，和碣石宫对望，成为文字历史背后的另一种地下书卷。

华夏北疆

第十章

从西汉到东汉，从一统盛世到群雄并起，两汉、三国时期兴衰成败的故事早已为人们熟知。

然而，散落在太子河两岸泥土下的一千八百多年前的古墓群，为我们生动地勾画出了东汉末年雄踞辽东的神秘政权，而这些古墓中的壁画，又能揭秘出哪些尘封千年的盛朝遗风呢？

辽阳现貌

　　辽阳，位于辽宁省中部，东依辽东山地，西望辽河平原，太子河经市郊东、北转折西、南注入渤海，优越的地理位置及重要的战略价值决定了它在古代东北地区不可替代的中心地位。

　　战国时期，燕国大将秦开北却东胡、设五郡、修长城后，辽宁地区开始被纳入中原版图。燕在东北地区南部拓疆辟地，始设辽东郡，郡治襄平，也就是今天的辽阳。秦、两汉、三国时期，东北地区得到进一步开发，襄平作为地方首府为促进中原文化的传播做出了巨大的贡献。

　　东汉末年，群雄逐鹿中原，在东北边疆，曾出现过一个维持了五十多年的割据政权。汉官公孙度利用做辽东太守之便，自封为辽东侯，以辽王自居，割据辽东。公孙度的锐意进取和苦心经营，使得辽东地区在汉末三国的战乱年代，获得了暂时的安宁，推动了当地生产技术和文化的发展。

　　一千八百年后的今天，在今辽阳市南、北郊，太子河左岸，发现了20多座汉魏壁画墓，形成了辽阳汉魏晋壁画墓群。它们反映了汉魏时期辽东经济文化的繁荣。那么，这些墓是什么人建造的，它们与公孙氏有着怎样的关系呢?

　　由于公孙氏治理下的辽东郡相对稳定,经济、文化发展较快,因此丧葬之风盛行,甚至影响到了周边民族地区。

　　辽阳地区发现的壁画墓多分布在太子河沿岸的冲积平原上,即辽阳近郊的北园及三道壕等地,形成了约 8 平方公里的"马蹄形"墓葬分布区域。这些墓原来都有高大的封土堆,墓室由淡青色的石板构成,墓内皆有壁画,都是直接绘在墓室石壁上。

　　墓室壁画既有几壁相连的大作,也有独立成幅的小品,都直接绘在墓内石壁上。墓门两侧、回廊、耳室及墓室顶部都绘有壁画。壁画内容丰富,色彩鲜艳,以表现墓主经历和生活的题材为主,内容有百戏乐舞、餐饮庖厨、车骑仪仗、武库仓廪、楼阁宅院、门卒门犬、杂技、斗鸡等,墓室顶部多

辽阳汉魏墓

楼阙及舞乐百戏图　　夫妻对坐图

庖厨图

仪仗图

　　绘有日月流云,这些都形象地反映了汉魏晋时代豪门大族的奢侈生活场景。

　　在辽东壁画墓中,墓主画像的出现是一个具有时代特征的转变。墓主宴饮生活内容的表现在辽东汉魏壁画墓的发展中形成了一个相对稳定的图像谱系。以男性墓主接受属吏拜谒的一类出现较早,还经常和观看乐舞表演等内容结合使用;此后,伴随着氏族家庭观念的加强,受家族合葬与夫妻合葬的观念影响,墓室壁画开始集中出现墓主夫妇像,并与墓葬空间营建和祭奠习俗相互配合使用。

车马出行题材是汉代艺术的重要题材内容，辽东壁画墓中的车马出行内容也是墓室中较为常见的，同时也体现出辽东壁画粗犷、生动的艺术特点。其中既有盛大的车队出行，旌旗飘扬，浩浩荡荡，也有与建筑庭院结合，车马入庭院的表现。前呼后拥、旌旗招展的出行场面一方面表现了墓主人尊贵的身份地位，一定程度上再现了汉代礼制的等级规制，另一方面也体现了汉代艺术的雄强气度与恢宏气势。

汉代壁画艺术可以说是我们了解汉代生活的多面镜。辽阳棒台子1号墓的《乐舞杂技图》壁画细致表现了一场盛大的汉代音乐会，与此同时，汉代的各种百戏杂技表演也被栩栩如生地绘于墓壁之上，为我们精彩地再现了两千多年前的旋盘、飞轮、反弓、跳丸、倒立、扮兽等杂技表演。这两幅生动的乐舞杂技壁画，以全景化的视角观察表现，场面热烈，形象多样，内容丰富，是辽东地区发现最为完整精彩的一组。另一组精彩壁画发现于辽阳北园1号墓中，壁画以鸟瞰式的结构图表现了盛大的建鼓乐舞、杂技百戏场景，图像内容丰富，艺术表现细致生动。

墓室壁画复制品——《楼阁图》

在绘画方式上，辽东壁画墓也极具地域特色。不同于中原汉代壁画先做石灰表面后施彩绘的画法，而是在石壁之上直接施画彩绘图像，体现了鲜明的地域特点。在题材上，表现内容多样统一，

辽阳墓室群壁画

营城子汉墓局部（模型）　　　营城子汉墓局部（模型）

体现了汉魏时期辽东人民丰富的社会生活场景与丧葬习俗；在色彩表现上，壁画绘制大多用墨线勾勒轮廓后，填以红、黄、绿、赭、青、白等颜色，画面色彩丰富热烈、和谐统一；整体效果上，壁画场面深沉宏大，形象表现简洁生动，色彩使用热情奔放，集中体现了辽东汉魏时期文化艺术上的恢宏、激昂、粗犷而富于想象力，浪漫气息的艺术风格与地域特色。

在辽阳汉魏壁画馆，我们看到的绝大部分壁画是发掘的复制品，但它们依然一丝不苟地，以画卷的形式展现着东汉末年的社会面貌，成为东汉末年至魏晋时期，公孙氏割据辽东时社会生活的真实写照。

辽阳壁画墓比敦煌壁画还要早 300 年，它为研究中国古代绘画提供了前所未有的知识，一直受到海内外学者的关注。1961 年，我国将辽阳九座壁画墓与长城、故宫一起，列入第一批国保单位。

大连市甘井子区营城子镇牧城驿与沙岗子村之间，是一片背靠群山，前迎渤海，山地丰腴，山清水秀的宝地，在这里也潜藏着汉代的墓葬。

营城子汉墓是辽南已发现的唯一砖砌壁画墓，其形制规模较为罕见。20 世纪 40 年代开始发掘，从 2003 年开始，考古工作者又对这里进行了长达 7 年的抢救性考古发掘工作，共发现墓葬 200 多座，出土文物 3200 多件。

营城子汉墓采用中国传统的砖拱建筑手法砌成，南北长 17.5 米、东西宽 7.18 米、高 6 米。该墓的结构奇特，由主室、套室、前室、后室和侧室组成。前室接主室，套室内罩主室，东接侧室，北接后室。套室中之回廊通道与各室相连。墓顶为穹隆式，墓底和棺床以榫卯砖铺就。墓砖向内表面多饰环状、球状、羽状和方棱状等花纹，且施有红、黄、白彩，使整个墓显得华贵庄重。随葬品多置于东侧室和主室中，有 5 支灯、案、灶、俑、房、井、耳杯和盒等陶器和带钩。陶器表面施有白彩。

营城子汉墓考古发掘中出土了 4 件辽东半岛的罕见之物——纯金质的"十龙带扣"、铜质的"承旋""龟纽""玉剑璏"。其中，金质"十龙带扣"全部由纯金打造，正面精细地雕刻着 10 条栩栩如生的金龙！其中一条大龙从上到下贯穿，造型生动逼真，一副在云中逍遥自在的神态。大龙上面有两条对称的小龙，周围有 7 条小龙，每一条龙的脊背上都是小圆珠的造型。带扣上还有几颗绿松石做点缀。这件稀世珍品刚一被发现，在考古专家中就引起了不小的震撼。

壁画墓形成的时代早，历史跨度大，从东汉晚期至魏晋时期前后延续二三百年时间，距今有近两千年的历史，形成早、中、晚期连续的文化类型。尤其是丰富多彩的壁画和榜题更反映了当时社会的现实生活状况，是了解和研究汉魏时期辽东历史的珍贵资料，为时代及墓主人官阶和身份的确认以及对汉代郡县关系和俸给制度的深入研究提供了佐证。所反映的内容能为已经消失的久远的辽东汉魏文明提供独特的历史见证，是汉魏之际辽东历史的真实写照。

争霸辽东

第十一章

—— 高句丽古山城探秘

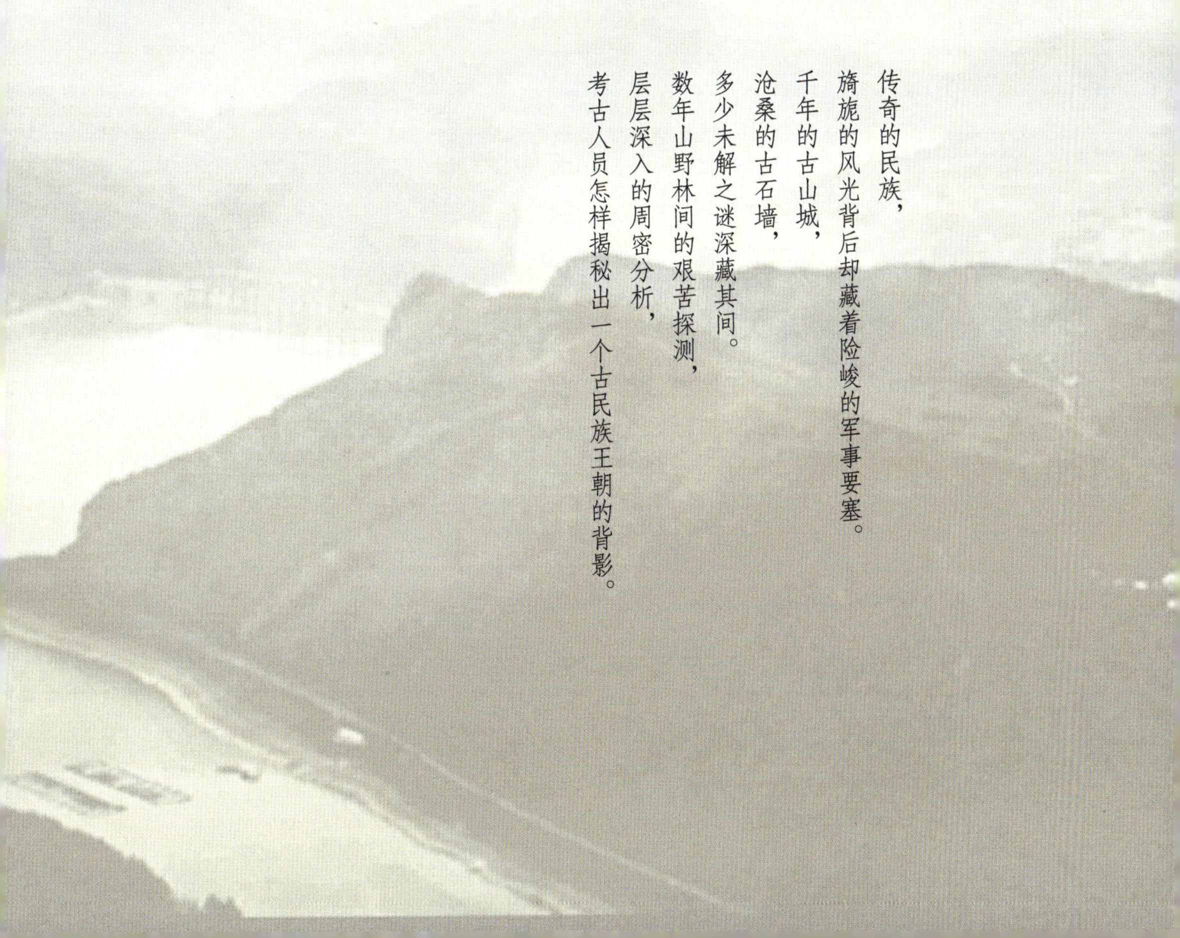

传奇的民族，

旖旎的风光背后却藏着险峻的军事要塞。

千年的古山城，

沧桑的古石墙，

多少未解之谜深藏其间。

数年山野林间的艰苦探测，

层层深入的周密分析，

考古人员怎样揭秘出一个古民族王朝的背影。

辽东山地景观（本溪市桓仁县桓仁水库）

在本溪市桓仁县城东北 8 公里的浑江西北岸，伫立着风光旖旎的五女山。五女山山峰酷似玲珑翠屏，四周悬崖峭壁，巍峨险峻。山顶地势平坦，土质肥沃，草木茂盛。站在东端峰巅，遥望辽宁省最大的桓龙湖水库，烟波浩渺，云天山水，浑然一体，桓仁县城如一幅画卷，尽收眼底。

除了奇特的自然景观，五女山更加吸引考古学者目光的是这里具有两千年历史深厚文明的遗迹，而当 2004 年五女山城成功入选世界文化遗产名录后，世界也为之瞩目。那么，两千年前，是什么人来到这险峰峭壁之间，他们来做什么呢？

五女山山城是史料中记载的高句丽第一座王城"纥升骨城"的所在地。它依山势而建，呈不规则的靴形，分山腰的外城和山顶的内城两部分。山城东、西、北三面都是百尺峭壁，南面是险峻的陡坡，地形易守难攻。

五女山山城平面略呈靴形，南北长约 1500 米，东西宽约 300—500 米，规模宏大，体系完备，可分山上、山下两部分，现存城墙、城门、马道、大型建筑基址、兵城遗址、蓄水池、瞭望台、哨所等。

五女山山城远眺

在兵营遗址里，还出土了一副铁制脚镣，这是中国已发现的高句丽文物中唯一的刑具，具有重要的研究价值。大规模兵营遗址的发掘，说明山城上曾有很多人屯驻，那么人们不禁要问，这么多的人在山上生活，他们的生活饮水靠什么呢？

五女山山顶的水源地有两处：一处位于山城中部偏西侧，有一石砌长方形水池名为"天池"，长 12 米、宽 5 米、最深处 2 米，常年积水，是山城最重要的水源。池旁有一小井，池水经过滤进入井中，供人们取用。另一处叫"饮马湾"，是天然泉眼，位于山城东侧，终年不枯，但水量较少。

铁制脚镣

鎏金铜钉鞋履（辽宁省博物馆藏）

五女山"天池"

在山城的另一个发掘区域，考古工作者发现了一处大型高句丽遗迹，其长13.5米，宽5米，原有七块础石，现保存六块础石和一个柱坑，表明应为六开间建筑；出土了高句丽早期竖耳陶罐等典型器物。从建筑规模和等级来看，该遗迹被推测为王宫遗址。

经过1996至1998年和2003年两次共四年的考古发掘，五女山城被确定为高句丽的早期王城。

有城必有门，城以据险，门以通达。五女山山城共设三座门，分别在东墙、南墙和山顶西部。东门砌于东墙第二段和第三段之间，仅有豁口，门已无存，依稀可见门址，遍布苔草之间。

南门位于山城东南角，宽约2.3米，西侧为楔形石铺砌就的城墙垛头。东侧断崖，下临深谷，一条羊肠小道如攀附山岩的古藤，自山顶垂到谷底，山岚雾气间时隐时现，即使千军万马，要想破城，只能沿小道依次而上，南门因此成为一处险要关隘。

西门位于主峰西部，筑于一条山谷的上口，山谷底宽上窄，两侧山崖陡立，门借山势，天然关隘。门道宽3米，尚存有门阶，门枢础石。西门内侧分别设有南、北两个门卫室，门与崖缝隙处以楔形石封堵。

"十八盘"是高句丽时期进出山城的主要道路，沿山谷曲折盘旋。路宽1—1.5米，全长938米，土质路面，外缘砌筑石护坡。

"十八盘"直通的西门宽约3米，两侧砌筑石墙，门略内凹，呈瓮门之势。现存门阶、门枢础石、门卫室等遗迹。

吉林集安将军冢

五女山"十八盘"

凤凰山山城

三门三势,凭山据险,在冷兵器时代,门和墙的位势与牢固程度决定了山城的防御能力。通过西门登上山城,只见山城利用险峻的山势,形成了较为完备的防御体系。

2004 年 7 月 1 日,五女山山城遗址与吉林集安高句丽王城和墓地通过世界文化遗产委员会的审议,和沈阳故宫以及明清皇家陵寝拓展项目盛京三陵同时被纳入世界遗产名录。世界文化遗产委员会给了五女山城与吉林集安高句丽王城和墓地这样的评价:它体现了人类创造和智慧的杰作;它也体现了已经消失的高句丽文明;

沈阳石台子山城储水池

高句丽王朝利用石块、泥土等材料建筑的都城，对后来产生了影响；它展现了人类的创造与大自然的完美结合。

在辽宁丹东凤城市东南 3.5 公里，伫立着气势雄壮，山色秀丽，景观奇绝的凤凰山。凤凰山属长白山余脉，周边是辽东低山丘陵区，平均海拔不足百米。而凤凰山绝对高度达 836.4 米，相对周围低矮平缓的丘陵，更显高大峻秀。凤凰山集"雄、险、幽、奇、秀"于一身，其景色优美而又险夷莫测。但它真正吸引世人目光的，却是它的山城。

凤凰山山城也和高句丽民族有着不解之缘。它是由世居东北的少数民族高句丽所建的著名山城，又叫乌城、乌骨、乌骨城，位于凤凰山东部，呈一盆状。全城周长约 16 公里，由城门、城墙、天然屏障附属设施组成，共 86 段。城墙有 4 段，总长 7500 米，其中 2300 米较完整，主要有 5

桓仁高俭地高句丽山城城墙

燕州山城

段组成：黑沟段、庙沟段、马沟段、东庙段、凤凰山段。天然屏障最长的是庙沟山口大屏障，全长 800 米，最高屏障是攒云峰悬壁，全长 450 米，海拔 836.4 米。附属设施有城墙沿途及城内有关遗址、遗迹，如哨台、旗杆座、点将台、枯井，另外还出土有辽金时代的文物，如磨制石斧、契丹文铜印、辽金瓦当等。

这些城墙，历史久远却保存相对完整，古老的石墙和厚厚的苔藓见证了多少沧桑和故事。山城依据山势修建，城墙充分利用山体高低错落，极为壮观。更为突出的是它外层砌墙用的石头全部进行过打磨加工，在古代劳动力和劳动工具十分落后的当时是多么的不易，这在世界建造城墙的历史亦不多见。

在辽阳灯塔市西大窑镇的石城山上，保存着一座历经千年风雨、文献明确记载的燕州古城，燕州古城虽历经千年，但古城的整体轮廓依然清晰可见，堪称古代军事山城建筑的杰出之作。

燕州城原称白岩城，建于东晋元兴二年（402），是一座军事山城，用石块建筑。燕州城分外城和内城，外城依山建造，呈不规则方形。城墙用青色大石条叠砌，东南面是一道垂直悬崖，崖下是由南折向西流的太子河。东、北两面筑高大石墙，墙外有护墙，墙顶筑雉堞。经近年来考古发掘，确认墙体外砌共有九个马面，马面内砌马道，顶上是方形围台。

燕州城建筑特色鲜明，是"中国古代山城建筑及军事防御设施的代表作之一"。

中国古代的军事防御体系大体分三种：首先是以万里长城为代表的"战略防御工程"。第二种，是于平原地区修建的城堡连体式的防御体系。如明清战争时，明督师孙承宗、袁崇焕修筑的由城、所、台、堡一线串联的"宁锦防线"。而第三种，就是以"燕州城"为代表的山城联防式的防御体系了。

辽宁是以丘陵、平原交融为主的地形地貌，地方诸侯国没有中央政府那样的雄厚财力，无法构建万里长城式的战略防御体系，因此，在交通要道、地形险阻之地建若干山城，通过山城据点传递信息、遥相呼应，便成为一种迥异前两者的新型防御体系。

燕州古城外是一片广袤原野，古时，无战事，官兵百姓就到城外居住，春播秋收；遇战事，则退避山城固守，多座山城若一字长蛇阵首尾呼应、唇齿相依。

巍巍古山城，沧桑古城墙，深藏着体现古人与自然相处智慧的技术美，也蕴含着深厚历史的文化美。在历史长河的冲刷下，它们的军事意义渐渐淡出，而文化内涵则随着时间的演进而更加深厚，弥足珍贵。

从棘城到龙城

——慕容鲜卑与三燕兴亡

第十二章

这是一片充满生命奇迹的土地。

一亿三千万年前的鸟化石，把世界对鸟类祖先的关注引向中国的辽河流域；

鸽子洞遗址，让我们看到了数万年前古人类繁衍生息的足迹；

牛河梁遗址，使得五千年前具有国家雏形的原始文明社会与今天会面。

但是，这些还远远没有终结考古的惊喜。

2003年，「龙城宫城」遗址经过考古挖掘在这里重见天日。

是什么人建造了这座古城？他们来自哪里？尔后又去向何方？

它的发现，会把我们带入一个怎样的时代？

朝阳老城街景

　　位于辽宁省西部的朝阳市，有一个龙城区。这个名字的由来，源自1600 余年前的慕容鲜卑建立的"三燕古都"龙城，近年龙城旧址在朝阳老城区被发现。

　　龙城是慕容鲜卑进入辽西地区后建立的第一座城。在很长的时期内，龙城究竟在哪个位置，龙城究竟是什么样，后人只能从文献中寻找。据《晋书》记载，我们仅仅得知，咸康七年（341）正月，前燕皇帝慕容皝选中"柳城之北，龙山之西，福德之地"，命阳裕、唐柱筑龙城。咸康八年十月，从棘城迁都龙城。康帝建元元年（343），慕容皝大起龙城宫阙，立东庠于旧宫，号新宫为和龙宫，使龙城初具规模。后来，后燕、北燕都以龙城为都城。龙城在北燕灭亡时被焚毁；北魏进行改建后继续利用；唐代沿袭北魏的规制，但增大了规模，对两翼的城墙也予以加固；辽代改建，金元沿用，历经一千多年，最后废弃于明初。

2003 年，朝阳市政府对朝阳市老城区内的北大街及周边地区进行拆迁改造，辽宁省文物考古研究所配合改造工程，进行了考古勘探和发掘工作。

2003 年 7 月开始的这次考古发掘，最终取得了突破性的进展：神秘而古老的三燕故都——龙城最终浮出水面。其中 3 号地点即朝阳北大街城门遗址的发掘，即龙城"宫城南门"，让考古工作者们激动万分：发掘表明，这座门址坐北朝南，始建于前燕，彻底废弃于元代，共经历了前燕、后燕、北燕、北魏、唐、辽和金、元 8 个时期的建筑和改建，历时 1000 余年，这在我国城市考古中是极为罕见的。三燕时期的城门是首次在朝阳城内发现，其门道结构保存完好，建筑风貌独特，为研究十六国时期北方城市的城门形制提供了实物资料。更重要的是，这座城门遗址位于朝阳老城区的中轴线上偏北处，根据其位置判断，应为三燕龙城

龙城古城模拟图

2003 年朝阳龙城区改造所发现的龙城遗址

石砌门道

宫城的南门，这为研究三燕龙城的布局提供了一个重要的坐标点。

龙城城门遗址位于朝阳北塔东南三百米，包括大型夯土城门墩台、石砌门道、向南北两侧延伸的石子大路、砖路和东西两侧的城墙。城门墩台由两个东西对称的大型夯土台基构成。

龙城宫城城门遗址全景

龙城遗址的内城门道，修筑已相当讲究。早期的门道地面铺一层黄沙土；中期唐代的门道又发展了一步，道中间铺了2米宽的砖路；而晚期的门道更气势恢宏，不但路宽拓展到5米，还全部以200厘米长、80厘米宽的长方形大石块对缝铺设，排列整齐。当时这座城市的繁华，由此可见一斑。

龙城遗址的发现，使得一个在中国和东北亚地区中古史上极具传奇色彩和具有重大影响的民族——鲜卑族，出现在了众人眼前。

鲜卑族的崛起并不是一蹴而就的，每个民族的崛起，在关键的时间点上总要有一些关键的人物发挥作用，檀石槐就是在这个时候走上了首领的位置。

在檀石槐死后，鲜卑分裂为众多部落，散落在辽宁地区的鲜卑部落主要有慕容部、宇文部和段部。而当时的中原地区，西晋王朝内乱不断，同时匈奴、羯、氐、羌和鲜卑等民族都在向中原地区内迁。整个中原大地陷入了一片混乱之中。

慕容部的首领慕容廆在即位初期也曾经与晋王朝为敌，两次出兵劫掠辽西郡，都大败而归。战败让慕容廆深刻意识到，与中央王朝的对立并不利于部落的发展。为了给自身的发展壮大赢得时间和空间，公元 289 年，慕容廆向晋朝称臣，被封为鲜卑都督。同年，慕容廆以所居之地太过偏僻为由，将部落南迁到了棘城，就是现在辽宁省的义县一带。

这个来自大兴安岭的游牧民族，一路向南，来到了这个草原文明与

慕容廆铜像

中原农耕文明的交汇地带。他们拥有游牧民族的强悍性格，同时也被中原儒家文化深深吸引。

　　慕容廆在棘城建立了学校，推广儒学。即使政务繁忙，他也抽出时间去学校听讲，他的两个儿子慕容皝和慕容翰也都精通儒家经学。在汉化进程中，慕容部汲取中原文化的精髓，不断发展壮大。慕容廆统治部落长达49年，65岁去世时，指定自己的嫡长子慕容皝继位。这位自幼受儒家学说影响极深的鲜卑首领，极其重视汉化教育。不仅扩建义学，还亲自编写了汉文课本《太上篇》。

　　公元337年，慕容皝在棘城称王，建立了前燕国。之后，为了更好地巩固和发展政权，慕容皝决定再次迁都。

　　据《晋书》及《十六国春秋辑补》记载："晋咸康七年（341），燕王慕容皝以柳城之北，龙城之西，所谓福德之地也。使阳裕、唐柱等，可营制规模，筑龙城，构宫室宗庙改柳城为龙城县。"第二年，即咸康八年（342），慕容皝将都城由棘城迁往龙城，即今天的朝阳老城。

　　在不断汉化的过程中，慕容部在慕容廆的带领下，已经逐渐从逐水草而居的游牧民族，演变成了以农耕经济为支柱，以儒学为主流思想，以中原文化为主流文化的强大北方部落。

　　从棘城到龙城，不只是都城的迁移，更是一个游牧民族发展壮大的过程。通过慕容廆和慕容皝父子两代的经营，几十年戎马生涯，让慕容部从鲜卑族的一

朝阳龙城三燕瓦当

个部落，成长为一个东北强国。从一个马背上的游牧民族逐渐演变成以农耕为主要生产方式的民族。鲜卑慕容部在迁徙的过程中，不断地被中原文化所吸引。

鲜卑族南迁的历史，也是它走近了中原文明的历史，与中原文化不断碰撞，不断交融。他们把自己民族的发展融入中原历史发展之中的同时，也把自己的文化融入到了中原文化之中，成为一个有机的整体。

在掩埋在地下2米多深，湮没无闻600多年后，三燕故都——龙城揭开神秘面纱，让历史文献中的记载不再只是一种纸上的记忆。在慕容鲜卑绝尘而去之后，龙城的繁华还延续了多个世纪。

西晋时的龙城，隋唐改叫营州。清乾隆四十三年（1778）改称朝阳。即取《诗经》大雅篇"凤凰鸣矣，于彼高岗，梧桐生矣，于彼朝阳"之意，引"凤鸣朝阳"之句而取"朝阳"二字命名，沿用至今。

朝阳，这座名副其实的历史名城，从原始人类繁衍生息开始，历代建置、移民、征战以至帝王东巡，相继开辟的无终、卢龙、平冈、渤海4条中原通往东北的古道，都路经或通达朝阳市境内。因此，朝阳市在古代已经成为中国东北与华北以至中原地区政治、经济、文化交流的纽带地区。而城中蜿蜒而过的大凌河水无私地滋润着这片土地，也见证了这座城市的发展与兴衰。

多元交融

第十三章

——北魏汉化和隋唐
多民族交融

辽河流域，这个古老文明的发源地，孕育了生命和文明。

溯河而上，各个历史时期留下的遗迹，像是在诉说着这条古老母亲河的源远流长。

进入北魏，多元文化的交融则更是突飞猛进。

义县万佛堂石窟，神秘的千佛造像，登峰造极的摩崖石刻，一个游牧民族如何把佛教和汉字的艺术推向极致？

朝阳北塔，矗立的五世光阴，传世的瑰宝经历了怎样的故事？

北魏盛世汉化改革，多民族加深融合，多元文化的碰撞再次放射出奇光异彩。

在辽宁省义县万佛堂村大凌河北岸的福山上，矗立着东北地区年代最早规模最大的石窟群。整个石窟群始建于北魏时期，分为东、西两区，共存窟（龛）20 余个，雕像 430 尊。保存较为完整的是第一窟和第六窟。第六窟主像为交脚弥勒，高 3.5 米，波状发髻，细眉长眼，高鼻薄唇，是典雅的北魏造像。随着石窟发掘的不断深入，极具艺术价值的佛教造像展现在世人面前，把我们带回到北魏盛世。

魏晋南北朝是中国雕塑兴旺繁荣的时代，佛教的兴盛扩展了雕塑的题材和数量，石窟雕塑是这一时期雕塑艺术的主流。曾统一了整个中国北部的北魏帝国，被形象地喻为"雕刻在石窟上的王朝"。

北魏佛教的兴盛，和统治者厉行汉化的举措有着密不可分的关系。冯太后和北魏孝文帝就是汉化改革的代表人物。

冯太后出身名门望族，她的祖父冯弘是十六国时期北燕的国君。公元 456 年，14 岁的冯氏被文成帝拓跋濬立为中宫皇后。公元 465 年，文成帝驾崩，皇太子拓跋宏继位。冯氏被尊为皇太后，临朝听政。

义县万佛堂石窟

义县万佛堂石窟佛像雕刻

　　在冯太后执政期间，她对北魏的政治和经济诸多方面做出了大刀阔斧的改革，从而加速了北方少数民族的封建化进程，促进了北方民族的大融合。公元490年，时年49岁的冯太后死于平成皇宫的太和殿。此后的北魏在孝文帝拓跋宏的领导下，沿着冯太后的改革之路继续前行。

　　在辽西义县万佛堂石窟遗留的众多碑刻中，最具有价值的碑刻当属《元景造像碑》，全称《平东将军营州刺史元景造像碑》。碑刻

元景造像碑

元景造像碑（局部）　　　　　　　元景造像碑（局部）

建于公元 499 年，是营州刺史元景为孝文帝所造。碑记就窟壁取材，通篇 304 字，个个遒劲挺秀，笔力极工，书法艺术精湛。清末著名学者梁启超得友人相赠之初拓本，极为喜爱，评其为"天骨开外，光芒闪溢"，康有为亦称之为"元魏诸碑之极品"。而碑文也体现了孝文帝在位期间的功绩。

在北魏政权存在的大部分时期，佛教十分兴盛。在朝阳，另一个佛教建筑也与冯太后有关，那就是朝阳北塔。

朝阳北塔始建于北魏，时称"思燕浮图"。《魏书·皇后列传》载：文成文明太后冯氏，乃北燕王冯弘之孙，秦、雍二州刺史冯朗之女，年

朝阳北塔

北塔天宫出土的佛舍利

北塔天宫出土的佛舍利

南塔附近地宫出土辽代鎏金银棺

北塔天宫出土辽代金舍利塔

北塔天宫出土辽代金盖玛瑙舍利罐

北塔天宫出土辽代金法轮

十四入宫，后立为北魏文成帝（拓跋濬）后。承明元年（476），尊曰太皇太后，复临朝听政。又立"思燕浮图"于龙城，皆刊石立碑。

那么，当年的"思燕浮图"是怎样的呢？根据已发现的遗迹、遗物与现存的很多塔的记载，确定"思燕浮图"是以楼阁式塔为中心，塔四周建有殿堂、前筑三门，塔周围有院墙的一座大型皇家寺院。

然而，这样一座代表着皇权与宗教的皇家建筑，却也未逃过灭顶之灾。据考，"思燕浮图"在北朝末年至隋朝初年间的一次朝廷灭佛运动中，被火烧毁，相传这场大火整整烧了七天七夜。

隋文帝在统一中国后，在"思燕浮图"旧址上建木结构楼阁式"宝安寺舍利塔"。唐初在隋塔基础上进行了修缮并彩绘一新，并按照唐玄宗的诏命，改为开元寺塔，寺院也就叫作开元寺。

辽代时北塔又经过两次重修，寺院更名为延昌寺。在这次大修中，不仅举行了盛大的法事活动，重建了天宫和地宫，更包修了须弥座，并在塔身上布施了四方佛、飞天、八大灵塔等佛教题材的精美砖雕，甚至连塔身与塔刹也进

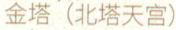

金塔（北塔天宫）　　　银塔（北塔天宫）

行了修缮，最终形成了现在的方形空心十三级密檐式砖塔。

现在的朝阳北塔是以三燕宫殿夯土台基为地基，"思燕浮图"的台基为台基，隋唐塔为内核，辽塔为外表的"五世同堂"宝塔，并具有"塔上塔""塔包塔"的特殊构筑形式。这在全国是唯一的。

仰望朝阳北塔，高大而巍峨，随着佛祖真身舍利的发现，这座历经三燕、北魏、隋、唐、辽"五世同堂"的朝阳北塔，现在再一次聚焦了世人的目光。

1988 年 11 月 14 日，朝阳北塔修缮工程考古发现了秘藏千年的两颗佛祖舍利，这使得这座五世同堂的朝阳北塔变得愈发神秘而珍贵。

在此次北塔天宫出土的文物中，与两颗佛舍利同时出土的金银经塔、鎏金银塔、波斯玻璃瓶均被鉴定为国家一级文物。其他精美绝伦的金银器、华丽多彩的玛瑙器、绚丽夺目的玻璃器、晶莹剔透的水晶器以及巧夺天工的玉石器等佛教文物也是全国罕见。

凭借着上千件稀世珍宝，矗立千年的朝阳北塔已成为辽宁地区最具历史价值、文物价值、科学价值的古塔。斗转星移之间，它以虔诚的姿

北塔天宫出土的波斯玻璃瓶

态散发着历久弥新的光芒，见证着过去、现在以及遥远的未来……

北魏多元文化艺术交相辉映，出现了魏晋以来空前的繁荣景象，从根本上是得益于鲜卑拓跋氏发起的这场波及中国北方所有少数民族的汉化改革，紧接着中华又迎来了隋唐盛世文化大发展。

在今天的朝阳市及周边，发现有大批规模宏大的隋唐时期墓葬，都让人产生无限的遐想。

隋唐时期，营州既是东北地区的政治、军事、经济、文化中心，也是隋唐王朝经营东北的前沿，东北民族南下的必争之地，故有"营州者，镇彼戎夷，扼喉断臂，逆则制其死命，顺则为其主人，是称乐都，其来尚矣"之说，由此也证明了营州也是中原文化在辽海地区传播的中心。

在辽宁，草原文化和农耕文化不断地接触、碰撞、交汇和融合，产生了新的文化内涵，其地域与民族文化的特色与特征，既保留了中原文化的原质，又吸收了草原文化—游牧文化的内涵与精神气质。这种内涵的演化，随着历史车轮的前进，也在继续不断地演进。

丝绸之路

第十四章

——神秘的草原丝绸之路

提起丝绸之路，人们的脑海中就会浮现出影视剧中浩瀚沙海、楼兰美女、小河公主……

其实在中国的北方还有一条与其相对应的草原丝绸之路。它自中国中原地区向北越过长城入塞外，然后穿越蒙古高原、南俄草原、中亚西北部，是西去欧洲的陆路商道。

这条神秘的草原之路，由于远离中原地区，甚少为人所知。

直到辽宁朝阳的冯素弗墓被发掘，鎏金马镫和鸭形玻璃注的出土。

这条草原丝绸之路的贯通，对于塞外和中原地区的经济和文化的融合起到了至关重要的作用，也为隋唐文化大发展做了铺垫。

而辽河流域就像是这条文明之路的纽带，水波间荡漾着历史的沉香。

冯素弗墓地全景

　　辽宁省的北票市，位于辽宁省西部，它地处大凌河中游，东与阜新蒙古族自治县毗邻，南与锦州市义县、凌海市相邻，西、西南与朝阳市区、朝阳县接壤，北与内蒙古自治区敖汉旗、奈曼旗交界。正是其独特的地理位置，让这座城市成为草原丝绸之路上的重要一站。

　　1965 年，考古人员在位于北票市西北方向的西官营镇的西官营子村将军山东麓，发掘了两座东西墓向、南北紧邻的长方形石椁墓，共出土遗物 500 余件。这就是十六国时期北燕宰相冯素弗夫妇的同冢异穴合葬墓。

冯素弗墓

　　两墓都是长方形
石椁墓，椁内绘人物、
星象等壁画。木棺上也
有羽人、建筑等彩画，
这表明北燕沿用汉制，
皇室勋臣使用画棺。但
冯妻墓中殉犬，又属于
鲜卑葬俗。这些文物对
了解北方民族与中原的
文化关系有着重要的价
值。

椁内壁画

　　两墓出土的遗物中包括工具、兵器、铠甲、马具、仪仗车器、文具、
印章、服饰等。其中龟钮金质"范阳公章"与鎏金铜质"大司马章"，
说明北燕的官制和印制皆用汉制。金冠饰的形制下为十字形的梁架，上
为穿缀活动金叶的顶花，可能就是鲜卑贵族使用的"步摇冠"。其冠前

冯素弗墓葬出土的龟钮金质范阳公章

镂孔山形金饰片

冯素弗墓葬出土的鸭形玻璃器

饰片有佛像，说明了早期佛教的东传和在北燕的发展。

出土的步摇饰，从其造型特色来看，发源地应该是在中亚或西亚。草原丝绸之路的繁荣，让远在中亚西亚的饰物流传至此。而北票冯素弗墓出土的鸭形玻璃注更是有力地证明了草原丝绸之路的传播作用。

鸭形玻璃注是玻璃制品，质光亮，半透明，银绿色锈浸。体形横长，鸭形，口如鸭嘴状，长颈鼓腹，拖着细长尾，尾巴尖微残，背上以玻璃条粘出一对雏鸭式的三角形翅膀，腹下两侧各粘一段波状的折线纹以拟双足，腹底贴着平正的饼状圆玻璃。所以，叫鸭形玻璃注。这个器皿重心在前，只有腹部充水至半时，因后身加重，才得放稳。此器造型生动别致，在早期玻璃器中十分罕见。

这件质地纯正、完整如新的鸭形玻璃注的造型及艺术风格皆属罗马玻璃系统。其吹管成型、热贴玻璃条等也是古罗马玻璃制作

冯素弗墓葬出土的玻璃器

的常用技术。经过检验，材质更是当时中国尚不能生产的古罗马帝国的钠钙玻璃。可见这件鸭形玻璃注应是产于今叙利亚至地中海沿岸一带的古罗马帝国，其传入途径是由西域经过草原之国——柔然，再传进冯氏北燕的。它是研究草原丝绸之路的重要物证，具有重要的历史和艺术价值。

马镫，是典型的中国发明的器具，最早的镫大约出现在三世纪，是单镫，三角形，悬于马腹左侧，只能供紧急上下马时使用。在四世纪时发展为双镫，从此骑乘时可以人马合一，马具发展至此才算完备，此后马镫传入欧洲，对中世纪欧洲骑士的发展起了重要作用。而马具东传，

青石砚

铜鎏金木芯马镫

正有赖于草原丝绸之路的贯通。

辽宁省北票市冯素弗墓葬出土的铜鎏金包木芯马镫，通高23厘米、宽16.8厘米，镫环木芯为桑木条揉成，外面包钉一层鎏金铜片。这副马镫的

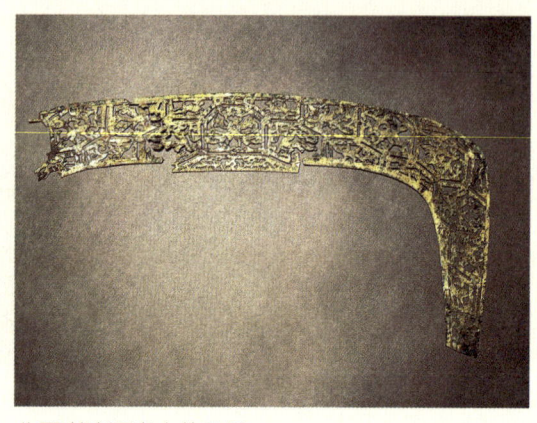

北票喇嘛洞出土的马具

镫环以三棱体的桑木条揉成，形状近似圆角三角形，木条两端向上合成镫柄，分裆处再填以三角形木楔，这样踏脚承重时不致变形。在深蓝背景的映衬下，这副马镫呈现出柔和的金色，这是因为镫环和柄的外表都包钉了鎏金铜片，镫环内侧则加钉了一层薄铁片，上面涂了黑漆。

马具的创造和发展，对骑兵的发展和战争的作用十分巨大，它使骑兵和战马很好地结合在一起，控制马匹变得容易，骑兵的双手也被解放出来，可以完成射箭、劈砍等战术动作，列队布阵也可以取得更好的效果。其中，双马镫的创造更具有决定性的意义。而从单镫到双镫的飞跃，正是在公元3—4世纪由辽宁地区的慕容鲜卑完成的。正是装备了马镫等完备马具的三燕骑兵，在当时的东北的历史舞台上，成了一个叱咤风云的角色。

据史书记载，冯素弗死于415年。以此推断，这对马镫距今已近1600年，比欧洲发现最早的马镫还要早300年以上。这是世界上出土最早的两件一副的马镫而且正是这副马镫的出现，改写了人类骑兵的历史。慕容鲜卑除了留下了先进的教育制度和"龙城"这座城市之外，还留下了先进的骑射文化。这副马镫无声而清晰地讲述了1600年前慕容

鲜卑是如何通过草原丝绸之路的贯通吸收中原文化的精华部分的。

草原丝绸之路是一条连接东西方贸易的交通要道，但随着商贸的交往，也引起了文化间的交流与碰撞，它不仅是连接东西方经济、文化交往的通道，也是连接中国长城以南地区与北方草原地区经济、文化交往的要道。

可以想象几千年前的人们，走在这条路上，贩运货物，赚取利润。正是因为他们的长途跋涉，让中原地区、蒙古草原以至整个东北亚地区相互之间有了更深的了解。

草原丝绸之路在沟通东西和南北经济、文化交流中所起的作用，远远比其他商道更加重要。数百年间，它肩负着繁荣草原，以及整个东北亚经济的重任。史书有据，元人虞集在《贺丞相墓铭》中描绘道："（上都）自谷粟布帛。以至纤靡奇异之物，皆自远至。宫府需用百端，而吏得以取具无阙者，则商贾之资也。"

在这条连接了东北亚地区的古老商道上，各个地域，各个民族的文化随着贸易的发展被带到了各个地方，并且和当地的土著文化相融合，进而落地生根。

草原丝绸之路的繁荣，让一千多年前的古代先民有机会了解到来自远方的文明。在经济和文化的双重交流下，沿途的居民开阔了视野，增长了见闻。为即将要到来的盛唐文化大发展、大融合，起到了积极的促进作用。历史的车轮扬起的尘土，并没有湮没这条古老的文明之路，反而在不断的积淀下愈加宽广。

马背王朝

—— 草原文明的鼎盛

曾经，这里是东北最早的五郡之治，也有草原鼎盛时期的东京之设。

它，为什么在近两千年间，始终占据着东北第一望郡的地位？

文蕴深厚的北方镇山，美轮美奂的辽墓壁画，现在寂静的小山村，曾经是窑火熊熊的千年窑场。

强势崛起的草原民族，是如何在中华文明的壮丽画卷上，留下自己浓墨重彩的一笔？

辽阳

　　太子河流过本溪，在东风乡一带拐了一个"几"形弯后，进入了辽阳境内。今天的辽阳城，安静而俊雅，生活气息浓厚。历史上的辽阳有着非凡而又独特的身份，追溯起它的历史年龄，还要回到公元纪年之前，而它的故事，也要从战国时期讲起……

　　《史记·朝鲜列传》载："燕亦筑长城，自造阳至襄平，置上谷、渔阳、右北平、辽西、辽东郡以拒胡。"

　　秦始皇统一中国后，置辽东郡，整个辽东都由辽东郡来管理。从汉魏壁画墓到五世纪的辽东城冢壁画墓，也都真实地诠释了这座早期辽河流域历史名城的沧桑。

　　从燕昭王时代开始一直到公元十七世纪初，近两千年来，辽阳古城一直居于东北第一望郡的位置。而它的辉煌，随着草原民族的崛起，更是达到了顶峰。

　　916年2月的一天，有草原雄鹰之称的契丹可汗——耶律阿保机，决定效法中原的封建制度，正式称帝，定国号"契丹"，建元神册。从此，开启了契丹王朝的辉煌。

　　由契丹民族建立的大辽王朝在东北地区迅速称雄，成为统一中国北方的政权，并与北宋对峙，辽国的行政区划分设五京，辽阳就是五京之一的东京。

　　极盛时期的辽国疆域东濒太平洋，北至外兴安岭，西越阿尔泰山，南到河北中部的白沟，同高丽、西夏、北宋相接壤。与辽国相邻的各个小国，或是向辽朝进贡，或是称藩受封。

辽墓出土的引马出行图

契丹人与马

阜新关山辽墓壁画之一契丹人出行图

镀金龙戏珠鞍饰

三彩印牡丹花扁把壶

阜新关山辽墓出土的引马出行图让后人可以一睹当年契丹人的风采。契丹族是驰骋于漠北草原的马背民族，民族迁徙与四处征战自然都依赖于战马，这使得契丹人对马匹的品种、数量、体质以及与之相配的马具都有着相当高的要求，残酷的生存环境和频繁的征战，使这些游牧民族在驯养战马方面积累了丰富的经验，并逐渐形成一套行之有效的管理制度。

马是如此的重要，因此，契丹人对于马匹宠爱有加。他们精心装饰马匹，其马鞍被北宋人评为"天下第一"。

辽墓出土的大量

的镀金飞凤银鞍
饰、镀金龙戏珠
鞍饰等，体现了
契丹金银鞍制作
工艺的精湛水
平。他们使用了
包金银技法，采
用多层次的篆刻

辽金古窑遗址江官屯

工艺，呈现富有层次的浮雕艺术效果。

　　契丹皇帝送给宋朝皇帝的"金涂银鞍"，是在鞍上凸起来的龙、凤、卷草等花纹上加以鎏金錾花，从而形成的银地金花，使得器具显得华贵富丽，连奢靡的宋徽宗见了以后都惊叹，辽之鞍勒"率皆环奇"。

　　在今天，辽阳市东三十公里的太子河南岸，一处被尘封多年的辽金古窑——江官屯十里窑厂在考古队员的发掘下重见天日。

　　这里是辽金时期的产窑重地。如今，虽然出土的瓷器已经残破，但是每一件却都昭示着这里曾经的辉煌。它们的出土，也为后来人解读这段历史增加了一个有力的依据。

　　为了汲取中原文明的精华，契丹王朝的统治者从中原迁回了大批汉人和北部渤海移民到辽宁居住生活，并以劫掠的方式使大批在各个领域技艺高超的优秀人才留在了辽东。

　　相较于唐三彩，辽三彩的造型更为质朴而粗犷，釉色却比唐三彩浓重艳丽；海棠长盘为模仿波斯式金银八曲盘形制成，工艺精湛而巧妙，让人叹为观止。这些都是契丹文化与周边文化交流与融合的最好佐证。

　　在意识形态领域，辽朝统治者更是迫不及待地向中原学习。为了统一人们的思想，耶律阿保机还曾专门召集大臣，开了一场讨论会议，会

辽三彩——花式碟

辽三彩碗

议上，有的大臣提出尊佛教，有的大臣建议敬萨满，而太子耶律倍则提出应该先敬孔子。耶律倍的这个建议，立即被耶律阿保机所接受。为此，他在辽上京敕建了孔庙。然而，当时的耶律阿保机怎么也不会想到，就是这个为了契丹的崛起献计献策的太子，会在数年之后投奔他国。

史料记载，辽太祖耶律阿保机的长子耶律倍，自幼喜博览群书，不喜射猎，因医巫闾山风光旖旎景致非凡而极其钟爱，并于医巫闾山绝顶筑"望海堂"，购书万卷藏于其中。如今，在闾山中仍留有"墨趣"小亭，即为当时太子耶律倍读书的地方。

耶律倍对医巫闾山青睐有加，不仅是因为闾山本身风景秀丽，更是因为其在历史上非凡的地位。而耶律倍与医巫闾山的结缘还要从他的"让国之事"说起。失去了江山的耶律倍为了安身立命，带着自己的一队贴身护卫走上了医巫闾山，从此开始了与世无争的隐居生活。

尽管耶律倍已经隐退山林，耶律德光却并没有因此放松对他的警惕，他们派人时刻监视其动向。面对咄咄逼人的局势，耶律倍实在难以忍受。930 年 11 月，耶律倍决定投奔后唐。临行前，他写下了这样的诗句："小山压大山，大山全无力，羞见故乡人，从此投外国。"然而，就在耶律倍投奔后唐的第八个年头，后唐就被辽国攻破，这位年仅 38 岁的大辽太子，就此结束了他短暂而又曲折的一生。所幸的是，耶律倍的长子耶律阮后来登基做了辽世宗，将其父耶律倍迁葬回医巫闾山，史称"显陵"。

医巫闾山，不仅是耶律倍的显陵的所在地，还是辽景帝最终的长眠之处。然而，医巫闾山的历史文化价值远远不止于此。近年来，在北镇龙岗的二道沟和三道沟，考古工作人员又有了重大的发现。

时光荏苒，1125 年 7 月，辽国最后一任皇帝天祚帝被金兵所俘，由耶律阿保机所创建的雄踞中国北方的大辽国，在经历了 209 年的岁月后，无奈地退出了历史的舞台。

在辽代，儒家文化对辽河流域有着自上而下的充分渗透，塞北草原文明与中原封建文明已经大致同步，而佛教文化由于得到统治者的全力扶持，更是呈现出了飞跃式的发展态势。

古船遗梦

——元代的考古发现

第十六章

一艘满载着精美瓷器、香料和丝绸的商船，从中国的某个港口出发，开始了漫漫西行之路。

忽然，海面上掀起了滔天巨浪，船员们还没来得及采取任何自救措施，就与船舶一起消失于茫茫渤海深处。

海底的泥沙迅速掩埋了沉船，灾难的阴影已经被岁月的流沙冲淡，留下的是人们对船内宝藏的惊叹。

当它再次被发现时，时间已经过去了七百年！

绥中三道岗海域元代沉船的发现，为世人开启了一个未知的宝库大门。

绥中三道岗海域元代沉船遗迹

　　1991年7月的一天，几名渔民在捕鱼时，意外地在辽宁省绥中县的三道岗海域打捞出一批古代的瓷器。渔民立即向绥中县文物管理所报告了这个情况。

　　经过初步鉴定，专家认为这是元代的文物。于是，立即向上汇报。

　　为了弄清海下文物的情况，同年10月，中国历史博物馆水下考古学研究室的专家们进驻绥中，打算在渔民们打捞出瓷器的地点进行水下调查。不过，要在波涛汹涌的大海上进行独立考古作业，这在我国考古史上还是第一次。

　　在考古过程中，专家发现沉船船体保存较差，仅保留了一些船板残片，其长约21米、宽约6米。短时间内考古人员就采集到各种文物达39件，更为可喜的是，其中3件都是完整的瓷器。

　　带着这些珍贵的文物，考古队员马不停蹄地赶回北京，处理文物、整理资料、查阅线索、赶写报告。他们计划用三到五年的时间对该遗址

沉船文物

进行正式的调查与发掘，并据此制定了系统的工作计划。随着计划的顺利获批，首次由我国独立完成调查与发掘的大型水下考古项目也随即展开。伴随着考古工作的日渐深入，这艘在水下沉睡了七百余年的商船，向我们讲述了它的身世之谜。

辽宁省绥中县三道岗元代沉船出水遗物主要是瓷器、铁器，以瓷器为主，铁器主要是犁铧和大锅。瓷器有白地黑花、白釉、黑釉、孔雀蓝釉，器类有碗、盘、碟、罐、瓶、杯等，为典型的北方磁州窑产品。结合出水瓷器特征综合判断，这艘船应该是一艘航行于渤海湾海域的元代商船。三

出水瓷器

道岗沉船遗址的发掘，为元代磁州窑陶瓷器行销及北方地区造船史、航海史的研究提供了宝贵的实物资料。

元代瓷器在器物器形上有许多创新，烧了许多具有草原民族的独特风格的器物类型。创烧单色釉也比前代精美。

辽宁省绥中县三道岗元代沉船共出水遗物613件，其中瓷器599件。其中的白釉龙凤大罐、白釉净瓶、直口小罐、鱼藻盆等瓷器极为珍贵。尤其值得一提的是，一件绘有婴戏图的白釉黑花罐，腹部画有两个手攀花枝、嬉戏玩耍的男孩，生动活泼、憨态可掬。

白釉黑花龙凤大罐

看着眼前这些琳琅满目的文物，仿佛把我们又带回到了那个强大的元代。那么，当时这艘满载瓷器与铁器的商船究竟要驶向何方，而它又为何沉睡于此？要揭开这些历史谜团，还要将时间的指针拨回到近八百年前的元朝。

公元1271年，蒙古族首领忽必烈建立元朝，先后攻灭了金朝、西夏、大理、南宋等国，全面占领了中国，结束了自五代以来的分裂局面。然而，元朝的统治者并没有就此满足，蒙古军的铁骑曾征讨至欧洲地域。这也让其成为中国历史上幅员极为辽阔的王朝之一。《元史·地理志》中对元朝疆域，就有着这样的记载："北逾阴山，西极流沙，东尽辽东，南越海表""东、南所至不下汉、唐，而西北则过之。"

白釉黑花童子执花罐

由蒙古族掌权的元朝为何能如此强盛呢？追根溯源，这不光得益于统治者的骁勇多谋，还有他们对中原封建集权制度的学习。为了维护中央集权，统治者在所辖的各地委派重臣署事，行使中书省职权，来保障对地方边境的实时监控，这一制度被称为"行省"。不仅如此，元太祖成吉思汗的第三子窝阔台更是在继位之初，就下令建立驿站制度。驿站制度是元朝政府的神经与血液网络，对维持统治具有重大的作用。

元朝是历史上首个一统中华的少数民族政权。在其建立的第二年，统治者定北京为元朝首都，称大都。大都虽是全国的政治中心，但由于人口众多，当地农产品无法满足人们的生活需求，于是，京都的粮食不得不"仰给于江南"。

元代的海运与河运，尤其是海运，是元朝政府应对南北经济差异，保证大都用粮的一项重要举措。据《元史》记载，从元世祖至元二十年至元文宗天历二年的47年中，从江南起运的粮食总数约为8290余万石，起运量最多的元文宗天历二年（1329），多达350余万石。

元世祖派遣伯颜平江南的时候，就曾利用海运把南宋皇家图书馆所藏书籍全部运到大都。但大量运输粮食则始于1282年。

白地黑花盘

在航行实践中，劳动人民在航途上树立航标，确立港口导航制，编出通俗的口诀，对水文和气象进行预测预报，为开发中国东部海域的航运作出了贡献。同时，海运的开通和发展，加强了南北物资和文化的交流，促进了造船技术的提高和外贸事业的发展，沿海城镇也由此而繁荣，对元代的政治、经济和文化都产生了积极的作用，因此，元代海运号称"一代之良法"。

意大利旅行家马可波罗在游历元大都时曾留下了这样的描述："百物输入之众，有如川流之不息，仅丝一项，每日入城者计有千车。外国巨价异物及百物输入此城者，世界诸城无能与之比。"

中国古代的航海活动及航海贸易，即中国海上丝路，大致有两个方向。一是由今广西、广东、福建及浙江一带的港口出发，面向东南亚、南亚乃至西亚；另一是由渤海湾及东部沿海海口出发，至朝鲜半岛、日本列岛。而辽宁省绥中县三道岗海域元代沉船遗址则属于第二条航线。

随着元朝版图的不断扩大，中外交往也愈发频繁，这也成就了从中国到日本和韩国的海上丝绸之路。

元朝年间，连接中国到日本和韩国的海上航线主要有南北两路。北路由山东半岛的莱州出发，经大同江口趋平壤。南路形成于十一世纪后半叶，从宁波出发，经东海、黄海和朝鲜的马岛、竹岛后到达日本。在元代，通往日本的海外贸易路线往往是偏重于从南方港口出发。但是，在渤海湾沉没的三道岗元代沉船已经远离了这两条通往日、韩的路线。

黑釉碗

它是在航行时遇到了大风浪导致了偏离航线而最终沉没，还是因为其他的原因沉没于海底，如今我们已不得而知。但这却并不能否定它已经成为元朝海上丝绸之路往来繁荣的一个缩影。

元大都作为当时的贸易中心，世界各地的货物在这里聚集流通。当时的大都城内可见四种人，分别是蒙古人、色目人、汉人和南人，而他们被统治者依次序分成了四个等级，各方面出现了不平等的待遇。

为了稳定中央集权的统治，替统治者网罗人才，公元 1315 年，元朝的统治者终于实施元初就着手推行的科举取士制度。科举取士的顺利推行和一位契丹皇族后裔的努力有着千丝万缕的联系。那么他是谁，又为何会为元朝效力呢？

原来，早在公元 1215 年，成吉思汗的蒙古大军攻占燕京的时候，他就听说有一位契丹皇族后裔才华横溢、满腹经纶，于是就想向其询问治国大计。而这位契丹皇族后裔就是辽太祖耶律阿保机的九世孙——耶律楚材。

辽灭亡后，耶律楚材的祖父辈隐居中原，在中原地区的生活，让耶律楚材自幼深受儒家思想的熏陶。后来他跟随父亲辗转回到了金国。可当时正值金末，耶律楚材对腐朽的金失去了信心，面对蒙古可汗的诚意之邀，他决心转投成吉思汗帐下，实现自己的政治抱负。

据格鲁塞《草原帝国》记载："占领北京后，在愿意支持蒙古统治的俘虏中，成吉思汗选中一位契丹族王子耶律楚材，他以'身长八尺，美髯宏声'博得成吉思汗的喜爱，被任命为辅臣。"由此，成吉思汗便对耶律楚材委以重任。

耶律楚材不仅得到了成吉思汗的重视，还得到了成吉思汗的儿子窝阔台汗的青睐，在窝阔台继位之后，耶律楚材被誉为"社稷之臣"。公元1231年，耶律楚材官拜宰相。此后，他积极恢复文治，逐步实施"以儒治国"的方案，在政治、经济、文化各方面都创举颇多。正是因为如此，耶律楚材在窝阔台时期主持了蒙古国对中原地区的行政事务，借助蒙古国的力量从文化和政治上推动了汉化的进程。教育上，耶律楚材大力倡导儒学，推崇孔子。他征得太宗的同意，修复了孔庙，优待孔子后裔，建立了国子学，用文化教育民众。1237年，耶律楚材又提出恢复科举取士。第二年，元朝首次开科取士，一次录取了4000多人。科举考试的恢复，提高了中原儒生的地位，为国家发现招揽了大量的人才。耶律楚材在推动汉化的过程中所作出的种种努力，为后来忽必烈推行科举制做了充分的铺垫。

耶律楚材是政治家，亦是诗人，他的西域诗集《湛然居士集》清新朗丽，流传至今。

其中《赠辽西李郡王》是民族团结和融合的欢快写照：

我本东丹八叶花，先生贤祖相林牙。

而今四海归皇化，明月青天却一家。

当年蒙古大军西征的滚滚铁骑早已化作历史天幕上的几点淡淡烟尘，成吉思汗和他的将军们攻城夺寨的赫赫战功也只剩下断碑残迹。然而，工匠艺人的陶艺和诗人的诗篇，却在历史与现实的巨大空间中获得了永生，超越了民族的藩篱，掩埋了帝王将相的功过。

　　如今，元代的繁华盛景早已随风而逝，但来自于那个朝代的器物却在向人们无声地诉说着它曾经经历过的辉煌与沧桑。

第十七章

长城内外

——见证明清兴衰

一个世界历史上工程量最大、修筑时间最长、跨越地域最广、体系最为完整的冷兵器时代军事防御工程；

一条「线形」的文化遗产；

一个多民族文化碰撞和互渗的中介带和交冲带；

一个南北文化汇聚的前沿地带。

当烽火硝烟尽落，金戈铁马成灰，战时的壁垒竟又成了民族融合的舞台。

虎山长城

　　在中国的北方，有雄伟的建筑延绵于群山，穿过草原，跨越沙漠，直奔入大海，这就是长城。中华万里长城的史迹，从燕秦、辽至明代，辽宁境内都有遗存。

　　在明辽东长城的东端，有万里长城的东起点——虎山长城。而在辽东长城的西端，有一段建立在水上的长城极为特殊——这就是九门口长城。九江河水通过城桥下九个泄水城门，由西向东入渤海。当地人曾有顺口溜来形容此处地势险要，易守难攻——"十门少一门，门门断人魂，要想出一门，十人九断魂"。

　　20世纪80年代，辽宁省考古所在九门口长城附近进行了一次大规模考古挖掘，出土了铁炮、青花瓷碗等大批文物，透过这些反映明代军事防御情况和军士驻守长城生活的文物，我们似乎能够感受到那段战火纷飞的岁月……

九门口长城考古发掘现场

墙体与敌台

九门口长城附近出土的铁炮

1644年4月，已经推翻明朝政权的农民军首领李自成亲率大军北上，夹击驻守山海关的明朝遗将吴三桂。吴三桂自知兵力不敌，便派使者去求助在关外实力强大的清军。

吴三桂的主动示好，让正打算绕过长城入中原的清军首领多尔衮意识到这是一个绝好的机会。于是，多尔衮带领部队改变路线，直奔山海关，与吴三桂会合，却在"京东首关"九门口遇到了准备抄吴三桂后路的农民军，著名的一片石之战就此爆发。

在多尔衮的指挥下，清军几乎没费太大力气就消灭了李自成的农民军。几天后，清军到达山海关，多尔衮却向吴三桂提出，必须要剃发投降、带部归顺才出兵援助。已经被兵临城下的吴三桂只能无奈投降。尔后清军挥师西进，在吴三桂的配合下进入山海关，取得大捷，并直扑京城，将仅仅做了42天皇帝的李自成赶出了北京。

清军入关，意味着明朝的辽东防御体系终于"不攻自破"。不久之后，清王朝正式定都北京，开始了以北京为都城的长达260多年的统治。

历史向前推放，若非明将吴三桂主动打开城门放清军入关，在过去明朝统治的两百多年中，北方少数民族还从没有攻破长城、大规模进入中原的先例。这与明朝历来重视北方边防，修筑长城防御体系密不可分。

明太祖朱元璋为防止元朝势力东山再起，开国之初便在今辽宁一带设"定辽都指挥使司"，后改为"辽东都指挥使司"。随着永乐初年明成祖迁都北京，明代的政治中心北移，北方边防成了重中之重。为抵御北部少数民族南下侵扰，明英宗采纳辽东大将毕恭的建议，于1437年开始修筑辽东段长城。在此后两百多年里，明朝政府从未停止过对于墙体的构筑与修复，亦没有放松对墙体沿线军事防御系统的重视。

长城作为一种军事防御体系，主要用来抵御外敌，但在客观上也促

萨尔浒古战场

进了中原汉族与北方少数民族的融合。沿着辽东边墙所设的马市，既是长城内外民众互通有无的重要场所，也是明朝对边地民族所采取的一项十分重要的安抚政策。辽东马市成了当时全国存在时间最长、规模最大的边贸市场。

最初，辽东长城的防御目的主要是"拒胡"，防止蒙古人入侵明朝。但随着时间的推移，东北地区逐渐被一股新强大起来的建州女真的势力所控制和影响，对明朝在辽东的统治利益构成了新的威胁。

1616年，女真首领努尔哈赤创立后金国，向明朝宣战，先后攻下抚顺、清河等地，震惊明廷。为了安定辽东，早日把后金镇压下去，明朝决定发动一次大规模进攻后金的战争。

抚顺东浑河大伙房水库左岸，一望无际的浑浊河水在岸边那些杂乱秸秆的衬托下，更显荒凉。若非考古前辈的带路指引，人们很难想象，曾经刀光剑影人喊马嘶的萨尔浒古战场如今就沉睡在这片水沼下。

1619年初，明朝命辽东经略杨镐带兵，联合与努尔哈赤有世仇的叶赫部及朝鲜军队，率领号称 47 万大军，以辽阳为中心，分别从东路宽甸、南路本溪、西路沈阳、北路开原对努尔哈赤的都城赫图阿拉形成钳形包围。一场预示着明衰清兴的战争打响了。努尔哈赤主动出击，与四路军中最为强大的西路军在苏子河入浑河河口左岸的萨尔浒城狭路相逢。

最终，努尔哈赤采用"凭你几路来，我只一路去"的作战方针，用了 5 天时间打了一场漂亮的歼灭战。明军文武将吏死者 310 多人，士兵身亡者 45800 余人，亡失马驼甲仗无数。后金军以少胜多，反守为攻，这就是历史上著名的"萨尔浒之战"。

此役过后，后金由防御转入进攻，陆续拿下开原、铁岭、沈阳以及辽东经济中心辽阳，直至军事中心广宁，并迁都沈阳，将政治军事重心进一步向西推进。

六年后的 1625 年，由于明朝朝内政局变动，辽东只剩袁崇焕孤守宁远，城中士卒不足两万人。努尔哈赤见机会大好，决定攻打宁远城。但袁崇焕领军拼死抵抗，最终竟在宁远主战场打败了后金军，朝野上下士气大振。而清军很快发现，他们此战失去的绝不仅仅是进攻中原的战机。几个月后，负伤的努尔哈赤病故，这位统一女真、建立后金的政治家、军事家，就此退出了历史舞台。四贝勒皇太极接过父亲的遗命，继续与明朝展开战争。然而皇太极却出师不利，首场大战即兵败宁锦战场。

宁锦之战的失败固然有军兵不力、指挥不当等原因，但更为重要的是，此时的明朝已经筑起了一道以山海关为后盾、宁远为中坚、锦州为先锋，其间筑有多个堡台作为联防据点的坚固防线，史称宁锦防线。

即使女真铁骑再骁勇善战，也不是宁锦防线上那些大炮的对手。既然强攻不成，是否能够换一种战术呢？

历时近三年的松锦大战，皇太极大获全胜：明朝倾尽国力打造的九边精锐损失殆尽，只剩三万残军跟随吴三桂退守宁远。此役过后，明朝在辽东的防御体系完全崩溃，仅剩孤城宁远。然而面对如此大好的局面，清军却无法再继续前行。1643 年，皇太极去世，朝廷各派争名夺利一片混乱，多尔衮也只能撤回沈阳，安抚内乱，等待时机。

这个时机，并没有让他等待太久。就在明朝于辽东竭力战清之时，内政衰败，农民暴动不断。1644 年，李自成的农民军成了统治中原 276 年的明王朝的终结者。但随后，九门口大败又终结了他的辉煌。清军一举北上，将农民军政权余势赶出北京，成为紫禁城的新主人。

长城自古就是军事要塞。但最终，长城不但没有阻挡中华民族大家庭融合的脚步，反而成为催化中华多民族文化交融的熔炉。每一次对长城的穿越都硝烟弥漫，但每一次穿越最终都成了文化融合的契机。若干年后，满族作为汉化十分彻底的一个民族，融入了中华民族大家庭的血脉。

下篇

———— 历史遗珍

大河汤汤

第一章

滚滚辽河水，
流淌着多少历史的功过，
流传了多少美丽的传说。
带上未来馈赠的许诺，
怀着关东固有的执着，
她穿越漫漫岁月，
曾滋养过多少广袤土地，
又曾孕育过多少中华儿女？
流不尽的辽河水，
流不尽黑土地的春华与秋实，
辽河水带来了福祉与沧桑，
更带领着辽河儿女告别蒙昧，脱离野蛮，走向文明。

辽河

　　纵观中华大地的历史，每一个文明的兴起与发展都与河流有着千丝万缕的联系。人们沿河而居，生活、生产、繁衍后代。河流，成为千百年来文明传承的纽带。在东北地区南部，就有这样一条多支多脉的大河，数十万年间，它经历着四季的轮回，哺育了黑土地上的远古先民，升起中华大地第一道文明的曙光，这就是辽河。作为中国七大河流之一，辽河呈树枝状水系发自多个源头，逐渐汇聚一体，尔后再分出支脉流向各处，这正如同中华文明的起源和发展历史一样，多源汇聚。

　　辽河，原名"潦水"，后来又有辽水、大辽水、巨流河之名。"辽水"最早见载于先秦史籍《吕氏春秋·有始览第一》："何谓六川？河水、赤水、辽水、黑水、江水、淮水。"其所记"六川"是大禹治水后，当时被认定为"九州"封域内的六大名川。所以在先秦时期，辽河是东北唯一被纳入"九川"体系的名川。其在北方的历史文化地位，应至少确立在先秦时期。

　　大河是文明的孕育者。正如并称两河流域的幼发拉底河与底格里斯河孕育了古巴比伦文明，被誉为"世界文明的摇篮"；饱含乳汁的尼罗河哺育了古埃及 7000 年的文化，被称为"水的原始颂歌"；印度河与恒河打开了古印度文明之门，成为"永恒的涅槃"。而奔腾不息的黄河与长江，以及辽河等，虽然九曲十八弯，却成就了源远流长、一脉相承、多元文化交相辉映的华夏文明。

作为世界六大文明之一，中华文明是其中唯一未曾中断、延绵至今的文明。从中国上古时代的五帝算起，华夏文明历经了 5000 余年，并在逐渐的发展中呈现出多元发展而又相互之间频繁密集交汇，从而逐渐趋于一体的文化景观。

不过，在 20 世纪中期之前，人们往往认为只有黄河流域才是华夏文明的中心地带，辽河流域作为边远地区，虽然物产丰富，但在古代文明发展过程中被认为是受黄河流域影响的后进地区，因此长期未被纳入远古文明起源和发展的视野。

然而 1979 年考古学家在辽宁省喀左东山嘴发现了一处五千年前的祭祀遗址，更在 1982 年于阜新蒙古族自治县境内的查海村附近，发掘了一处距今七八千年，包括房址、陶器、石器、玉器等的遗址，称为"查海遗址"。这是目前东北地区发现的时代较早的一处新石器时代遗址。在遗址中，考古人员不仅发现了一条堆成龙形的石头带，还出土了浮雕的龙形陶片和大量工艺复杂的玉器，充分说明了当时辽河流域已有社会分工并使社会分化产生，已迈出原始社会，跨入文明之门，是中华文明的起步阶段。由此，人们开始了对辽河流域远古社会文化的重视。也许谁都没有想到，这样有价值的考古发现，竟在之后的几年内一发不可收拾。

辽宁省凌源市与建平县交界处的牛河梁红山文化遗址。20 世纪 80 年代初，考古工作者在这里发现了距今 5000 多年的大型祭坛、女神

查海房址

庙和积石冢群址，出土了大量精美玉器以及一尊完整的与真人一样大
的泥塑女神头像。女神庙、女神祭坛和女神塑像的发现，充分说明在
五千多年前的辽河流域确实存在过对女神的崇拜和祭祀仪式。女神庙
附近分布积石冢群，出土玉器等高级品，已具备超中心聚落规格。远
离牛河梁的聚落房址，多为方形半地穴式，并出土成套的生产工具和
生活用具，有陶窑区，是围绕超中心聚落的众多具独立性的社会单元。
由此种种可见，五千年前的红山文化区域已然形成了一个具有国家雏
形的原始文明社会。这一重大发现，对中国上古时代社会发展史、思
想史、宗教史、建筑史、美术史的研究均产生了巨大影响。它将中国
古代史的研究从黄河流域扩大到了燕山以北的西辽河流域，并把中华
文明史提前了一千多年。

　　文化遗址群的发现，直接向考古学界提出了中华五千年文明的起源
问题。此事件经新华社、中央人民广播电台、《光明日报》等媒体报道，

迅速传遍海内外，引起社会广泛持续反响。尤其是推动了学术界关于中华文明起源的大讨论，著名考古学家郭大顺先生更是提出了"辽河文明"这一概念。

从查海遗址已出现龙的形象和成熟的玉器所显示的文明起步，到牛河梁的红山文化祭祀中心的"坛、庙、冢"宗教礼仪性建筑群和龙凤等玉器群所体现的五千年前"古国"的象征。以后，这里又经历了以夏家店下层文化为代表的"方国"时代，最终汇入统一多民族的秦汉"帝国"。辽河流域"古国—方国—帝国"的文明起源与发展历程，是中华文明多源性的生动体现，也反映出辽河文明在中华文明起源过程中的重要地位和作用。

中国古代文明起源于新石器时代，发展于铜石并用时代，经历了古国、方国、帝国几个阶段，经历了从"满天星斗"到"多中心"再到"多元一体"的形成过程。

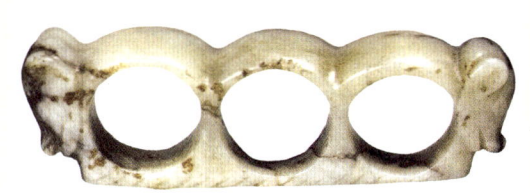

玉双猪首三孔器

辽河文明的典型性和地域性使它在中华文明的发展史上赢得了应有的重要地位，为中华多民族的形成和发展作出了特殊贡献。从不断的考古发现中，我们不难发现辽河文明有着非常明显的几大特征。其中，早发性是最显而易见的。还在远古时代，辽河流域的先人就有了以祖先崇拜为主的宗教信仰和祭祀活动。夏商周时期，这里还出现了相当成熟的青铜器文化。战国燕到汉代时期，在辽河流域已经出现了繁荣的农耕文化。

自从有文字记载以来，我国东北的兄弟民族就和其他民族一道生息在祖国的大地上。这里的许多民族受气候、地域及民族心理等因素的影响，在社会风俗、建筑艺术等方面都形成了鲜明的民族个性，一些群体在学习中原文化的同时，又进行了嫁接和创新，形成了辽河文明中不可忽视的独创性。这一点，在红山文化"以玉为礼"的观念中体现得尤为明显。

牛河梁第五地点一号冢中心大墓出土玉器

同时，辽河文明又具有很强的兼容性。在古代，它欢迎各种外来文化。广阔的黑土地更以它博大的胸怀，吸引那些为中原的战乱所苦的人们，给他们提供了良好的生存环境，发挥聪明才智的机会。这里的各民族之间总是你中有我，我中有你。

今辽宁省北票市的西官营子村，大片玉米地的覆盖下，曾是十六国时期北燕贵族冯素弗夫妻的墓地。冯素弗为十六国时期北燕国王冯跋之弟，是北燕的缔造者之一。因其本身是鲜卑化的汉人，因此，冯素弗的墓葬既有明显的鲜卑族特点，又保留了部分汉族墓葬习俗，这对于了解北方民族与中原的文化关系有重要价值。

冯素弗墓为两墓同冢异穴，都是长方形石椁墓，椁内绘人物、星象等壁画。木棺彩画羽人、建筑等图像，棺环、棺钉铁质而饰金，说明当时沿用汉制，皇族勋臣葬用"画棺"。其妻属墓葬一青年女性，椁内殉犬，应为鲜卑习俗。

两墓出土遗物有陶、铜、铁、玉、漆、玻璃等器500余件，包括工具、兵器、铠甲、马具、仪仗车器、文具、印章、服饰等。其中龟钮金质"范阳公章"与鎏金铜质"大司马章"，说明北燕的官制和印制皆用

汉制。金冠饰的形制
下为十字形的梁架，
上为穿缀活动金叶的
顶花，可能即鲜卑贵
族习用的"步摇冠"。
其冠前饰片上的佛像，
是说明早期佛教的东
传并在北燕发展的重
要例证。冯素弗墓共
出土五件玻璃器，除
鸭形玻璃注外，其他
四件是碗、杯、钵和
残器座，经化学分析，
当时中国尚不能生产
钠钙玻璃，因此学者
推测这批玻璃器可能
是经由"草原丝绸之路"进口的。

冯素弗墓彩绘壁画

冯素弗墓出土的铜虎子

　　十六国时期，东西方交往日益频繁，由于关中与中原战乱频繁，
商人们在传统的"丝绸之路"干道外又开辟出许多条新路。其中，通
过中国北方游牧民族地区的道路被称为"草原道"，而河套地区则是
这条道路的枢纽地带，它将东亚各政权与西域及欧洲连接起来。北燕
政权所在的朝阳地区位于亚欧大陆边缘，与东罗马之间关山万重，其
商业往来经由"草原道"的可能极大。许多西域商人将西方商品及文
化带至辽西，改变了这一地区的文化面貌，从而实现了跨地域、跨民
族的文化融合。

　　几乎每一个辽河流域民族成长壮大以后，都把中原的文化作为自己发展的目标模式，虚心学习，善于学习，"见贤思齐焉"。他们吸收中原文化，确立政治制度、文化礼仪、意识形态、教育与科举。最后是把自己汉化，加入中华民族大家庭，具有很强的向心性。由契丹族在辽河流域建立的辽国就是个不断汉化、寻求强大的典型代表。

　　当然，不断地赶超也是辽河文明的又一大特点。相对于内地来说，辽河流域虽然是边区，却不断追赶先进，并力争超越。辽、金、清各代的文化都是在保持本民族原有特点的情况下，迅速汉化，借鉴和创新汉制。

　　辽河文明的意义在于扩大了中华文化的外延。中国号称是龙的故乡，但真正的"中国第一龙"并不是发源于黄河流域，而是首见在辽河流域。当我们寻根问祖的时候，是辽河文明将中华文明向前推进了一千年。它再一次证明：中国文明起源不是一个中心，包括辽河流域在内的燕山南

冯素弗墓出土的玻璃器皿

北长城地带也是中华民族发祥地之一。辽河文明，不只是区域内的文明展现，更是对中华文化的叠加与激活。它对于中原文化不是简单地吸收，而是积极地影响。通过一代代"兵戎相见"与"和睦相处"，中华文化的积极因子不断被激活，带领着人们告别蒙昧，走向文明，从而实现了新的发展。

冯素弗墓出土的金铛冠饰

在这片丰美的地域，辽河文明为中华文化注入了强劲生机。然而带来虎虎生气的究竟是哪些传奇的民族，他们从哪里来，又有怎样的性情风貌？让我们继续在辽河孕育出的广袤大地上寻找答案。

第二章

百舸争流

时光不语，百舸争流千帆竞，
今夕何夕，那些民族峥嵘过往，
或许都在时光的缝隙中风流云散，
但是天性勇敢、坚强、乐观、执着的基因，
犹如这万年奔腾的辽河之水，
看似波澜不惊，实则深植于每一个后代的内心。
这是一曲大河哺育下的民族英雄赞歌！

　　辽河流域与中原的黄河流域毗邻，自古以来就和中原关系密切。其古代居民有相当一部分来自于中原。在漫长的历史年代里，内地的汉族人民大批北上，东北北部的少数民族也在络绎地南下，他们或驻足在辽河流域定居，或穿过这里继续前行。辽河流域成为民族对流的纽带与桥梁，在东北开发史上占有十分重要的地位，同时又是历代王朝统辖和经营东北的基地。因此，辽河流域的民族演变与中原地区的古文化密切相关。

　　中原是中华民族活动的中心舞台。自古以来，哪个民族强盛了，哪个民族就要在这个中心舞台上进行充分的表演。首先登上历史舞台的就是夏、商、周三个王朝。

　　夏、商、周时期是中国由古国过渡到方国时期，随着国家的建立，作为中原王朝的夏、商、周与辽河流域关系更为密切，文化交流更为频繁。

　　对于夏、商、周三代的民族地域问题，学术界的观点基本一致，即对于中原地区来说，夏、商、周三族中，先是夏朝的先人居住于此，商和周都是"外来户"，商朝是北方民族，周朝是西部民族，他们在这里交错存在，相互融合，凝聚形成中华民族的祖先。而在夏、商、周时期，辽河流域的民族情况又是如何呢？

　　文献记载，中原王朝夏商周统治下，居住在辽河流域和整个东北地区的民族有一个统一的称呼"九夷"，又称"东北夷"，也有商起源于东北的记载。商代夏之后，商朝在辽河流域大凌河上游分封竹侯和箕侯。

　　1973年，在辽宁省喀左县平房子乡北洞村出土了一件铜罍，上铸铭文曰"父丁孤竹微亚"，意为该罍是孤竹国君微亚为其父所做。甲骨卜辞中载有"竹侯"，当指孤竹君被商封为竹侯。这些发现足以证明此地就是当年的孤竹国。

而对于商民族的起源问题，学术界一直有所争议。其中有一派观点认为，商的先民就曾居住生息于辽河流域西拉木伦河及老哈河一带，尔后才进入中原。

公元前 11 世纪，周武王灭商，为了安定商族，遂封商纣王之子武庚于都城之北，就是今河北北部、辽宁西部广大地区。武王死后，武庚为复辟旧国，欺成王年少，发动了叛乱。周公率兵东征，平息武庚之乱。

喀左县北洞村出土的（孤竹）铜罍

周成王即将武庚原有封地改封给召公奭的儿子旨，称为匽侯。

1955 年，在辽宁喀左县马厂沟小转山子北坡发现一批青铜器，其中有一周初器物"盂"，上有铭文曰"燕侯所馈盂"，意为此盂为匽侯所做，可证周封燕侯确有其事。

辽河流域广泛分布的夏家店上下层文化及青铜文化足以说明该时期辽河流域的各民族已经基本上进入早期国家奴隶制发展阶段，经济、文化的发展与中原联系和受中原影响颇深。辽河流域出土的大量青铜器，既表明该时期的青铜文明在辽河流域的鼎盛，又说明生产力水平的大大提高。在中原王朝的管辖和经营下，辽河流域的历史已掀开新的篇章。

在此后的 2000 年中，辽河流域这片广袤的土地上又产生并走出了许许多多的民族。他们对中国历史进程产生了重要影响。传统古史观认

青铜连柄戈（锦州水手营子）

为，辽河流域的民族大致分为三个体系，即"东胡—乌桓—鲜卑—契丹"体系、"秽貊—高句丽"体系，以及"肃慎—女真—满族"体系。

三族系起落或有先后，大致起自先秦，迄于明清，贯穿东北古史之始终。正是这三大民族体系不断分化、融合、继承、发展，才有辽河流域璀璨的历史文明。

东胡是辽河流域西部的一个部落联盟，包括当时族属相同而名号不一的大小部落。早在商代就有东胡的活动记载。春秋战国时，其主要活动在当时燕国的北部和东北部。自有历史记载以来，东胡一直是一个强大的部落，族系包括的部落和民族很多。然而，公元前206年，匈奴的冒顿单于趁东胡王轻敌，向东胡发动进攻，大破东胡。从此东胡部落部众逃散，联盟瓦解，其中主要的两支分别逃至乌桓山和鲜卑山，从此便以乌桓族和鲜卑族出现于史册，而东胡之名遂湮没无闻。

东胡分裂后，其重要分支乌桓成为当时辽河流域舞台上的主角，乌桓生活在西拉木伦河以北的乌桓山，以游牧、狩猎为主，随水草放牧，居无常处。

青铜头盔

东汉末年，乌桓渐强，常常骚扰汉朝的幽州边郡，也常攻击匈奴。自168年后，部分乌桓部落脱离汉朝建立了政权，活跃在辽西。207年，曹操率军讨伐，斩其首领蹋顿。乌桓一族逐渐退出了历史舞台。

乌桓的衰落及西拉木伦河流域的乌桓人南迁后，鲜卑人乘机占据了这块地方。这时的鲜卑人仍处在匈奴人的控制之下。北匈奴西迁后，鲜卑占据了广大的漠北地区，留在漠北的十余万匈奴人也加入了鲜卑，从此鲜卑开始强盛起来。鲜卑人最初主要活动在大兴安岭北部，一直向南部西拉木伦河流域迁徙。

南北朝时期，北方的许多政权，如燕、魏、齐、周、后凉、柔然等都由鲜卑族建立，它们于"十六国"时期产生的文化融进了华夏文化。

鲜卑族在辽河流域的兴盛持续了二百余年。直至三国时期因曹魏的军事介入，部落联盟衰落，其中一支部族成为契丹人的祖先。10世纪，契丹族在西辽河流域建立了大辽帝国。

双坨子遗址，位于大连市甘井子区营城子镇后牧城驿村北海边双坨子山的阳坡上。1964年秋，考古学家们在大坨子南坡和东坡断崖面发现了三迭压文化层，就其内涵分为上、中、下三层文化，属于青铜器时代。说明早在4000年前，这里便有人群居住，而且文化较高，后来外迁。按照历史年代判断，这些人就是当时的秽貊族。

作为辽河流域第三大民族体系的先祖，肃慎族又称息慎、稷慎。可见，远在春秋以前，肃慎人已臣服于中原王朝。

青铜短剑石范

辽河西岸，养息河南岸 4 公里处，这里是位于辽宁省新民市的高台山遗址。高台山文化，20 世纪 70 年代初发现、80 年代定名，主要分布于辽北地区的一支重要的早期青铜文化。它的年代与夏家店下层文化大体同时，而又曾给予后来的魏营子文化及夏家店上层文化以巨大影响。高台山遗址内发现了大批遗物，有陶器、石器等，陶器均为手制，以夹沙红陶和红褐陶为主，器型有鼎、鬲、甗、瓮、壶、豆、钵、碗、纺轮等。石器均为磨制，有石刀、石凿、石镞、石环等。在青铜时代早期的辽河流域，生产生活器具还都是以石器陶器为主，青铜器并不占主要地位。有学者以为，高台山文化与肃慎族有关。

1125 年，在中原地区北宋王朝奄奄一息之时，肃慎人的后代女真人取代契丹人，成为辽河流域的统治者，建立金国。

契丹人的残余与蒙古人、汉人和女真人融合。而建立了金国的女真人很快灭辽，与刚建立不久的南宋分庭抗礼并使南宋成为局促东南一隅的南宋小朝廷。金后被元朝所灭，女真族逐渐没落。直至 1616 年，女真人努尔哈赤起兵统一族内各部落，建立后金。

1635 年，皇太极废除"女真"的族号，改称"满洲"，将居住在中国东北地区的建州女真、海西女真、野人女真、汉、蒙古、朝鲜、呼尔哈、索伦等多个民族纳入同一族名之下，满族自此形成。同时，也有一部分辽代女真的后人由于种种原因未能加入满族共同体，活动于东北广大地域的锡伯族、赫哲族、鄂温克族、鄂伦春族等也都是满族的近亲。值得一提的是，当初被编入八旗的还有相当数量的辽东汉人、蒙古人，少部分朝鲜人，甚至一些俄罗斯人，在八旗内部长期融合的过程中，他们已彻底融入了满族。

白山黑水养育了勤劳的民族，自然环境也造就了他们包容、谦虚的学习态度。纵观历史，这里几乎每一个民族成长壮大以后，都把中原文化作为自己发展的目标模式，虚心学习。

他们吸收中原的经济生活，确立政治制度、文化礼仪、意识形态、教育与文官选拔制度，带着自己的刚健清新的特色，加入中华民族大家庭。在这一点上，建立中国最后一个封建王朝的满族尤为突出。

辽河流域的地理位置与自然环境，决定了各民族的生产生活方式和民族性格。他们是在采集、渔猎、游牧、农耕的社会经济生活中发展起来的。这意味着他们在适应生存环境时，季节分明的气候养成了节奏鲜明的习俗、爱憎分明的性格；他们在获取生存资源时，造就了勇敢、剽悍、刚毅的性格；他们在结交生存伙伴时，豪爽、坦率、热情；他们在追逐生存空间时，拼搏进取。辽河流域的民族多元混居的特点，又使他们大度奔放。他们崇拜强者，也毫不自卑，更充满敢于服输、谦虚进取的精神。因此，各民族的发展不仅深受中原风俗习惯的影响，又不失别具风流的民族特性。它承载着辽河流域逝水流年的文明记忆。

鲜卑风云

第三章

历史上，它是进入中原建立王朝的第一个古代北方民族；

小说中，它是一个具有传奇色彩的武功世家。

它的起源，是史学界的千古之谜；

它的后裔承袭，也是学界的重大课题。

从名不见经传的弱小部落到成就北方帝业的一方霸主，

鲜卑，向世人揭开了一部千年民族崛起的恢弘史卷。

在著名武侠小说《天龙八部》中，金庸先生曾以各种手法描写了一个颇具传奇色彩的武功世家——慕容氏。慕容氏不论男、女、老、幼，武功所学都超越凡境，而且从外貌看，男性英俊挺拔，女性绝丽秀雅，均像是神仙中人。

那么，在真实的历史中，鲜卑慕容氏究竟来自哪里？他们的祖辈曾经创造过哪些历史值得后世纪念？他们又在辽河流域留下了哪些足迹呢？我们需要在公元4—5世纪的中国历史与考古发现中追踪探寻。

据《晋书》及《十六国春秋辑补》等书记载："晋咸康七年（341），燕王慕容皝以柳城之北，龙山之西，所谓福德之地也，使阳裕、唐柱等可营制规模，筑龙城，构宫室宗庙，改柳城为龙城县。"第二年，即咸康八年（342），慕容皝将都城由棘城迁移到了龙城。文献记载："晋永和元年（345）夏四月，一黑龙一白龙见于龙山，皝率群僚观之，去龙二百余步，祭之以太牢。二龙交首嬉翔，解角西去。"历代帝王都自命为真龙天子，黑白二龙现身龙城，正预示着燕王慕容皝也是受命于天，于是在龙山建龙翔佛寺，把新建的宫殿命名为和龙宫。

龙城宫城遗址复原模型

那么，史书所指柳城、棘城、龙城均在哪里呢？据考证，柳城是指现辽宁朝阳县十二台营子，棘城有指辽宁义县，有指朝阳附近，而都城龙城就是指朝阳。时隔 1600 余年，龙城宫殿旧址还存在吗？学者一直没有放弃寻找，如果龙城旧址被找到，那将揭开慕容鲜卑最辉煌时期的真实历史。

与此同时，史学界对于鲜卑民族的研究也从未停歇，随着研究深入，人们逐步摸清了这个千年民族的起源及发展之路。《魏书序记》中记载："国有大鲜卑山因以为号，其后世为君长，统幽都之北，广漠之野，畜牧迁徙，涉猎为业。"根据这段记载，学界认为鲜卑人应该是来自北方的游牧狩猎民族。但追溯其民族起源，学界至今仍有着四种不同的说法。在《国语·晋语》中，有这样一条注解："鲜卑，东夷国。"所以，有学者认为鲜卑起源于东夷；另外，也有少数学者根据史记的部分记载，认为鲜卑源于山戎，又或者是逃亡塞外的汉人。然而，在《后汉书》《三国志》《晋书》和《十六国春秋》中，均能找到鲜卑为东胡余部的佐证。所以鲜卑源于东胡，成为学界最广泛的说法。

西汉初期，东胡被匈奴冒顿单于打败，分为两部，分别退保乌桓山和鲜卑山，均以山名作为族名，形成乌桓族和鲜卑族，屈膝于匈奴帝国。

关于"鲜卑"一词，有学者认为鲜卑即"犀毗"，亦称"师比"，指胡人的带钩而言，译言瑞兽带或神兽带。另外，有的学者认为"鲜卑"是祥瑞之意，以鲜卑作为族名，符合古代游牧民族命名的习惯方式；还有的学者认为"鲜卑"包含有动物含义，是作为部落图腾的动物或是神兽。

研究证明，历史上的鲜卑是一个内涵相当复杂的民族共同体。按其发源地和后来迁徙分布及与其他民族、部落的融合情况，大致可分为东

檀石槐

部、北部和西部。其中东部鲜卑后来发展为慕容氏、段氏、宇文氏；北部鲜卑主要是拓跋氏和柔然；西部鲜卑主要是吐谷浑部，还有秃发、乞伏等姓氏。然而，这样一个古老复杂的民族，是怎样成长起来被世人所知，又最终消亡的呢？

鲜卑登上历史舞台，还要从东汉说起。东汉时期，随着匈奴分裂，鲜卑逐渐摆脱匈奴的控制。91年，东汉政府联合南匈奴击败北匈奴，北匈奴被迫迁往中亚，鲜卑趁势占据蒙古草原，开始强盛起来。东汉桓帝时，一个让鲜卑民族出现历史转折的重要人物出现了，他就是檀石槐，檀石槐统一了鲜卑各部，鲜卑成为继匈奴之后中国北方最强大的民族。

三国时期，中原魏蜀吴争雄，鲜卑也开始了部落离散、互相征伐、独立发展时期。最初活跃于中原的是以慕容鲜卑为代表的东部鲜卑，曹魏初年曹操大败乌桓，鲜卑慕容部抓住了一个千载难逢的机会，在其首领莫护跋的率领下，几经辗转，回到了他们魂牵梦绕的故土——辽西地区。

西晋时期，八王之乱开始后，西晋国力衰弱，天下大乱，各少数民族纷纷南下，包括北方的匈奴、鲜卑、羯、氐、羌，这五个游牧民族，纷纷逐鹿中原。东晋时期，鲜卑各部在北方掀起建国高潮，从 337 年到 420 年，共建立七个国家。东部鲜卑中的慕容部相继建立了前燕、后燕、西燕、南燕；西部鲜卑中的秃发部建立了南凉，乞伏氏曾建立西秦；北部鲜卑中的拓跋部建立了代，后改称魏，史称北魏，北魏结束了十六国之乱，统一了北部中国，北魏也是中国历史上最大的鲜卑帝国。

鲜卑，这个古老的游牧民族，在十六国这个风云际会的时代，开启了他们民族的崭新历史。

2003 年开始，朝阳市政府对朝阳市老城区内的北大街及周边地区进行拆迁改造，辽宁省文物考古研究所配合改造工程，进行了考古勘探和发掘工作，发掘面积 1 万余平方米，发现多处十六国时期至清代的重要遗迹。然而，有一处遗址的发现，在国内外史学界、考古界引起了极大轰动。那就是新中国成立以来考古学界苦苦寻觅的"三燕古都——龙城宫城"遗址被找到了，这个古老而传奇的旧城址终于在 1600 余年后的朝阳市重见天日。随着考古工作的深入，当年慕容鲜卑政权的神秘面纱也被逐层揭开。

1965 年，在辽宁省北票市境内，十六国时期北燕贵族冯素弗夫妻墓被发现，两墓共出遗物 500 余件，有金印、兵器、铠甲、马具、服饰、仪仗车器、文具、日用器物等。随后，结合其余十几座出土马具的墓葬考古成果，鲜卑先民的一些民族特点、生活习性也显现在世人眼前。

据考证，金步摇饰是慕容鲜卑特有的重要服饰品，它在中国北方古代诸多少数民族的种类繁多、形态纷呈的金属饰物中独树一帜，别具一格。然而，作为一个马背民族，除了步摇，其遗物的典型代表是屡见出土的铜、铁马具。对于穿过广漠的荒原长途跋涉的马上民族慕容家族来说，马具是他们必须要用到的，人一旦拥有马具之后，便可以在马上活动自如，这样就使得骑兵发展起来，进而增强了慕容鲜卑的军事力量。而马具的最终完善成熟，应该说慕容家族起到了巨大的作用。

鲜卑民族曾创造了独特的民族文化，《后汉书》记载："鲜卑者，其言语习俗与乌桓同。唯婚姻先髡头，以季春月大会于饶乐水上，饮燕毕，然后配合。又禽兽异于中国者，野马、原羊、角端牛，以角为弓，俗谓之角端弓者。又有貂、豽、鼲子，皮毛柔蝡，故天下以为名裘。"其社会组织为邑落组织，分为部、邑、落，由小到大组成。这说明鲜卑民族部落开始，就有本民族崇拜的图腾，也有着特定的婚俗习惯。

而鲜卑也曾有自己的语言，据考证，鲜卑语在中国史书中称为夷言、国语、北语、胡语或者胡言，为中国与蒙古历史上鲜卑族使用的一种语言，其使用时期为2、3世纪交替至7世纪中叶，在东晋十六国至北朝时期被广泛地入主中原的鲜卑族作为本民族语言使用。作为当时统治者所使用的语言，鲜卑语一度在中国北方成为仅次

冯素弗墓所在地

冯素弗墓出土的金步摇

于汉语的重要语言。到北魏时期，孝文帝和冯太后下令进行汉化改革，改用汉语代替鲜卑语，更改鲜卑语姓名为汉字姓名，使鲜卑语的生存空间大幅度地缩小。隋朝末期，鲜卑语失传。

370 年，前燕被前秦所灭，4 万户前燕慕容氏皇族被迁到长安。这个燕帝国被史学家称为"北燕"。至此，鲜卑族慕容部在 70 多年的时间里先后建立了四个以"燕"为名的国家，最终也是风吹云散。436 年，北燕被鲜卑拓跋部的北魏所灭；北魏分裂为东魏、西魏后，鲜卑化汉人高氏与鲜卑化匈奴人宇文氏分别建立北齐与北周，另有出自慕容氏的吐谷浑迁到青海统治羌人，直到唐初才为吐蕃所灭。

鲜卑汉化，尤以北魏孝文帝拓跋宏改革最为激进，同时鲜卑人也将

冯素弗墓出土的提梁铜壶

冯素弗墓出土的玉盏

许多有益于中国封建社会发展的政治、经济、文化因素与中原固有制度相结合，形成了一些对后世有重大影响的制度，如北魏均田制、北周府兵制，均为隋、唐两朝所承袭。有人说，"鲜卑这个生龙活虎激情燃烧的民族，在融入汉族的流程中，以一脉新鲜血液的注入，激活了汉族的机能和肌体，优化了汉族的品质。"中国人引以为自豪和骄傲的大唐王朝，实际上也是包括鲜卑族在内的北方民族和汉族共同创造的，是草原性格和华夏文明精粹的伟大结晶，从而达到了古代华夏文明的又一个高峰。

隋唐时期，鲜卑已不再作为政治实体和民族实体存在，但他们的后裔却在这两个朝代居于重要地位。一般认为隋唐的建国者杨、李二家即是鲜卑化的汉人，而他们的母、妻又是汉化的鲜卑人。

大多数的古鲜卑人后裔都融入了汉族，但还有少部分融入了契丹。

与北魏政权同时存在的另一部分古鲜卑人以"室韦"为号，在嫩江左岸的绰尔河、洮儿河等流域活动，其中的一部分演变成了锡伯族。锡伯族最初游牧于大兴安岭东麓，世代以狩猎、捕鱼为生。16世纪编入蒙古八旗后，其社会组织发生了急剧变化，转入稳定的农业经济。18世纪中叶，清政府为巩固西北边防，将部分锡伯族迁往新疆，尔后这些锡伯族在伊犁河谷屯田定居，开拓了自己的第二故乡，直至演变成了如今的锡伯族。

一个从森林草原中走出的古老游牧民族，孕育了近十个政权，在整个中国的古代史上意义重大。作为历史上第一个入主中原的北方少数民族，其游牧精神和性格对农耕民族影响深远，促进了中华民族大融合，延伸了古老龙文化，丰富了辽河文明，虽然鲜卑最终消失在历史的尘埃里，但其隆重地登台，千年后仍岿然伫立，留给后世评说。

契丹王朝

第四章

辽河流域的历史上，曾有这样一个民族，他们逐水草而居，骁勇善战征伐周边。

辖境最广大时，东起鸭绿江，西抵阿尔泰山，北到贝加尔湖，南至河北、山西北部。

其帝国最昌盛时，周边政权有北宋、西夏、大金，有的接受册封成为附属，有的交纳岁贡，以换和平。

在两个世纪的时间里，这个野性剽悍又不失浪漫的民族创造了盛极一时的文明。

这个民族就是——契丹。

契丹民族战事推演示意图

　　在辽宁阜新的关山脚下，考古人员发现了庞大的古墓群。沿着狭长的斜坡深入墓穴，尽管残破不堪，但铺满两侧墓道的壁画，穿越千年光阴，仍然线条清晰，大气雍容。从形制分明的正室耳室，青砖白灰的穹顶，恢宏大气的彩绘，不难猜知墓主有着非富即贵的身世。经过考古专家的鉴定，阜新地区发现的墓葬群是辽代显赫贵族的家族墓地。

　　这些辽墓壁画再现了当时契丹人在草原上迁徙奔走的生活场景。画中频频出现的骏马形象线条流畅、神态活泼，显示出契丹人对马由衷的喜爱。在辽河流域发现的众多辽墓壁画中，马是最常见的构图元素。契丹，也被称为马背上的民

辽墓壁画

族。追溯它的民族起源，也与马有着千丝万缕的联系。传说远古之时，一位神女骑着青牛沿西拉木伦河而下，一位仙人骑着白马，沿老哈河向东，两人相遇在木叶山，尔后落地生根繁衍生息，他们的八个后代就是契丹的始祖。

契丹的神女传说

916 年，耶律阿保机收服八部，建立"大契丹国"，立上京为国都。改国号为神册元年，由部落联盟转为军事集权制国家。耶律阿保机是在草原上建国称帝、兴建都城的少数民族君王，史称辽太祖。《辽史·太祖纪》中记载："太祖受可汗之禅，遂建国，东征西讨，如折枯拉朽。"契丹民族强悍的战斗力，使东北诸多民族纷纷臣服。

辽国建国初期，四处劫掠物资与人口，国力迅速壮大。为了集中管理人俘，辽太祖开始兴建城池。辽宁省康平县小塔子村，因为遗留下来的一座辽代砖塔而得名。离砖塔不远处，是早期辽代城池的遗址。922 年，这里成为辽太祖收容人俘的囚城——祺州。大量强制迁徙而来的渤海人与汉人聚居于此，由委派的刺史、县令管辖。这种特别的行政制度称为头下军州。这些囚城随后分封给辽国王室贵族或者官员，成为他们的私城。头下人口也成为贵族们的奴隶，这些人大多从事农耕和手工业，是辽国初期开发建设的主要生产力。

耶律阿保机能征善战，不仅是杰出的军事家，也是敏锐的政治家。面对多民族混居的国情，他既学习中原封建制度，又采取因俗而治的思想，大胆任用汉官，创立南北面官制的政治制度，即以国制治契丹，以汉制待汉人。《辽史·百官志》记载："北面治宫帐，部落，属国之政，

辽祺州塔（康平小塔子村）

叶茂台辽墓

南面治汉人，州县，租赋，军马之事。"在辽国疆域之内，一个皇权两种官制，并行不悖。

法库叶茂台镇的圣迹山，在辽代称作石熊山，被辽代贵族视作风水宝地。宰相萧义一族就葬在这里。墓葬群规模很大，足见这一氏族的显赫。墓道两侧绘有大型壁画，画中契丹官员、汉人官吏悠然自得，一派祥和。墓葬布置则颇有独特的契丹民族风情。精致的棺床小帐历经千年不朽，窗扉门扇、屋檐壁角无不奇巧华美。小帐内供奉着花纹繁复的石棺，身份贵重的老妇人长眠于此。供桌摆设齐全，室内葬具琳琅，从装饰画轴、生活用品、梳妆器具、娱乐物件可以窥见辽代贵族生活的考究。

出身后族的萧燕燕，给辽国带来空前的辉煌。982年，35岁的辽景宗病逝。临终将军政大权托付皇后萧绰。1004年，萧燕燕领兵南下，以金戈铁马、气吞草莽之势，直取中原，短短两月，攻至澶州（今河南濮阳），与宋朝都城开封仅一河之隔。次年，辽、宋达成澶渊之盟，迎来一段和平共荣的时期。其间，萧太后在汉官韩德让的辅佐之下清明政治，开科取士，繁荣经济。辽宁法库四家子乡，经考古专家考证，曾是汉官韩德让的私城。如今开辟成田地的土壤下，出土许多辽代瓷器与铁质工具，工艺精湛，足见辽国当时有着先进的生产生活水平。

1009年，辽圣宗继位。他深受萧燕燕影响，毕生坚持着她的改革理念。汉族知识分子的直接参与，使契丹迅速崛起为草原大国，最终转型成为强大的封建王朝。《辽史·地理志》记载，辽圣宗耶律隆绪执政期间，辽国疆域"东至于海，西至金山，暨于流沙，北至胪朐河，南至白沟，幅员万里"。也就是说，辽国东及日本海，西至阿尔泰山，北至克鲁伦河，南至今天河北天津一带。在这片广阔的区域内，辽圣宗设置了五个政治经济中心。国都上京，今巴林左旗林东镇；南京，今北京西南；西京，今山西大同；中京，今昭乌达盟宁城以西大明城；东京，今辽宁辽阳。五京是各地区的统治军事中心，同时也是当时的国际大都会，内外交流的主要城市。

地域跨度广大的辽国虽然像中原王朝一样，立有国都与陪都，但辽圣宗并不固定在都城处理政务，而是在五京兴建行宫，朝政核心随四季迁徙。因为没有固定的行政中心，辽朝也被称为"行朝"，四时迁徙的行政体制称为"四时钵捺"。

鎏金錾龙纹银冠（建平张家营子辽墓）

钵捺，即是行宫。"四时钵捺"的行政体系早在部落时期就已经形成。契丹汗王根据游牧和狩猎的需要，一年四季分别住在不同的地方。春季，契丹人在湖里捕鱼，秋天在森林里狩猎，冬夏避寒避暑，汗王处理契丹部族的内部政务，闲暇打猎作乐，所谓"春水秋山，四时钵捺"。

契丹，在民族进化的历程中，深受中原文化的影响，汉人先进的思

天井北（左）南壁门神图（阜新关山）

想与技术，深入生活的方方面面，然而别具一格的民族特色与习俗也无处不在。余有驻帐空地的城市规划，造型有趣的生活器具，图案别致的装饰花纹，独具美感的辽墓壁画，令国内外研究契丹的专家学者惊艳不已。

契丹民族向外来文化学习，同时他们也无时无刻不坚守与创造着自己的民族文化。建国初期，辽太祖命其弟创制契丹文字。契丹，成为第一个拥有自己官方文字的少数民族。辽宁法库前山村的蝴蝶山上，一座辽代墓葬出土文物中的墓志铭，又一次丰富了考古界对契丹文字的了解。志文为契丹文、汉文各一篇，总计1451字。墓志铭记载，墓主人叫萧袍鲁，是辽国晚期一位声名显赫的功臣"北府宰相"。然而这位名噪一时的大人物，《辽史》中却没有萧袍鲁生平事迹的传记。这墓志铭内容填补了史料空白，更显弥足珍贵。

墓志铭中的契丹文字，至今仍是考古界的一个不解之谜。史料记载，建国初期，辽国就已有自己的官方文字。契丹文是参照汉字创建的，分为契丹大字与契丹小字。然而随着历史变迁，契丹文也失落在时光里，成为永远的"天书"。

辽圣宗在位的50年，是辽国政治经济文化的鼎盛时期。其子辽兴宗即位后，辽国内乱，曾经声威远播的辉煌走向衰落。

契丹文字

辽代晚期，佛教兴盛，大肆修建佛寺佛塔，政治混乱，战争频频，百姓怨声载道。1117年，女真建国，联合北宋征伐契丹，反抗连年侵扰与欺压。1125年，大辽末代皇帝天祚帝被俘，辽国灭亡。

辽灭后，逃亡的贵族又陆续建立北辽、东辽，相继被灭。其后，耶律阿保机的八世孙耶律大石西迁到中亚楚河流域建立西辽，亦称黑契丹，在中亚称霸一时。1218年，西辽被成吉思汗统治的蒙古帝国所灭。至此，辽国退出历史舞台。

辽朝，这个与五代共始，与北宋同终的时代，在历史的烟流里落下帷幕。辽灭后，契丹人逐渐销声匿迹。有人说他们远走西亚，有人说他们融入中原。专家推断，今日的达斡尔民族，就是契丹的后裔。也有学者在偏远的云南发现"本人"氏族，与"耶律"氏有着千丝万缕的关联。契丹，这个神秘的民族，它的血脉与智慧并没有断绝，仍然延续在你我之中……

第五章

满族兴起

历朝历代，但凡封建统治者，都会假借「替天行道」之名蛊惑百姓，收拢人心。前有汉高祖刘邦自称「蛟龙之子」，后有明太祖朱元璋降生时红光普照。帝王们对自己倾其全力地神化，无非是为了维护政治统治。

在清朝的龙兴之地——抚顺，有关努尔哈赤与大清龙脉的传说就层出不穷。

弹指一挥间，四百多年过去了。如今，显赫一时的清王朝早已灰飞烟灭，但一些古老的传说却依然萦绕在人们的心头。

那么，这些坊间的传说与清朝的建立及兴衰真的有联系吗？作为努尔哈赤强盛时期的见证者，抚顺的赫图阿拉与清永陵，又在诠释着一段怎样的历史与文明？

赫图阿拉老城

在辽宁省东部长白山麓龙岗山脉的崇山峻岭之中，有一条肥沃狭长的河谷平原，清澈的苏子河水自东向西从这片美丽的土地上流过，这里曾是大清的龙兴之地，坐落着满族文明的象征——赫图阿拉。

作为后金开国的第一都城，赫图阿拉也是中国历史上最后一座山城式都城，更是迄今保存最完善的女真族山城。1616年，努尔哈赤于此"黄衣称朕"，建立了大金政权，史称后金。从此，赫图阿拉这座满族第一国都蜚声海内外。

赫图阿拉"因山为城，垒土为郭"。外城周围十里，内城周围五里，地势南高北低，可容数万众。

从古城东门而入，若无明确指引，很难有人想到这个不起眼的小院子就是清太祖努尔哈赤的龙诞之地——塔克世故居，塔克世是努尔哈赤父亲的名字。1559年，努尔哈赤就降生在老屋东侧的一个四合院茅草屋内。

努尔哈赤在满语中译为"野猪皮"，母亲希望他能像野猪一样骁勇善战。努尔哈赤只有 10 岁时，他的母亲就去世了，父亲又常年在外，他和弟弟经常遭到继母虐待。努尔哈赤 19 岁那年，在继母的挑唆下，父亲只分给他很少一部分家产，将他推出家门。为了生存，努尔哈赤经常与伙伴们深入林海狩猎、挖参，拿到抚顺马市去贩卖，渐渐地与当地许多有名望的人有所接触。相传就是在这时，努尔哈赤结识了辽东总兵李成梁，并投入其麾下做勤务兵。

四百多年过去了，努尔哈赤是否在李成梁麾下任职，正史并无明确记载。但努尔哈赤家族与李成梁相识且交往甚密却是事实。

当时，努尔哈赤的祖父觉昌安是建州左卫枝部酋长，为明都指挥使，早期依附势力强大的亲家王杲。从 1574 年开始，李成梁两次率大军出击攻打当地"豪强"王杲一族，可在第二次的征讨中，早已背叛亲家为明军作向导的觉昌安、塔克世父子二人却被明兵误杀。

努尔哈赤惊闻祖父、父亲蒙难的噩耗，悲恸欲绝，前往诘问明朝边吏。明廷为了弥补误杀之错，以财物向努尔哈赤赔罪，并让努尔哈赤承袭都指挥使的衔职。但努尔哈赤并不罢休，他认为李成梁之所以攻打王杲一族，是尼堪外兰教唆的，他要明军交出尼堪外兰。但明军非但不同意，还用扶植尼堪外兰做满洲城主一类的话来威胁努尔哈赤。

而尼堪外兰是何许人也？他与努尔哈赤家族又有着怎样的纠葛？这还要从明朝对待女真的民族政策说起。

散居白山黑水一带的女真族，经过长期战争、迁徙、融合，逐步分化为建州、海西、野人三大分支，各个分支又有若干部落。当时明朝采取分而治之、相互牵制的分化政策，使女真各部落"皆称王争长，互相战杀，甚至骨肉相残，强凌弱，众暴寡"，一片混战。尼堪外兰就是建

塔克世故居

州女真苏克素浒河部一个小城主，是努尔哈赤家族在政治和军事上的竞争对手。眼看着明朝要扶植自己的对手统治女真，努尔哈赤坐不住了。可他深知，明朝有着强大的军事力量，不能公开叫板。于是，年轻的他巧避锋芒，将矛头指向了尼堪外兰。

1583 年 5 月，25 岁的努尔哈赤以为亲人报仇的理由，以祖父、父亲遗甲 13 副起兵，讨伐尼堪外兰，并以此开始了长达 36 年之久的女真统一战争。

直至 36 年后的 1619 年，努尔哈赤终于统一了建州女真、大部分海西女真及野人女真部落，史书记载"自东海至辽边，北至蒙古嫩江，南至朝鲜鸭绿江，同一音语者俱征服"。

从赫图阿拉古城北门而入，不远处即是汗宫大衙门，又称金銮殿、尊号台，是赫图阿拉的心脏所在。1616 年正月初一，58 岁的努尔哈赤就是在这里建立大金国，并举行了隆重的登基庆典，实现了他多年梦寐以求的"黄衣称朕"的愿望。遥想当年，努尔哈赤就是坐在这龙书案前，制定了一系列适国情、顺民意的政策。其中，八旗制度是努尔哈赤时期最有特色也是最为成功的治国策略，为今后统治中原建立了基础。

八旗在后金时期不仅是八面领兵打仗的旗帜，而且是努尔哈赤属下八个军政合一的组织，平时为民，战时为兵。努尔哈赤是八旗的最高统帅，独自统领正黄、镶黄两黄旗，其余各旗由他的儿子、侄子、孙子为旗主分领。

1618 年，兵强马壮的努尔哈赤即以"七大恨"为理由，正式向明朝宣战。他的军队很快攻陷了抚顺、清河等明朝统治的地方，明朝辽东的军事、政治形势从此发生根本转折，女真族走上与明朝争夺全国政权的道路。

几十年的战火连天过后，女真人坐上了紫禁城的龙椅，成为中原的新霸主，赫图阿拉也因此由国都变为旧都。然而关于它的纷扰二百余年间却从未断绝过。

位于新宾永陵县城以西 20 公里处坐落着大清皇室的祖陵——清永陵。这里埋葬着努尔哈赤的远祖、曾祖、祖父、父亲和他的叔父、伯父。清朝在关外有三座陵寝，由于永陵辈分最大，从而被称为关外第一陵。

中国古代，每一个朝代在确定自己的都城和皇家陵寝的时候，都要请风水先生，按照风水理论，选择最吉利的地方，即寻找龙脉。所谓龙脉一般就是指符合龙的性格和气势的脉脉青山。然而，似龙状的山脉到处都有，东北巍峨的长白山脉就像一条巨龙。到底哪里才是大清龙脉真正的所在地呢？

传说大明万历年间，皇帝发现东北天空一片腾腾紫气。风水学专家说，东北地区出现了真龙天子。万历皇帝就派了大批风水先生到辽东来破龙，在辽东一共破了 99 条龙，却唯独漏了一条悬龙，这就是今天清

清永陵

努尔哈赤雕像

永陵后面的坐山——启运山。而努尔哈赤之所以把父祖葬在启运山之前，也是冥冥中早有安排。

坐山是风水的根基，是龙脉的象征。据说努尔哈赤正是得了启运山这条悬龙的保佑，才得到了天下。1644年，清军入关，在北京坐稳江山后的大清皇帝不忘祖宗，从康熙到道光的150年间先后有4位皇帝9

次来永陵祭祖。为了保护这片龙兴之地，清廷还特地在关外修筑了一条长达2000多里的柳条边墙，在柳条边保护圈内，清廷派重兵看守，不得进行大规模的开发和生产。这一度使得辽宁一带的社会发展陷于停滞，出现了城败地荒、人烟萧疏的凄凉景象。然而这一切都无法逆转历史的潮流，或许从清朝统治者将启运山视为大清龙脉那一刻开始，这个中华民族最后一个封建王朝的兴衰就早已注定。

作为清故里、辽河流域的重要城市——抚顺，可谓见证了一个朝代的轮回。300年前，大清江山由努尔哈赤在此奠基；300年后，又以末代皇帝溥仪被关进抚顺战犯管理所而告终。一个历史的起点从这里画起，画圆了整个中国，又沉重地落回了这片土地。真正是"青山依旧在，几度夕阳红"。

从山林丘壑间野蛮穿梭，

到迈入皇宫、身份显赫；

从能征好战的原始部落，

到乐于借鉴、平易温和。

他们常以少胜多，

被誉为"满万不可敌"的传说；

他们用八旗制度，

成为唯一再度建立政权的民族。

让我们从现代的满族遗留，

回首它曾经的辉煌与成就。

抚顺新宾满族自治县，每年的农历十月十三日，这里都会是一片载歌载舞的欢乐景象。因为在380年前，满族，这个曾经统治了中国近三个世纪的民族，就是在这一天在这里正式形成。虽然 380 年后的现在，满族多被汉化融入了中华民族的大家庭，但满族人独有的民族性格和民族习俗，早已深深地烙印在了辽河大地上。

满族的特有舞蹈——"莽式空齐舞"，有着九折十八式的动作，讲述着这个民族千百年来流淌过的岁月，我们仿佛看到了那个来自白山黑水间的古老民族正昂首阔步向我们走来。

关于满族的起源，最早可以追溯到距今约七千年的新开流文化和新乐文化，肃慎、女真是现代满族一脉相承的祖先，他们在东北广袤的土地上繁衍生息，并在辽河流域发祥壮大。

《清史稿·太祖本纪》中也有一段关于满族起源的记载，"布库里雍顺，母佛库伦，相传感朱果孕"，这段神话传说虽带有传奇色彩，却在满族族人之间广为流传。

莽式空齐舞

吞燕卵生，与天地同现，似乎已成为东北民族共同的起源传说，因为在当时那个知识匮乏、战乱动荡的环境中，也许只有远溯族源、神化君权才能巩固其统治地位。所以，这个关于红果的起源传说其实是后期杜撰而来，不过，我们知晓并确认的历史中，有一点与传说相吻合，肃慎时期确实是以女子为中心。

肃慎及其先世的世族和其他民族一样，也是产生于氏族社会时代，大约在母系氏族公社时期就出现了氏族，这时女子是氏族的中心，每一个氏族都有一个共同的女祖先，全体氏族成员都是她的后代。氏族成员实行族外婚，又形成了不同的血缘群体，随着社会的发展，子孙的繁衍，氏族不断增多，为了互相区别，利于辨识，需要有一个称号，就产生了姓氏。

血缘决定了姓氏，姓氏成为生存合作的纽带，同姓氏的人形成了紧密的联盟，由此产生了部落，部落是民族发展的重要一步。在辽河流域的古老民族中，肃慎人形成部落的进程相对迅速，而艰苦的生活环境以及渔猎的生产生活方式，也在一定程度上加速了部落的形成，加快了这个民族的发展。

零下三十几摄氏度的东北冬季，漫长难熬，寻找一种最为有效的抗寒方式，成了他们日常生活中严峻的考验。最初，他们过着"夏则巢居，冬则穴居"的原始生活。后来，为了适应游猎生活，肃慎人发明了一种叫"撮落"的房子，也就是我们常说的"窝棚"，这种房子由土坯和稻草垒成，窗户多是保暖效果不好的木棂格子窗。天气寒冷时，他们常将两张窗户纸中间夹上网状自制的麻绳，糊在一起粘到窗棂上，利用夹层起到抵抗风寒的作用。由于从屋外便可以看见窗户纸，久而久之，其他民族称之为一种奇怪的现象，这便是如今被称为"满族三大怪"之一的"窗户纸糊在外"的由来。而其他的两种奇怪现象，也都是满族在肃慎

窝棚

以及女真时期用于抵抗恶劣环境的产物。

山林野间，蠓虫和蛇经常出没，以渔猎生活为主的满族人，无论男女老少都要上山打猎、下水捕鱼、田里种地、草原养畜，所以用烟防蛇、防飞虫，成了人们常用的自卫方法，便出现了"大姑娘叼烟袋"的现象。除了飞虫，猛兽是更大的威胁，于是"养活孩子吊起来"也成了肃慎时期奇怪的生活习俗之一。

这些看似奇怪却迫不得已的生存习俗，从肃慎延续到女真，从女真又延续到满族，从一定程度上，这些习俗间接地反映了他们所处环境的恶劣。在这种自然环境之下，他们必须逐渐适应酷寒、不断精善骑射，才能获取食物以及动物皮毛。日久天长，便造就了满族先人身强力壮、勇猛善战的特征。

《大金国志》第三十九卷记，"女真人善骑射，耐饥渴，上下崖壁如飞，济江河，不用舟楫，浮马耐渡"。女真属于半游牧半农耕的民族，他们的地理位置注定了他们的铁血历史，靠近边疆、北国苦寒，使他们的军队比汉人的军队更强大，而他们的农耕特点注定了他们不能像其他游牧民族那样随时更换生存住址。这样，一来有强大的军队，二来有固定的地盘，只要有个合适的机会就可以打进关中。

恶劣的自然环境并不是全部的威胁，外敌的压迫与入侵给予了这个民族雪上加霜的打击，同时也赋予了他们翻身反抗的理由。一方面各部落之间开始频发战争与冲突，另一方面，族人不断受到辽国契丹人的压迫，内忧外患之下，统一战争迫在眉睫。于是在女真时期，金太祖完颜阿骨打用十年的时间起兵反抗，建立了金朝。

金朝在完颜阿骨打统一女真各部不断向外扩张的过程中，女真各部也很紧密地集合在一起，人们对一个统一的女真民族的认识更加清晰，在金朝统治中原时期，进入中原的女真人保持着相对的民族独立性，直到 1234 年金朝被蒙古帝国所灭，遗留的女真族逐渐分成了三大分支，

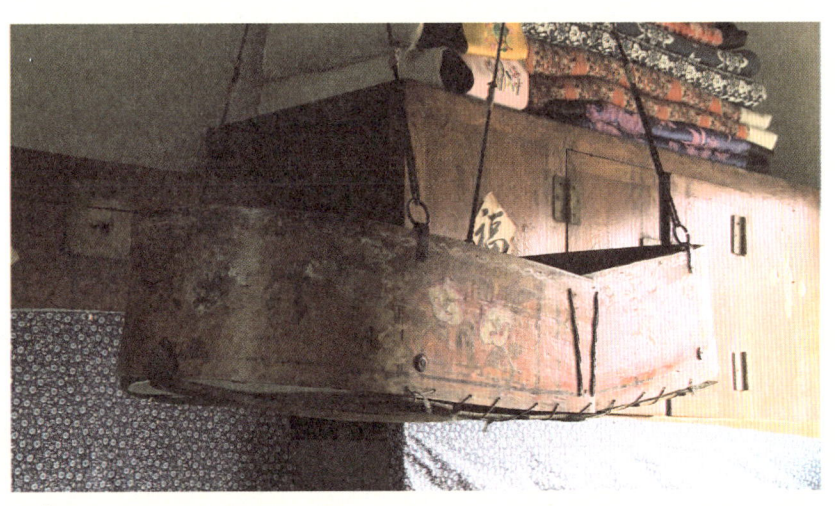

吊床

分别是"建州女真""海西女真""野人女真"。

尔后，建州女真开始迁入辽河流域，繁衍发展。辽河流域山多林密，江河纵横，水土丰沃，气候宜人，适合采集狩猎、捕鱼农耕。辽河流域的山山水水养育了建州女真，同时，建州女真在辽河流域开始了漫长的统一战争，他们正是后来形成满族的主要成员。

作为举世仅存的满族分割宫殿建筑群，沈阳故宫有着浓郁的满族特色。金龙蟠柱的大政殿、崇政殿，排如雁行的十王亭、万字炕口袋房的清宁宫，古朴典雅的文溯阁，以及凤凰楼等高台建筑，都在诉说着满族独特的腔调。

现代人常提到的八旗亭是满族八旗制度在宫殿建筑上的反映，它位于盛京皇宫内最庄严、最神圣的大政殿两侧，呈八字形依次排列，仿佛八支兵强马壮的队伍正在护佑着整个民族。

八旗制度是女真时期的满族先人努尔哈赤，在统一的过程中衍生而出。1601年，女真势力逐渐扩大，人口不断增多，统一战争中取得节节胜利。于是，努尔哈赤建立黄、白、红、蓝四旗，称为正黄、正白、正红、正蓝，旗皆纯色。1615年，族群势力再度扩张，在原有的四旗之外，增编镶黄、镶白、镶红、镶蓝四旗。旗帜除四正色旗外，黄、白、蓝均镶以红，红镶以白，把当时管辖范围内的所有人均编在旗内，这便是八旗组织，也正是今日的满族。

八旗

然而，这种制度并不是由后金时期新生，而是在女真初期便已孕育，并且经过了几个阶段的发展，最初被称为

"牛录制"。

随着部落之间的融合统一，女真族群得以迅速地扩充与发展，族内青壮年肩负保卫族群、抵抗外敌的重任，而基本的牛录制再也无法容纳这个逐渐壮大的民族。金朝初期，十人为一组的牛录制度变为了三百户为一组的猛安谋克制度，继而变成了七千五百人为一个旗的八旗制度，形式本同末离，只不过组织内的人员不断扩充，组织内的女真人由最初的狩猎变为了出战。"出则为兵，入则为民，上马为军，下马为民。"这种组织形式将族内的青壮年男子的利用率达至最大，也正是这种满族独有的社会制度，从一定程度上促使了满族的发展与壮大。

依靠八旗这种军政合一的组织，努尔哈赤的统一大业如虎添翼，八旗制度建立的第二年，也就是 1616 年，努尔哈赤在诸大臣的拥戴下，于今辽宁新宾的赫图阿拉山城登基称"汗王"，建国号为"大金"，立年号为"天命"，也就是被历史上称为"后金"的满族地方政权，这是女真族第二次建立王朝。它的出现，使女真人在金朝灭亡三百多年后重新形成强盛统一的民族势力，并向新的民族共同体——"满族"转化。尔后第三年出现的中国历史上以少胜多的标志性战役——萨尔浒之战，也为日后满族走向全国奠定了坚实的基础。

《满族源流考》中有记载："以铁骑奔驰，冲突蹂躏，无不溃败。"在不断讨伐、战争的过程中，队伍不断壮大，兵力越发强盛，常以少胜多，以弱克强，这也就是"女真不满万，满万不可敌"的由来。萨尔浒战役之后，明朝在辽东地区的军队再无法抵御后金的进攻，铁岭、开原、沈阳、辽阳、盖州等几十座大小城市和堡寨相继失守。1621 年 4 月，后金进占辽东、辽南，并将都城迁至辽阳。1625 年，又定都沈阳。1635 年，女真正式改名为"满洲"，隔年，金国国号正式变为"大清"，八旗人开始被称为满族人，新生政权下的女真人终于走出他们世代生活的山林

满族骑射

丘壑，迁入了辽东汉人居住的腹地，一个既古老又新兴的民族由此诞生，并走向全国。

走进皇宫的满族，非常乐于借鉴、学习汉族的一些习俗，由此衍生了一系列的融合、学习、改变。在接受其他民族新鲜文化的同时，满族文化也对其他民族产生了深远的影响，如今北方人经常提及的一些词汇，其实都是满族语言。

如今的满族文化有着同中国历史进程相符的各种痕迹，不断吸收各式各样外界文化的同时，也懂得坚守自己的民族之魂。历代皇帝反复告诫："骑射、国语乃满洲之本务。"大力提倡所谓的国语骑射，保持本民族的特长、习俗，防范全盘汉化。为了使满族人处于朝代的核心位置、不丢却骑射本领，同时为了同汉族和谐发展，清朝时期的满族八旗，可从官，可从军，不可经商，同时受到严苛的管理，这也是直到现在还被后世称赞的满族制度之一。

清朝初年，大量八旗军民"从龙入关"，辽宁地区满族人口锐减。直到康熙二十二年平定"三藩之乱"，部分八旗兵被派回辽宁，他们按照八旗建制被安排于辽宁境内各地，以分配旗地，或"跑马占荒"获得无主土地，重建家业，开垦山林荒地，世代繁衍生息，成为定居当地的开发者和建设者。如今我们看到的辽宁省内各个满族自治县，便由当初流传而来。

辽河流域这片发祥地上，满族从一个弱小分散的女真部落，最终统一全国，建立了近三百年的王朝，也成为中国历史上两度建立政权并入主中原的少数民族。满族曾作为一只雄鹰，在中华民族的版图内振翅翱翔，根结盘踞，虽然落后的封建主义制度必然会在资本主义之下崩塌，但是作为强大过、繁荣过、震撼过、传奇过的古老民族，它依然给这片土地带来了积极且深远的影响。

满族穿越千年，一路成为如今我国 56 个民族的其中之一。而作为满族崛起之地的辽宁，如今更是生活着全国六成以上的满族人口，成为全世界最大的满族聚居区。满族在辽宁的城市发展建设中，一直起着具有代表性的积极作用。

锦衣华服

第六章

衣、食、住、行，自古和人们生活息息相关。而从辽河流域走出的服饰艺术，更是中华文明起源的重要符号。

它像活化石一样反映着特定的社会风貌和民族习俗。各民族的服饰，是他们生产生活的忠实记录者，潮起潮落，

一部辽河流域的服饰发展史，既是一部北方少数民族的共同生活记忆史，又是一部他们与汉民族互相交融影响的物质文明发展史。

爱美是人的天性，衣冠于人，如金装在佛，其作用不仅在遮身暖体，更具有美化的功能。当人类祖先在茹毛饮血的时代把兽皮、树叶围在腰间作裙子而有了朦胧的审美意识后，迈向人类文明的历程也开始了对服饰美的追求，其服饰也打上了时代的烙印。

上古传说把衣服的发明归于黄帝。《易经》说："黄帝、尧、舜垂衣裳而天下治。"然而实际上，衣服的出现要早得多。从出土文物方面考察服饰演化史的源头，可上溯到原始社会旧石器时代晚期。

在位于辽宁省海城市的小孤山遗址中，考古专家发现了三枚骨针，分别长 6.05、6.58 和 7.74 厘米，针的内孔直径仅为 0.1—0.2 厘米，两面对钻而成。它们都选取野生动物骨骼中致密与坚硬的肢骨为料，用刮制的方法加工器身，用磨制的方法磨出锐利的针尖。

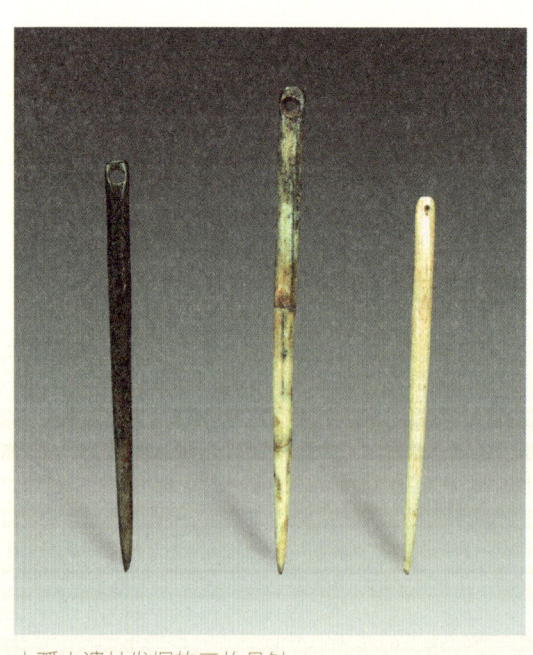

小孤山遗址发掘的三枚骨针

虽然曾经在北京山顶洞遗址也发现过形制、尺寸类似的骨针，但从年代、工艺水平和制作方式上，小孤山遗址的骨针显然更胜一筹，这表明小孤山人是当时中国境内拥有最先进工具的群体。小孤山骨针的发现，证明了距今四万到两万年的小孤山人已经穿衣服了。

与渔猎、采集的生产生活方式相一致，旧石器时代晚期的人们以动物皮毛为服饰的"原料"，制作出了避寒遮羞的最早服装。"衣冠王国"的服饰从最初的这块皮毛开始了漫长的演化。尤其是骨针被人们发明之后，散碎的兽皮能够组合起来，并可使兽皮的形状更接近身体的形状。我们的祖先就是这样与猿猴相揖别以后，披着兽皮与树叶，遮身暖体，他们走出洞穴，走向平原，向更寒冷的地区发展，开拓更为广阔的生存空间。他们艰难地跨出蒙昧时代的门槛，从而创造了最早的服饰文化。

保护生命，掩形御寒，装饰自身，都是原始社会服装主要的功用。随着人类生活的发展，人口的增加，兽皮和兽筋需求量增加，需大于供的问题摆在了人们面前。这时，人们在编织渔网和筐篮的生产实践中，逐渐认识一些植物的皮，首先是野葛藤、麻的皮，可以用来编织成紧密的网，然后穿在身上。这种原始的紧密的网，即原始的织物。

距今约一万年，人类进入了新石器时代，陶纺轮从兴隆洼文化时期经赵宝沟文化到红山文化出土量逐步增加，原始手工纺织工艺为早期的服饰提供了新材料。古代世界各国用于纺织的纤维均为天然纤维，一般是毛、麻、棉三种短纤维，古代中国除了使用这三种纤维外，还大量利用长纤维——蚕丝。

红山文化遗址中出土的玉蚕蛹，证明了远在五千年前的辽河流域就出现了养蚕业。而到了商代，蚕桑业亦形成了一定规模。统治者十分重视蚕桑经济的地位，将蚕桑生产与粮食五谷相并重。1970年秋，考古工作人员在朝阳前魏营子村的西周墓群中，发现了丝织品20余层残片。

辽代铜镜

游牧民族人像

其中有一块是经二重、三上一下斜纹组织的锦，经密为 52 根 / 厘米，纬密为 14 根 / 厘米。在这里发现的商周时期丝织品尽管数量有限，但已出现了提花丝织物，这说明当时的织造技术已达到相当水平。材料的丰富和技艺的提高，使服饰的形式发生了变化，功能也得到了改善。

身穿华服，头戴美饰，智慧的远古先民除了在平静而清澈的水面上观看自己的倒影以正衣冠外，他们还发明了镜子。

辽河流域的冬天干燥寒冷，生活在这里的少数民族多靠渔猎为生，所以要求服饰有较强的适应性、实用性。不论冬夏，上袍下裤，便于生活和劳动。骑马时腰缠宽腰带，以保护内脏。衣服的主料以兽皮为主，服制多为长衣，窄袖袍，穿和裤、蹬皮靴，装束虽随四时变化而多姿多彩，但不论有多少款式和式样，都必须适合骑射的需要，利于保暖和行走。契丹人、女真人服饰更是把骑射之风表现得淋漓尽致。

契丹人无论男女皆髡发，女子出嫁后则开始蓄发，高髻盘顶。北宋沈括在其《熙宁使虏图抄》中即记载，契丹"其人剪发，妥其两髦"。所谓剪发即为髡发，也就是剃去头上一定部位的长发。妥其两髦，意思是两鬓有垂发。辽河流域的游牧民族，不仅契丹，包括女真族、蒙古族等无一不是髡发。北方游牧民族已经持续使用这种发式达一千多年。

游牧的生活方式使得辽河流域的少数民族经年累月地与朝霞、红日、蓝天、白云、绿草为伴，这种环境使他们的服饰装饰图案都取材于大自然。而大自然这种环境也让他们对纯净的颜色产生了兴趣。在诸色之中以白色最为神圣，辽河流域的民族都有"尚白"的习俗。女真人尚白，"妇人衣大白袄子"；其后世满族人亦以"白色"为吉祥色。"尚白"习俗，不同族系，成因不同。

辽河流域处在多民族交汇的地带，少数民族文化与汉民族文化不断碰撞、交流以及相互吸收、融合，彼此互相影响。"百里不同风，千里不同俗"，不同的环境产生了不同的民族，基于不同的生产活动、生活方式、民情风俗的历史演进，辽河流域各民族的服饰也各具特色。

鲜卑民族的服饰对汉族就有着极深的影响。秦汉以前，汉族的服装样式是"上衣下裙"，不仅女子，连男人们也是。可到了南北朝时期，由于鲜卑等北方少数民族胡服的流行和影响，北方平民男子的日常服饰变成了"长帽、短靴、袄子"，其主流演变成了上衣下裤。《梦溪笔谈》中说道："中国衣冠自北齐以来，乃全用胡服，窄袖、绯绿短衣，长鞘靴，有蹀躞带，皆胡服也。窄袖利于驰射，短衣、长鞘，皆便于涉草……带衣所垂蹀躞，盖欲以佩带、弓箭、盼蜕、箭囊、刀砺之类。"虽然后来鲜卑入主中原，这一服装特征仍基本保存下来，成为北朝一贯的传统。隋唐继承了北朝服饰的传统，并将其发扬光大，推广到了南方，"上衣下裙"的男子服饰逐渐退出了历史舞台，而"上衣下裤"的模式沿袭了下来，一直到今天仍在沿用。

然而随着鲜卑人居住区域的南迁和受汉族文化的影响，鲜卑人固有的服饰习俗发生了很大变化。尤其是在北魏孝文帝实现全面汉化改革后，一改骑马民族服装样式，而逐渐被各种典雅宽松的汉族衣冠代替。现今分别藏于美国纽约大都会博物馆和堪萨斯市的纳尔逊艺术博物馆的两幅壁画最能体现这一变革。这两幅壁画内容为孝文帝及文昭皇后礼佛图。图中孝文帝头戴冕旒，身穿衮服，在诸王、中官及手持伞盖、羽葆、长剑、香盒的近侍宫女和御林军的前导和簇拥下，缓缓行进，而文昭皇后则头戴莲花宝冠，着对襟大袖袿衣、褶裥裙，雍容华贵，礼佛图上的其他人物，也全都穿着宽松飘逸的汉族服饰，长袖垂地，鞋履笏头高耸。这一表现鲜卑皇室贵族的盛大场面，实际上与汉族帝王的排场毫无差别。

　　孝文帝的移风易俗虽然促进了鲜卑人对汉族文化的认同，争取到汉族地主对北魏朝廷的支持，推动了政权向汉族王朝统治模式的转化，但改穿汉族服装，使得鲜卑族特有的民族服饰逐渐消失，像鲜卑女子配着披风的头饰的绝代风华只能在后来和鲜卑族有血缘关系的少数民族庆典

头戴莲花宝冠的文昭皇后

上才能看到。"全盘汉化"的改革使得鲜卑民族的个性与民族精神逐渐消失，民族的独立性与主体性也彻底丧失。

同样是生活在辽河流域的契丹人，在与汉民族融合的过程中，则对自身的民族性十分坚守。辽代因俗而治，百官分为北面和南面两大体系。《辽史·仪卫志》记服饰制度称："北班国制，南班汉制，各从其便焉。"所谓国制，就是指契丹服，宋人曾称作番服；汉制就是指中原地区汉人所穿的汉服。按照"一国两制"的原则，契丹皇后和北面官穿国服，即契丹的传统服饰，包括祭服、朝服、公服、常服、田猎服等；皇帝和南面官穿汉服，包括祭服、朝服、公服和常服等。

旗袍

相较于辽朝统治者主张因俗而治的"两院制"的包容与平衡，作为女真族后裔的满族，在建立政权后为了削弱汉族的民族意识，方便统治，则强硬地实行"剃发易服"政策，强令其统治下的全国各民族，主要是汉族、蒙古族及其他南方少数民族等，必须改剃满族发型，改穿满族服饰。

满族为女真后裔，在衣冠服饰及风尚习俗方面，都保留着女真族习惯。据《金史·舆服志》记载：女真人的日常装束为，头戴黑纱巾，足蹬乌皮鞋，身着盘领衣，腰束吐鹘带。四时骑射之风尽显在他们的服饰之中。清代满族的装束，亦颇具尚武特征。

封建王朝的衣冠之治集中体现在官服上，这在清代又称补服，就是在褂子的前胸后背各缀一块布称为补子，绣上不同的飞禽走兽，以表示

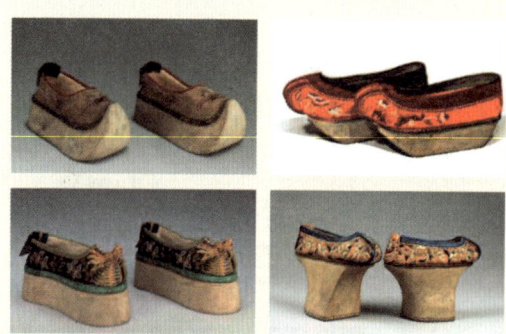

寸子鞋

官职的差别和道德含义，"补子"的图案根据官员级别的不同也都是不一样的。文武官员每逢出师、凯旋、朝会、庆典、筵宴、祭祀以及迎銮等重大社会活动，都要着"补服"。

满族的平民百姓则穿旗装，也就是旗袍。旗袍，满语称"衣介"。古时泛指满洲、蒙古、汉军八旗男女穿的衣袍，它是从满族古老的服装演变而来，后经不断改制，成为中华民族服饰的代表。

与旗袍相搭配，满族的妇女还要穿"寸子鞋"，亦称"马蹄底鞋"。鞋底中间即脚心部位嵌上3寸多厚的木头，用细白布包上，木跟不着地的地方，常用刺绣或穿珠加以装饰，因鞋底平面呈马蹄形，所以得名；还有一种鞋的底面呈花盆形状，称为"花盆底鞋"。满族的女鞋，表面都有绣花，而袜子多为布质，袜底也纳有花纹。

满族自古就有"削木为履"的习俗。关于这种高底鞋的起源，有多种说法。一种说法认为，过去满族妇女经常上山采集野果、蘑菇等，为防虫蛇叮咬，便在鞋底绑缚木块，后来制作得日益精巧，发展成了高底鞋。另外还有一种传说，说是满族的先民为了渡过一片泥塘，夺回被敌人占领的城池，便学着白鹤的样子，在鞋上绑上了高高的树杈子，终于取得了胜利，达到了报仇雪恨、发展壮大的目的。人们为了不忘那些苦难的日子，纪念高脚木鞋的功劳，妇女们便穿上了这种鞋，并世代相传，鞋子越做越精致美观，成了后来这种样子。

服饰，往往和一个民族的历史及文化的发展紧密联系，它体现着民族集体的智慧和创造。

中国服饰如同中国文化一样，是各民族相互渗透影响而成的，在大量吸取了少数民族服饰文化的结晶之后，形成了中国以汉族服饰为主体的服饰文化。在这中间，辽河流域的少数民族一直活跃在中国北方大部地区，甚至有不少民族先后入主中原，因此汉族与这些民族之间在服饰方面的相互影响是不容忽视的。在不同文化影响下的辽河流域各少数民族，逐渐形成了稳定的民族审美观。这也推动了少数民族服饰的进一步发展。

辽海珍馐

第七章

从旧石器时代的烤肉飘香，到新石器时代的炊烟袅袅；从茹毛饮血的蛮荒单一，到满汉全席的丰富融合；从近水食鱼、靠山食兽的渔猎文化，到男耕女织、自给自足的农耕文化。

辽河流域的饮食文化经历了悠久的发展过程，漫长而寒冷的冬季，这里的人们以怎样的方式获取与储存食物？一年之中大部分封冻的土地上，塑造了哪些独特的味道？粗犷的黑土地民族，又创造了哪些丰富多彩的饮食风俗？让我们从味蕾，走进辽河。从昨日的盛宴中，感受它的缤纷色彩与博大精深。

辽河流域，处于北纬41°—45°之间，是较为寒冷的自然区。这里地面水源丰富，既保证了繁茂的植被，为陆地动植物的生长和种类繁衍创造了优越的条件，也使这里拥有广袤的草原和森林植被，成为最理想的狩猎、畜牧、渔捞、种植业天然综合性的经济区。丰富的水域为人类提供了种类繁多、数量丰富的鱼类。广袤的平原草地则是得天独厚的畜牧乐园。众多种类和数量的飞禽走兽栖息在这里，它们和丰富的植物性山产品一同向这里的人们供献了美味的食珍。

人口稀少和生存空间的广大，决定了单纯"靠天吃饭"模式的经济生活。"棒打狍子瓢舀鱼，野鸡飞到饭锅里"是辽河先民饮食方式的最好诠释。

以肉食为主，是辽河先民在数千年甚至更长久历史上的饮食生活基本特点之一。这里的土著居民，如女真、蒙古族、契丹族都爱吃肉。

在人类进化史中，饮食对人类的生存无疑具有无与伦比的重要性。早期的人类有着像其他灵长类动物一样以采集果实为食的阶段。这个时期以素食为主。后来，随着冰河时期的到来，气候变冷，尤其生存在辽河流域的远古先民，要想生存，必须向杂食方向转变。

《礼记·礼运》中有："昔者……未有火化，食草木之食，鸟兽之肉，饮其血，茹其毛，未有麻丝，衣其羽皮。"描绘出了原始人连毛带血地生吃禽兽的生活场景。

位于辽宁省大石桥市永安镇西田屯村的金牛山人洞穴遗址，是东北地区发现最早的旧石器时代古人类居住遗址。从这里发掘出的87种近千件的肿骨鹿、剑齿虎、变种狼等哺乳动物化石和爬行类、鸟类化石可以看出生活在距今28万年前的金牛山人的菜单内容。洞穴中至今还残留着大量被打碎和烧过的动物骨头。

在金牛山人居住的洞穴里面还发现了丰富的用火痕迹，包括为数不少的烧骨和灰堆。金牛山人在生火之前先在地面用石头垒起一个圆形的石头圈，以控制篝火的范围，类似后来的"灶"，然后在"灶"里烧烤食物。

从遗迹可看出，灰烬分布于石圈内，灰烬层在剖面上首尾相连，说明当时的火种基本没有熄灭过。灰烬层的顶部、中部和底部分布许多石块，表面由于长时间烧烤而层层剥落呈粉末状。这种保存火种的方法叫"土石封火"。由此可见，金牛山人不仅会使用火，而且还会管理火。

这里是距今 7 万年前的鸽子洞人类遗址，位于朝阳喀左大凌河的西岸，因成群的鸽子在洞中栖息而得名。考古学家在洞中发现了小型的劳动工具、动物化石及人工取火的遗迹。从对灰堆遗层分析来看，各灰层间有一层黄土层，这表明火是熄灭过的，在土层的上面又有一层灰堆出现，说明火又一次被点着了，这个过程表明他们已经掌握了人工取火的技术。

金牛山人封火"灶址"

火的使用，特别是人工取火的发明，使我们的祖先摆脱了"茹毛饮血"的时代，开始吃到熟食，这样不仅可以抵御野兽的攻击、抵抗寒冷和疾

鸽子洞古人类遗址

病的侵袭，更重要的是扩大了人类的食物来源、改善了人的体质，从而促进了大脑的发育和人类的进化。

加热制熟，这是最初意义的烹饪。而烹饪文化是人类文明之源。《礼记》上就有一句高度概括的论述："夫礼之初，始于饮食。"人类的文明生活自熟食而肇始，明显划分出野性与文明的分界线，这便是饮食文明的伟大所在。辽河流域的烹饪历史也由此展开，历经无炊具烹、石烹、陶烹、铜烹、铁烹诸阶段，烤煎煮蒸炸等各种烹饪方法的使用日臻纯熟，辽河流域的饮食文化也愈加异彩纷呈。

直接将捕获来的猎物或打捞的鱼撕成小块，在烧热的石板上烙熟食用，是辽河先民们拿手的烹饪手段。这正是"烤肉"的雏形。

战国时期，食材变得丰富，出现了炮乳猪、炮母羊羔、渍牛羊肉、熬珍、捣珍等最早的"八珍"版本，也出现了为满足荆轲特殊口味的燕国宫廷菜"马肝"。

到了辽、金、元时期，辽河流域最负盛名的菜品是鹿脯。鹿脯，就是用鹿肉加调味腌渍晒干而成，

黍的考古发掘地

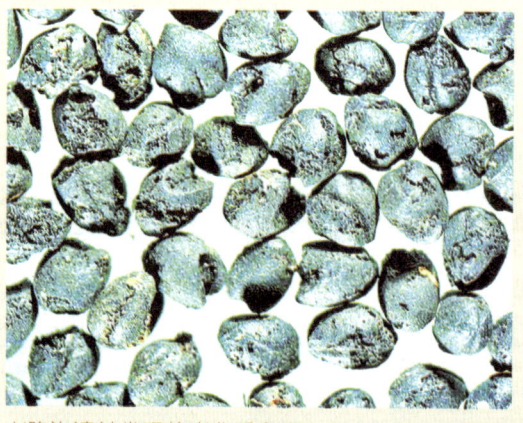

兴隆沟遗址发现的炭化黍和粟

是辽代契丹族的特产，
辽代契丹皇帝曾将鹿
脯作为礼品赠送给宋
朝皇帝。

清朝皇室更是对
鹿青睐有加。据国际
野生动物保护组织有

满族人吃火锅

关专家认定，梅花鹿的人工饲养最早始于中国的盛京围场。当年从宫里
传出一句话：皇帝喝鹿血，皇后吃鹿胎。

然而清朝皇室的饮食并不是一直如此穷奢极欲。在清入关以前，宫
廷宴席非常简单。一般宴会，露天铺上兽皮，大家围拢一起，席地而餐。
《满文老档》记："贝勒们设宴时，尚不设桌案，都席地而坐。"

辽河流域的冬天天寒地冻，火锅格外受人青睐。生活在这里的少数
民族如契丹族、满族都嗜好火锅。真正有据可查的、现代意义上的"火
锅"，目前能追溯到辽代。而满族也一直有吃火锅的习惯。

清代的宫廷火锅保留了纯正的东北味儿。火锅食材丰富，滋味浓郁，
常见野味和海鲜，酸菜、白肉和血肠则是特色。

随着辽河流域谷物种植业的出现，五谷开始在辽河先民的餐桌上逐
渐占据重要地位。

其实，东北地区很早就有谷物种植业，在兴隆沟遗址发现的炭化黍
和粟，经鉴定属人工种植，是中国北方最早的栽培作物之一，据《通典·食
货典》记载，"夫貉，五谷不生，唯黍生之"，证明辽河流域是中国旱
作农业的发源地。

沈阳新乐文化是辽河流域比较成熟的新石器时代文化，在距今
7200 年的文化堆积中出土了炭化谷物——黍，即今天我们北方人仍在

陶甗（夏家店下层文化）

食用的大黄米。那里还有约 100 平方米的谷物加工厂，再现了原始农业的发达景象。

黍是最早被中国北方先民驯化的植物，根据英国剑桥大学考古学家的研究，黍在中国北方出现 1000 年之后，即距今 7000 年前后，在欧洲地区，从黑海西岸到东欧和中欧的 20 多个不同地点，都发现了黍的遗迹，说明黍的西传比小麦的东传还要早 2000 年左右。

值得注意的是，内地，尤其是黄河流域所有的谷物品种，辽河流域几乎都有，名副其实的"五谷杂粮"齐全。大连大嘴子青铜时代遗址出土的炭化谷物经鉴定，圆粒的为高粱，椭圆粒的为粳稻，均为东北地区发现的最早的谷物实物。这些重要发现对研究辽河流域的农业史和稻作东传提供了重要的实物例证。

辽河流域五谷的出现，也促使对后世有着深远影响的"蒸食"方式第一次出现。

夏家店下层文化中对陶 、陶鬲、陶甗的大量使用，说明蒸食已经成为一个非常重要的生活习俗，对食物的处理，由烧烤为主转为蒸食为主，是上古时期辽河流域生活习俗中一个十分重要的转变。

自从有了五谷杂粮，人们的食物内容更加丰富，营养结构更加合理。在辽河流域生活的满族人就很喜欢吃大米、小米和面食，尤其喜欢吃用黏谷子做成的饽饽。他们会根据不同的季节制作不同的饽饽，一般春天做豆面饽饽，夏日做苏叶饽饽，秋冬做黏糕饽饽。

清入关后，很快就在原来满族传统饮食方式的基础上，吸取了中原南菜和北菜的特色，建立了较为丰富的宫廷饮食。著名的满汉全席也由此产生。所谓"满汉全席"，包括驼峰、熊掌、猴头、猩唇、豹胎、犀尾、鹿筋汇集的"山八珍"；什蟆、口蘑、玉皇蘑、凤爪蘑、玉米珍、沙半鸡、松鸡组合的"陆八珍"；燕窝、鱼翅、大乌参、鱼肚、鱼骨、鲍鱼皮组合的"海八珍"，各种佳肴美味加在一起，要用上蒸、煮、烧、炖、煨、煎、炸、烤、焖、扒、炒、熘的技巧，冷荤热肴196品，点心茶食124品，计320品佳肴，据说可以连吃三天不重样。

满汉全席菜式有咸有甜，有荤有素，取材广泛，用料精细，山珍海味无所不包。然而，这样一桌集满族与汉族菜点之精华的官场筵席，正史却并无记载，仅一些笔记文集有录，名曰"满汉席""满汉大菜"。

正是这种"汉请满人用满菜，满请汉人用汉菜"，造成了民族间饮食文化的融通，为满汉席并用乃至满汉全席打下了社会与民族的基础。无论从哪个角度来说，都是中国饮食文化的点睛之笔。它也为辽菜的诞生打下了基础。

满汉全席

进入清代，盛京（沈阳）已是清朝龙兴之地。由于大清国建都于沈阳，辽菜受满族食风影响较为深远，宫廷菜的精湛与考究、王府菜的名贵与品位、市井菜的雅俗共赏、民间菜的乡土醇厚形成了辽菜之广采胸襟。

宫廷菜，当然主要是指清朝宫廷菜，"满汉全席"便是集宫廷菜之大成；清军入关后，盛京仍是陪都，有不少官府王府留存，自然也就有很多的官府菜，像是"王府鸭""王府砂锅"等都很有名气；市井菜，是指市井间的饭馆酒楼里的菜肴，也是辽菜的主体；民间菜，就是指寻常百姓家里的菜肴美食，更是辽菜的基础，这些民间菜中就包含了大众所熟知的"小鸡炖蘑菇""猪肉炖粉条"等乡土味道颇为浓重的菜肴。

炖菜是东北寻常百姓家离不开的烹饪方法，东北响彻全国的酸菜白肉、山鸡蘑菇都是炖制而成。炖，让食物在慢慢升腾的炉火上，不断入味；烧法，是食物经过煸、煎、炸后，进行调味调色，再加入汤水烧开焖透，烧至汤汁稠浓，烧出的菜一般味道浓郁，汁稠味鲜，烧茄子算是最具特色的烧菜中的一种；熘菜与炒菜相似，一般以大火煸炒，以淀粉收汁而成，熘肝尖就是辽菜中特别受人喜爱的菜肴。相比上面三种制法，扒菜相对更为复杂，将蒸煮的半成品放入调味汁，用温火烹至酥烂，最后勾芡起锅，淋入明油，扒菜鲜软汁浓，口感浓厚。清朝时期的"满汉全席"，其中的冷荤热肴共 196 道，大部分菜肴的做法正是以炖、烧、熘、扒为主。

白山黑水间的辽河流域，地广物博，幅员辽阔，资源丰富，山上有猎不绝的飞禽走兽，河中有捕不尽的鱼、虾、蟹，林里有采不完的山果野菜，田园有成群的牛、羊、猪、禽。这一切，为辽菜提供了丰富多样的食材，也使辽菜能够在丰富多彩的中国传统饮食文化里占据一席之地。

漫长的寒冷冬季，给辽河流域人们的饮食生活带来了许多困难，但严冬也是大自然赐予的得天独厚的大冷库，可以无限量、无代价地储存各种食品和原料，并且灭菌防腐保鲜、独具风味。冷冻食品是这里的典型食俗之一。肉类可以埋在雪下或淋水挂上冰衣长久保鲜，蔬菜也可以埋在雪下保鲜保色。还可以冻豆腐、冻奶、冻干粮、冻水果。

丰厚的冬贮是辽河流域的人们聪明的创造。由于无霜期短，人们吃地产蔬菜的时间只有 6 个月左右。为解决漫长冬季里对蔬菜的需要，他们会在入秋之时大量窖藏白菜、萝卜、马铃薯等越冬蔬菜。同时大量渍酸菜，腌制品种丰富的各种咸菜。

无论是无意识地"吃"，还是有意识地"吃"；无论是向大自然攫取，还是自产自食，28 万年来，辽河流域的居民在漫长的饮食发展历程中，不断地实验、实践，又不断筛选、优选，使烹饪由粗放到精致，使食材由简单到复杂，他们积累出的一整套与"吃"有关的经验智慧，造就了今日饮食的丰富多彩。

安身之所

第八章

从个体生命的迁徙到民族的交融并包，从人生命运的流转到朝代的世代更迭，人和家之间的千丝万缕，从来不曾间断。

从山洞到帐篷再到院落城郭，每一次的发展演化，都是先民们在利用自然、改造自然的路上前进的标志。

沈阳故宫南门

　　每到黄金周假期，沈阳故宫都会举行大型祭祀表演，从仪仗到服饰，尽量还原出当年盛京的风采和皇家的威仪。

　　而这座经历了时间洗礼的皇家宫殿，不仅有着浓郁的满族建筑风格，还是封建统治者皇家权威的象征，一座建筑见证了历史的沿革和兴衰的变迁，从皇家专属成为百姓可以参观的文博场所。和故宫一样，辽河流域建筑风格的变迁，就好像是历史的切片，书写了多民族生产生活的历史。我们也通过建筑风格的演变，看到了辽河流域先民们居住生活的变化过程。

　　在远古时代，我们生存的地球大部分土地被森林所覆盖，水草丰茂，古木参天，野兽成群。当时的人类，一方面享受着大自然的恩赐，采集野果，捕鱼狩猎；另一方面还要抵御狂风暴雨、饥饿寒冷和野兽的侵袭。因此，他们需要一个"家"，需要一个能遮风障体、保存火种、御寒取暖、烤烧食物的地方。在人们还不会修筑房屋之前，天然山洞是首选之处。

金牛山位于辽宁省营口市田村乡附近，是辽东半岛中部沿海平原上一座拔地而起的孤立小山丘。在山丘的东南面有一大型天然溶洞，这就是28万年前旧石器时代早期金牛山人的"家"。可惜因当地乡民多年开山打石，原洞穴风貌已被破坏，洞顶塌落，只有南壁被保存下来。洞口面向太阳升起的东方，有15米之高，残宽还有5米。我们可以想象，金牛山人在捕到野兽后，回到"家"中，大家围坐在火堆旁，共同烧烤食物，共同分享收获喜悦的情景。

新石器时代农业的发展使人们逐渐定居下来，从而出现了房屋和聚落。这些房屋有的建在地表之上，有的将一半建在地表之下，称半地穴式。房屋有圆形的，也有方形的，屋顶用茅草苫盖。在选择建房地点时，多

新乐遗址博物馆

查海遗址的龙形堆石

新乐遗址内的房屋复原的梁架与模型

半考虑在河流沿岸向阳的台地上，或是地势较高且平坦的地方。

查海人居住在今天辽宁省阜新蒙古族自治县沙拉乡查海村西南约2.5公里处。这里漫丘低平，向阳宽敞，是一片略呈扇形的台地。查海人建造的房屋就在这片台地上，距今已有7600年历史了。自1986年开始，考古学家们对查海人的遗址进行了多次发掘，在1800平方米的范围内，发掘出排列密集的半地穴式房址53座。在房屋里面还发现了大量的陶器、石器、玉器等物品，还有一座小孩儿的墓葬。

房屋自然早已塌落，只存地表下的遗迹了。但是从遗迹可以看出，这些房屋规划得很整齐，东西排列，每排2到3座，共6排。房屋的设计似乎出自一人之手，每座房址的方向几乎一致，都是南向略有些偏西，方形圆角，半地穴式。

在当时生产力那么低下、生产工具只有石器的时代，要建造很多座房子，这是一项极为艰巨的工程，而查海人做到了。

1973年，辽宁省沈阳市黄河北大街新开河北岸的黄土台地上，正在进行紧张的建筑施工。施工取土中，工人们发现了一些陶器和人类活动的遗迹，随即引起了有关部门重视，开始了抢救性的发掘。发掘中出土大量的文物，并发现当时人们居住的房址。经过考古工作者对文物的整理研究，认为这处遗址具有独特的风格和特征，构成了独立的文化体系，又因地处新乐电工厂宿舍附近，故命名为"新乐文化"。

　　新乐遗址到 1987 年已经发现 28 处房址，这些房址就是新乐人当时居住的茅草屋。它们密集排列在一起，每隔三五米就有一处。其中居中心位置的最大的房子，其面积约 100 平方米，中型房子的面积 30~70 平方米，小型房子的面积 10~20 平方米。房屋的平面是长方形或方形抹角，半地穴式，门开在向阳防寒的南面，屋内中心有火煌，周围有柱洞。其中一座房址的柱洞深达 1.05 米，一般的柱洞也有 70 厘米左右。较深的柱洞中，多半是二层柱，是木构架的主要力点，两

姜女石建筑遗址

层柱洞的直径在 20 厘米左右，可见当时所用支撑屋顶的木柱是很粗大的。有的柱洞虽然较浅，但多用石头垫底，起到后代柱础石的作用；有的在柱洞中填充沙子用以加固；还有的柱洞是斜方向的，这是根据支撑屋顶的需要而设计的斜柱。这些都说明新乐的"建筑师"们已经掌握了很好的建筑技术。

宫殿是帝王处理朝政及与家眷居住的地方。中国自夏代就为帝王修建了宫室。战国时的《考工记》最早记载了周朝的都城制度，"匠人营国，方九里，旁三门，国中九经九纬，经涂九轨，左祖右社，面朝后市"，这些制度一直影响着后世的宫廷建筑。

秦统一中国，建立中央集权制的国家。在首都咸阳附近建造了规模

碣石宫遗址公园

巨大的宫苑，使战国时期各种不同的建筑形式和不同的建筑技术得到了初步的融合和发展。

而在辽河流域南端，还有秦始皇的一处行宫遗址——碣石宫。

规模宏大的碣石宫遗址，位于辽宁省葫芦岛市绥中县万家镇南部的沿海地区，由多处

"千秋万岁"瓦当

遗址点组成，占地25平方公里。面海的三处遗址以石碑地为中心，止锚湾、黑山头为两翼，恰如一宫两阙；它们建于岸边的高台地上，俯瞰大海，仿佛欲张开臂膀与大海相拥；各遗址前海中高耸矗立着自然礁石，构成门阙，遗址与海洋融为一体，极其雄伟壮观。

遗址分布在石碑地、黑山头、止锚湾、瓦子地、周家南山和大金丝屯等地，面积达14平方公里。其中以石碑地的遗址规模最大。遗址四周有版筑围墙，南北长500米，东西宽300米，墙基宽2.8米。围墙内有南北贯穿的大道，宽约6米，两侧分布多处大型夯土台基和多级高台建筑遗址以及窑、井、排水管道系统。出土的建筑材料以卷云纹间贝纹的圆瓦当和半瓦当、绳纹板瓦为主，还有秦代树叶纹、变形夔纹瓦当，菱形纹砖和西汉前期"千秋万岁"瓦当。

作为建筑最小的元素之一的瓦当，在建筑中担当了重要作用，瓦当的材质和设计，也直接体现出居住者的身份。

瓦当起到装饰和实用的功用，不同民族的瓦当，也体现出不同的设计风格。

秦代的碣石宫遗址，是最北边保存最好、规模最大的一处秦皇行

囤顶式民居建筑

宫遗址。它的学术价值不亚于秦始皇兵马俑。在国内，目前除秦都咸阳、汉都长安以外，极少有这样布局有方的大型建筑群址被发现并保存下来。

辽河流域的先民多以游牧和渔猎为生，并不固定在某个地区生活。因此大多住在毡帐中，这样方便拆装和携带。随着农耕的发展，他们的居住逐渐转向定居，逐渐出现了城堡村寨。

辽河流域由于在冬天气候寒冷时常会下雪，尤其是辽西地区，风沙很大，因此在辽西一带的房屋多采用中国古代汉族传统建筑的屋顶样式之一——囤顶，其特征是屋顶略微拱起呈弧形，前后稍低、中央稍高，房屋左右两侧山墙有的会凸出于屋顶，凸出部分会被砌成弧形。囤顶房屋的排水效果较平顶更好，还可以防御风沙。这样设计的屋顶可避免过多的雪在房顶上堆积，减少屋顶的载重量。

囤顶民居建筑是辽西地区民居建筑的特色，也是辽西民居建筑不同于辽河流域其他民居建筑最具鲜明之处。

除了囤顶式的民居建筑，为了应对寒冷的气候，辽河流域的民居还多有"地窨子"。根据古书记载，东北地区的渔猎民族，至少在一两千年前，就有了"夏则巢居、冬则穴处"的居住习俗。所谓"巢居"是在林中树木之间距地一定高度搭设住处；而"穴处"则是住在"穿地为穴"的屋子里。这种地穴或半地穴式的房子一直延续到民国以后，满族冬季住宅就曾有这种形式，东北民间称为"地窨子"。

满族非常善于学习，由渔猎转为定居生活后，逐渐大量接受了汉族的建筑形式，但在民居中仍保留一些自己的民族性格。

由于满族的先祖女真人长期居住在东北山区，为了方便打猎和居高防守，逐渐养成了居高临下的心理习惯。因此，他们喜高。即便后来向山冈、平原过渡，也仍然要在山冈的高处建房，或者人工夯筑高台，保持一种防卫的优势。这与中原地区汉族民居选择依山傍水、藏风聚气的风水观念有很大的区别。而且满族民居夯筑高台是要把整个院落抬高，这跟春秋时期单体的高台建筑也不一样。

满族的民居还有一个特点就是大院居住。因为东北气候寒冷，地多人少，所以满族民居布局上多以用地宽松的大院形式。正房、厢房非常独立，之间有较大距离，互不遮挡，可以获得充裕的阳光，尤其是冬天的光照。因为马车是当地主要的交通工具，所以院落非常开阔，房屋跟四周院墙还相隔一段距离，使马车可以赶到院内或绕院行驶。院墙与房屋之间的许多空地，可用来种菜、堆放杂物，很适合自给自足的家庭生活。

满族大院一般比较长，两厢之间用二门分成内外院。由于萨满教祭祀的要求，满族民居都需要在内院东南角设置喂食神鸟的索伦杆。但后来受到汉族宗法礼制的影响，这个索伦杆就被放到中轴线上了，并且用

沈阳故宫十王亭

二门遮挡一下。因为在汉族的方位观念中，神圣的东西应该是在中轴上的。

满族民居的这种布置在清代皇宫的寝殿中得到了延续，在沈阳故宫的清宁宫和北京故宫的坤宁宫采用了口袋房、万字炕的布局形式。而如今沈阳故宫的景宁宫还能看见满族传统的烟囱——呼兰。

沈阳故宫位于辽宁省沈阳市老城中心，是清太祖努尔哈赤和清太宗皇太极营建并使用过的宫殿，清世祖福临也在这里登临皇帝宝座。皇宫占地6万多平方米，各式建筑90多座，300余间，按建筑布局可分为东路、中路、西路三部分。东路以大政殿为主体建筑，两侧辅以方亭十座，就是著名的"十王亭"。

中路即大内宫阙，为皇宫建筑群的中心，是据中国古代"前朝后寝"的宫殿制度设计的，由南至北分三进院落。第一进院落，最南面是大清门，为皇宫正门，俗称午门。硬山式建筑，面阔五间，黄琉璃瓦铺顶，饰以绿边。

从某种程度上看，帝王家虽然金碧辉煌，却在居住上与满族民间保持了高度统一。这也是沈阳故宫巨大的历史价值所在。

宫廷的祭祀表演仍在继续，世界各地来的观光游客在参观过皇家的宫殿后，也将回到自己的家中。在悠长的时光里，每一个历史中出现的民族先民都曾顺应自然，利用自然创造了与家相关的精巧发明。无论是皇家的雕梁画栋，还是平民的茅屋草房，其中最应该安放的，莫过于家人的爱和温暖。

车马如龙

第九章

行行重行行，与君生别离。山长水远，在不断离开与归来的路上，古代文人墨客创造出了无数瑰丽的诗篇。

纵观历史，地理位置的迁移为我们带来了出行工具的改进和理念的创新。

在辽河流域的土地上，出行工具的演进史就是一部先民与自然和人文环境搏斗的大历史。

这里见证过契丹「燕云十八飞骑」的奔腾，也听过建州女真马背上崛起的呐喊；目睹了曹魏水军灭公孙氏的惨烈，也享受过王公贵族乘车出游的喜悦。

展开巨著，从小小的出行工具中了解那些时代的传奇故事。

大河汤汤，不舍昼夜。先秦时期，富饶的辽河孕育了多个杰出的民族。他们依河定居，安家立业，用智慧创造出鲜活又厚重的历史。

在古代陆路交通飞速演进的同时，傍水而居的辽河先民还在宽广的河流和大海上开辟了新的道路。从史前人类到青铜时代前期，辽东半岛与山东半岛就曾通过渤海密切地交往。

辽河通航历史悠久，早在三国时期，东吴就有万余人的船队从东海溯辽河北上抵达辽阳。

东汉末年，中原战乱，民不聊生。而辽东公孙氏统治的地区相对稳定，故避地辽东者众。及至公元237年，曹魏发兵征讨公孙氏，发海船由渤海逆太子河至辽阳城下，公孙氏灭亡。可见辽河流域依靠船出行的历史由来已久。

明初，辽河入海口至开原老米湾全面通航，船只数千艘，中央及盐引商人等为辽东驻军输送粮饷等军需以及辽东往关内回运军士遗骸等，均以海河联运来实现。清以前，往来辽河的船只绝大多数是为着救济东北军民而来，且往往是受着政府之命的不得已之举。在此基础上出现了民间水上运输，明初辽河航运是辽河航运史上的重要时期。

清以后，东北移民逐渐增多，东北大地得到渐深渐广的持续开发，使之有能力做了一个相当漂亮的转身——由仰食于内地，转而互补于内地；由单向输入，转而为双向对流。这一具有划时代意义的逆转事件，使源自民间的、纯粹出于商业目的的辽河航事，受到了客观条件的积极支持与鼓励，从而取得了亘古未有的长足进展。

鉴于东北地区直通大海的河道有限，深阔的辽河也就成了运输主线。道光末年之后的很长一段历史时期，辽河航道上的船有三条航路可走。由营口经田庄台，再至三岔河，三岔河是三条航路的分岔处：由此入辽河，可至辽中、新民、铁岭、开原，直至郑家屯，沿岸有马蓬沟、通江口、吉城子、三面船、马厂、说理街、卡马口、荒地等70多个大小码头；入浑河，可至辽中东部，直至沈阳，沿岸有小姐庙、小河口、黄土坟、唐马寨、大骆驼背、小北河等码头；走太子河，可至牛庄、小河口、辽阳，直至本溪境内，沿岸有南埃金堡、妈妈街、长滩等码头。主航道是营口至郑家屯一线，全长近760公里，每年通航期能走八个来回。

在100年前，来往于辽河上的大小船只多达两万余艘。辽河上众多的码头、港口和商埠，见证了当年辽河流域河海联运、四通八达的通航网络。

貊，是辽河流域众多少数民族中的一支。《诗·大雅·韩奕》曾记载："王锡韩侯，其追其貊。"居于辽宁东部和吉林东南部。

貊人的生活环境

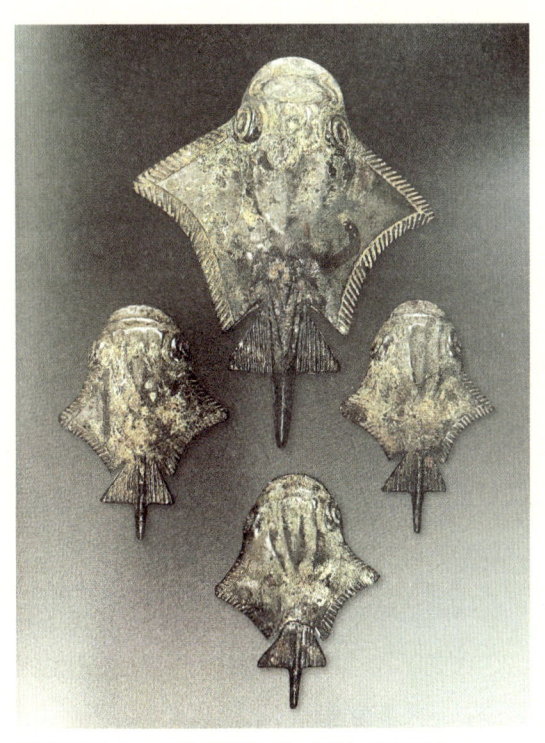

鲹鱼形当卢、节约等铜饰件（喀左南洞沟）

鲜卑族前燕甲骑具装复原

既有高山又有平原，族人善渔猎，又有游牧民族的特点。我们今天能看到的很多骑射工具都来自于貊人的发明创造。

中国的马具最早产生于辽河流域，在商代就有成套的马具，主要用于驾驭战车的乘马，如当卢、衔等。真正作为骑兵乘马所用的马具在魏晋时期就已出现。历史记载，慕容鲜卑人剽悍善战，马具由慕容鲜卑人改造，并广泛应用于骑兵。

在辽宁朝阳十二台营子和北票喇嘛沟，考古人员发现了甲骑具装实物，这证明在三燕时期重装骑兵已经出现，充分说明了鲜卑骑射文化发展的水平，在北方民族文化史和战争史上具有十分重要的意义。

"甲骑具装"即人甲与马甲、马具的合称。人甲包括铠甲、颈甲、铁兜鍪等，马甲、马具包括马胄、铠、当卢、镳、鞍、镫、銮铃、带扣等。这些马具时代早，种类最全，数量也最多，既有木芯包皮革的鞍鞯，又有木芯外包铜片的鞍镫。这些让人眼花缭乱的马具，让我们看到了一个强悍的游牧民族和它背后发达的生产能力。历史记载，慕容鲜卑所在的朝阳是盛极一时的成套马具生产中心。

历史记载，慕容鲜卑发迹于草原，以游牧为生。在长期与自然环境和其他部族的交战中，鲜卑族在汉人的发明基础上改进了马镫，将其从单只马镫变为双镫，使人在骑马过程中更加稳定，解放了骑马者的双手，更方便打仗和劳动。

尽管慕容鲜卑的强盛在历史上只是昙花一现，但他们留下的马具及其制作方法却一代代传承了下来。通过辽河流域的贸易之路，马具的制作很快通过高句丽东传到朝鲜半岛及日本列岛，为那里的社会发展奠定了重要基础。

青铜蛇形马镳（沈阳郑家洼子）

历史洪流轰然而过，随着朝代推移，马成为古人生活中常见的代步工具。及至契丹与女真政权，马在辽河流域文明中被充分利用，人们对马具的形式和功能也逐渐重视起来。

契丹佩鞍的马

唐末五代时期，战乱频仍，中原政权微弱无力，无暇北顾，分布在辽河流域的契丹民族趁机崛起。公

刻有车马和各类牲畜的画像石

元916年，耶律阿保机建立契丹国，后其子孙耶律德光改国号为辽。雄踞北方209年的辽王朝至此兴起。

辽代手工业较为发达。自汉族人大量进入其境，"教其织纴工作"之后，其发展更是势不可挡。契丹人是游牧民族，其生产和生活与马和车辆息息相关，故其制造马具和车辆的技术很高。北宋时期，他们所制造的契丹鞍，与中原的端砚、蜀锦、定瓷齐名，被北宋王朝誉为"天下第一"。

此外，值得一提的是，契丹人生活以畜牧经济为主，饲养着大量的马、牛、骆驼等家畜，这些家畜为他们提供了充足的畜力交通工具。他们利用这些家畜来骑乘、运输货物和牵引车辆等。这些车辆，有一些是从中原汉地引入或由辽地汉人制造的，但大部分由辽地渤海人和契丹人自己制造。貊后人擅长造车，在辽代负有盛名，契丹贵族都喜欢乘坐貊车。在辽代，契丹人还发明了一种水陆两用车，即在水为舟、登陆为车。这种车大多用于军事，还有其他一些交通工具如船、轿、桥等。

马匹是古代重要的战略资源。对于马背上打天下的清朝来说，马的重要性更是不言而喻。清政府为维护其统治地位，极为重视马政，于顺治八年设置了"大凌河马厂"。

"我朝养马无须多，上都盐泽大凌河"，乾隆东巡时留下的诗句，突显出大凌河马厂的重要地位。作为清朝赫赫有名的三大皇家牧场之一，大凌河马厂地域广阔，在鼎盛时期，几乎囊括了现在的盘山县和大洼县的全部，以及葫芦岛市、凌海市、北镇市、黑山县、台安县等部分地区。

大凌河马厂的范围不断发生变化，但主要分为两个部分，即西马厂和东马厂，其中西马厂是大凌河马厂的主体。而东马厂设置后，大凌河马厂进入鼎盛时期，马匹数量快速增长。

据资料记载，大凌河马厂最初只有十群马，乾隆六年大凌河马厂存栏马匹总数大约有两万匹。

大凌河马厂为清政府提供了大量马匹，在军事上发挥了重大作用。据史料记载，嘉庆二十五年至道光三年，清政府分赏三省士兵大凌河马四千多匹；咸丰三年，清政府调盛京步兵四千名，大凌河马两千匹，赴天津镇压太平军；咸丰九年，挑选大凌河马一千匹解送山海关，抵御英法侵略军。

然而，由于八旗子弟好逸恶劳致土地流失，生计日艰，乾隆十三年（1748），清政府决定裁撤大凌河马厂部分马群，将西马厂西界的部分土地分配给附近各城驻防的八旗官兵耕种，大凌河马厂放垦的序幕自此拉开。

时隔百余年，大凌河马厂已经彻底湮没在历史中，这个曾经见证过清王朝盛衰的养马场已经被城市、村镇和高速公路所取代，只留下马圈沟、新甸子、马营子等地名。那段万马奔腾的历史也鲜为人知。

除了马匹，车乘在古代人的出行中也有着重要的地位。在辽河流域发现的最早的车具，可追溯到西周时代。

在现存的考古发现的壁画中，我们可以清晰地看到昔日车乘的样子。由于古代车乘造价极高，因此能够使用车乘的人多为贵族。久而久之，车乘成为彰显身份地位的一种标志，考古人员可通过车乘的情况来判断墓葬主人的身份。

在辽阳及其附近地区，考古人员发现了大量的汉魏墓葬，其中著名的辽阳汉魏壁画墓群，形象地展现了当时贵族豪门奢华享乐的生活情形。其中，车骑墓内壁画上，绘一主六乘共七车，由此可知墓主人当为二千石，即太守级。

在辽阳壁画墓中的另一个大墓——棒台子一号大墓内，所绘黄钺车、鼓车和金钲车图与《汉书·舆服志》所记汉朝帝王出行所用黄钺车、鼓车和金钲车一致，是公孙氏割据一方的写照。

除此之外，居于辽西的契丹人为适应

辽阳汉魏墓葬出行图壁画

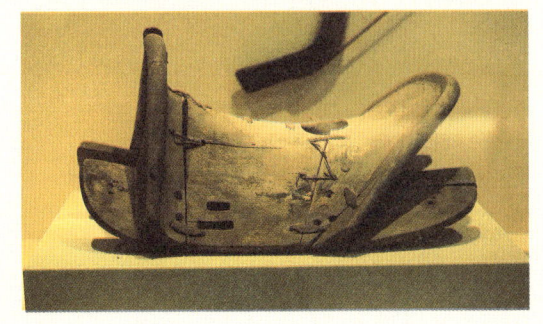

马鞍

其游牧业的生产需要，也制造出了各种形制的车辆。《辽史》载："契丹旧俗，便于鞍马 。随水草迁徙，则有毡车，任载有大车，妇人乘马亦有小车，贵富者加之华饰。禁制疏阔，贵适用而已。"辽境内其他民族，如黑车子室韦、渤海、貊人之造车技术都很高，对此史籍记载颇丰。墓葬中多有出土，质地不同、式样繁多，反映了辽代契丹人的等级制度、工艺水平和审美观念。

伴随着马匹和车乘在古代的广泛运用，专门用于通行这类交通工具的道路也应运而生。马路最初是为皇帝巡视出行专门修建的道路。到汉代，郡县所在的位置周围，固定有几条路供人们出行。

经济水平和文明程度的提高让更多平民百姓也有了骑马和坐车的机会。政府在路上设置驿站，供马匹和行人歇息。但这样的驿站更多与政府有关，普通百姓大多数时候在城镇中，鲜少出行。

到了清末，民间大车运输业兴起，这就促使为平民服务的大车店在交通要道和城关附近应运而生。

早年的大车店都设在交通要道旁边，一般都按古代驿站 20 公里左右设置，这个距离大约是负重马车半天的路程，以方便大车在途中"打尖"和长途车辆过夜。开始这些店大多都独立一处，随着客流的增多，又引来了其他的买卖，如小卖店、小酒馆、铁匠炉、木匠铺、麻绳铺等，人越聚越多，久而久之就形成了村落和集镇。现在东北以店命名的地方，如郭家店、瓦房店、普兰店等，很多都袭用原来某家大车店的名字。

到了明清时代，女真人成为辽河流域的人口大族。由于东北地区冬季苦寒，这里的人们学会了驾驭另一种新的交通工具——爬犁。

出行工具作为身份地位的象征，在满族的皇室被运用得尤其充分和完备。为了追求更舒适的出行，人们还发明了轿子和肩舆，用于不同距离的行程。

在北京收藏的《皇帝出行图》里，皇帝的轿子乃至于前面的仪仗队都被勾勒得清晰可见。最典型的一种轿子便是光绪皇帝大婚时，皇帝所乘的轿子，其前后仪仗队完备，充分展示了古代阶级制度下皇族及礼制的重要性。

乘轿子出行的皇室

皇帝出行图

从早期的踽踽独行到身跨骏马驰骋天地，辽河流域的先民们不断探究和求索，将出行工具的能力发挥到最大，为推进当时的经济和政治发展做出了杰出贡献，也为后人留下了不朽的财富。

第十章

利用厚生

回溯过去，人们所用的一器一物都凝结着祖先的智慧。

祖先用劳动的双手，开启了丰富多彩的生活画面。

随着每一次辽河流域的考古新发现，人类生产工具和生活用品，从粗糙到精致、从简单到复杂的演化的过程也被一一呈现。

制造和使用生产工具是人区别于动物的标志，是人类劳动过程独有的特征。人类发展的古代文化水准，以制造和利用石制工具为特点。"石器时代"的称呼被考古学家用来表示冶金时代以前的漫长时期，在这段时期中石制工具的使用远比用其他更软的材料所制的工具来得多。根据工具的形状和使用的复杂程度，石器时代通常划分为三个独立的阶段，即旧石器时代、中石器时代和新石器时代。

距今30万年至10万年前，旧石器时代早期的地质时代为早更新世、中更新世，人类刚刚可以直立行走。考古工作者们从辽宁营口金牛山、本溪庙后山遗址都发现了：以石英岩和脉石英为主的石核、石片、边刮器、端刮器、尖状器等成为辅助先民生活的工具。其中在金牛山遗址发现的280件石制品中，原料以石英岩和脉石英为主，另有少量硅质灰岩。石器类型比较简单。

石钺（新石器—早期青铜时代）

而到了距今10至4万年的旧石器时代中期，人类进入早期智人阶段，在鸽子洞遗址内，出土的石器就显得进步了许多。鸽子洞遗址发现的石制品计280件，以中型石器占优势，大型和小型石器均较少。工具组合以刮削器为主，制作较精致，分单刃、凸刃、凹刃和复刃等类型。尖刃器亦较多，且颇具特色，其修整方法为其他遗址少见。石器以石片石器为主，加工方式以向背面加工

为主，同时也使用错
向加工和两面打制的
方法。砍砸器最少，
多用砾石制成，加工
粗糙，刃口厚钝。

石器

新石器时代，是
人类由原始社会向阶
级社会转变的标志。
农业和畜牧业的出现
标志着人类已由依赖
自然的采集渔猎经济
过渡到改造自然的生
产经济。磨制石器、
制陶和纺织的出现成

红陶罐、灰陶罐

为新石器时代的重要特征。兴隆洼文化和查海文化都成为这阶段辽地先
民们智慧的结晶，出土的各式物品也带有更鲜明的特征。

兴隆洼文化作为其代表，生产工具以打制的肩石锄、方形石铲为
代表，此外还有磨制的斧、镜、刀、凿，琢制的石磨盘、石磨棒，压
制的小石叶等。骨器有骨鳔石刃镖、凿、锥和匕等，属于以农业和渔
猎并举的经济类型。兴隆洼文化的陶器，主要采用泥圈套接法制作，
典型器物为平底筒形罐，此外还有钵、杯、碗等，器类简单。这些均
为夹砂陶，陶色为灰褐、黄褐或红褐色，胎质厚重，质地疏松，火候
较低，通身施纹。

同样是陶器，到了查海文化，就更加特色鲜明。查海文化的陶器特
色鲜明，绝大多数为夹砂陶，砂粒大，呈灰白色，有滑腻感，也有极少

数泥质陶。手制，皆用泥圈套接法制成。

龙作为中华民族的图腾，它的身影也出现在这里，出土的"龙纹陶片"，以及在陶器上面饰"蟾蜍""蛇衔蛙"等题材的浮雕艺术品，都是新石器文化考古史上的首次发现。查海文化的玉器也是目前国内发现的最早的真玉器。

新乐文化的制陶工艺也发展到一个相当阶段，发现大量带有"之"字纹的陶器，不难看出，这些都是当年新乐人的生产工具，而其中一件斜口异形器，是新乐遗址出土的陶器群中最有代表性的器具之一，它外形很像是后来人使用的簸箕。

同样的玉制品、陶制品，在红山文化阶段，已经从早期的盛器到礼器完成过渡。

在新石器时代，人类不再只依赖大自然提供食物，开始从事农业和畜牧业，因此人类食物的来源变得稳定。同时农业与畜牧业的经营也使人类由逐水草而定居下来，节省下更多的时间和精力。在这样的基础上，人类生活得到了更进一步的改善，开始关注文化事业的发展，使人类开始出现文明。

在新石器时代完结后，人类开始进入青铜时代。

早在四千年前，西辽河流域就进入了青铜时代，考古学上相当于夏家店下层文化时期。但从考古发掘来看，夏家店下层文化还没有本地铸造的青铜容器出现，日常使用的器物仍旧以陶器、石器、骨器等为主。由于有发达的定居农业，所以该文化陶器十分发达。

辽西的三袋足器是中国特有的一种器具，在夏家店下层文化时期尤为发达，其中陶鬲、陶鬶和陶甗的作用就是现在我们最为常用的一种烹饪方法——煮和蒸。

鬲是用来煮流质食物的，有三只袋形足，既能增加容量，又能使火

盂形陶鬲   陶甗

的接触面积增加到最大限度，用鬲煮东西，既节能，又快熟。甗是由鬲和甑结合构成，甑的底部是一块多孔的箅。煮饭时，先把米放在鬲里，煮到米粒膨胀，再放到甑里蒸，是一个蒸煮两用器。陶甗的出现，说明早在五千多年前，我们的祖先就已懂得利用蒸气热。

不论大人小孩都会的用水气蒸饭的方法，直到近代西方人才将之用于生活炊煮。三四千年前的殷商文明之前，我们的祖先就已经创造了上古文明世界最突出的成就。

有了鬲和甗，人类熟食谷物的方法，除了放进炭火里烤来吃，又增加了两种吃法：煮粥或蒸成干饭。有了陶鼎，肉类熟食又增加了"炖"和"涮"。在五千多年前，我国的辽河流域就已遍地炊烟袅袅，饭香四溢了。

陶器，特别是陶三足器的出现是我国食文化史上一个划时代的创举，它不但是中国食文化的早期文明成果，也是中华古文明的曙光，而它的

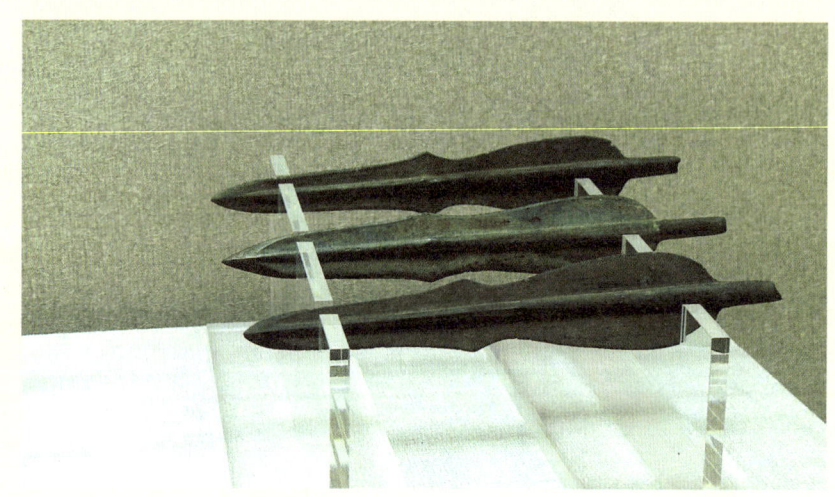

青铜短剑

出现，也标志着辽河流域的少数民族由逐水草而居的游牧生活向定居生活的演变。

战国时期又出现了另一种炊食器——釜。釜是由三袋足器的足逐渐矮化演变而来的。不同于三足器，它圆底而无足，必须安置在炉灶之上或是以其他物体支撑煮物，釜口也是圆形，可以直接用来煮、炖、煎、炒等，可视为现代所使用的锅的前身。

青铜时代初期，青铜器具比重较小，甚或以石器为主。1964年秋，在位于大连市甘井子区营城子镇后牧城驿村北海边双坨子山的阳坡上，考古人员发现了三迭压文化层，就其内涵分为上、中、下三层文化，属于青铜时代初期。

出于战争的需要，人们手中的劳动工具越来越多地演变为兵器，促使兵器走出原始时期，与劳动工具分道扬镳。

朝阳十二台营子以柱脊曲刃剑身、丁字形剑柄和分体组装为特点的青铜短剑而著名，青铜短剑从而成为夏家店上层文化的典型器物。

进入青铜时代，青铜器已经在人们的生产、生活中占据重要地位，自有了青铜器，农业和手工业的生产力水平便开始逐步提高，物质生活条件也渐渐好转。青铜出现后，对提高社会生产力起了划时代的作用。

当人们在冶炼青铜的基础上逐渐掌握了冶炼铁的技术之后，铁器时代就到来了。

人类使用工具的历史远远早于农业发展的历史。在原始的渔猎采集时代，人类就发明了木石工具。最初用于挖掘植物块茎的木棒逐渐演变成"耒"，经过改进后成为"耜"。这就是原始耕作工具的雏形。中国农业生产工具的发展有很强的连续性，犁的发展演进的连续性更加明显。

随着时间的推移，用具的工艺也在不断提升，以北票喇嘛洞内出土的金银质器具来看，从装饰品到日常生活用品都使用了雕刻技法。

北票喇嘛洞墓内发掘的铜质金马具、金银饰品，已经可以看出非常精致的工艺，耳坠多以金银丝连缀小摇叶及玛瑙珠，十分精致。发钗、指环等则以银质居多。此外，还有鹿形金牌和鹿形器等。完整、成套的铜质金镂孔带具的发现，标志着雕刻镶嵌工艺已经非常先进。这也意味着，除马具外，带具、铜质金镂孔箭服饰、三环铃、双扣双铊尾腰带等已经被达官显贵所拥有。

辽河流域的拓跋鲜卑遗存主要见于南杨家营子，在遗址内出土的物品，陶器以壶、罐类为主，还有小陶杯。骨器有镞、弓、五耳和纺轮。铜器多是装饰品，如指环之类。铁器除马具、武器外，还有铲、斧之类的铁工具。

辽朝是以契丹族为首的少数民族建立的民族政权。研究契丹文化的用具，对于辽河地域的发展有着很重要的参考价值。

为了汲取中原文明的精华，契丹王朝的统治者从中原迁回了大批汉

花树状金步摇饰

辽代绿釉鸡冠壶

人和北部渤海移民到辽宁居住生活，并以劫掠的方式使大批在各个领域技艺高超的优秀人才留在了辽东。

相较于唐三彩，辽三彩的造型更为质朴而粗犷，釉色却比唐三彩浓重艳丽；海棠长盘为模仿波斯式金银八曲盘形制成，工艺精湛而巧妙，让人叹为观止。这些都是契丹文化与周边文化交流与融合的最好佐证。

随着工艺水平的提高，辽已经开始有了鎏金技术，无论是凌源小喇嘛沟出土的辽代鎏金银荷花扦腰，还是辽代鎏金银凤冠，或者彰武朝阳沟二号墓出土的辽代鎏金银鞲、辽代双鹿纹鎏金银饰件以及辽代印花金镯等，都可以看出当时对于金属器具的鎏金工艺已经达到相当成熟的水平。

褐釉皮囊式鸡冠壶为典型的辽代早期器物，如辽代酱釉鸡冠壶、辽代绿釉鸡冠壶、辽代白釉绿彩鸡冠壶等墓中出土的众多的精美器具，都体现出浓郁的契丹特色。

绿釉瓷瓶和仿青瓷也是辽瓷中的精品。尤其墓中出土的以绿釉为主、黄釉点缀的瓷瓶，就像草原的颜色，完全可以看作是辽三彩的雏形。由此不难推测，从用具的角度来看，时代越早，它的形状越细长，随着逐渐定居、稳定，器物也越来越大、矮、粗。这也反映了辽河流域人们从逐水草而居向定居的生活形态的转变，侧面反映了生活的变化。

与朝代的更迭相比，人们生活的琐碎片段似乎不值一提，但是，在每个历史时期生活的人们，都在充分地利用自然资源，凭借着智慧与创造力，为更美好而富足的生活而奋斗前行。从粗糙到精致，从简陋到复杂，历史留给我们的宝贵财富，随着探索的脚步而逐渐清晰。时光不语，远古先民的智慧从辽河一脉流淌至今，在寻求更加美好生活的路上，伴着我们，一起前行。

第十一章

事死如生

人，来而终去，生而必死。

在中国人的观念里，死，是生命最后的表露与升华，更是另一种『新生』。

自石器时期开始，原始人类就为人的离世赋予了特殊的意义，丧葬理念初步形成。

在辽河流域的悠长历史中，丧葬礼制也是多种多样。

从居址葬、积石冢到洞穴葬、石棺葬；从土葬、树葬到火葬、水葬……

不同丧葬礼制传达着不同时期、不同民族的人们对于死亡的理解与观念。

究其根本，都有人类对于『灵魂不灭』的永恒追求与向往。

自有了人类那一天起，死亡就伴随而来。在原始先民混沌的意识里，人的生命如同大自然一样，有盛衰消长、春荣冬枯的变化规律，无法参透却又不能逃避。那时的人类对一切无法理解的现象往往为其加上神灵色彩。因此，人们对待死亡，总是带着那么一丝敬畏与神化，会按照死者生前的环境为他们营造埋葬场所，不仅涉及居住空间，还要为他们准备好生前所用之物，即随葬品。

山顶洞人用赤砂粉饰尸身，这一特殊的行为既像是在给死者补给能量，希望得到新生，又像是在进行着一种崇高的仪式。说明此时的人类已经初步产生了"万物有灵"的观念，丧葬之礼就此萌芽。而步入新石器时代后，社会等级观念形成，人们对于"身后事"的安排也更多地遵循了生前的等级与群体划分。

辽宁阜新蒙古族自治县沙拉乡查海村西五里北坡的向阳扇面台地，1982 年，考古人员在这里发现了一处人类活动遗址——查海遗址，距今已八千年，属新石器时代。在查海遗址中，除了让世人惊叹的石堆龙和大量玉器外，十几处墓葬的发现也为人们还原先祖社会形态提供了有力资料。这些墓葬均为单人葬，随葬品只有玉器和几件陶器及少量的生产工

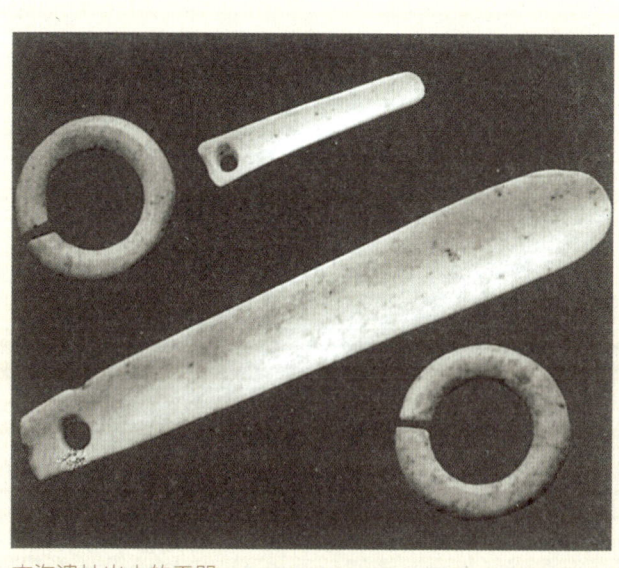

查海遗址出土的玉器

红山文化积石冢（牛河梁）

具。查海墓葬是目前为止辽河流域发现的最为古老的墓葬。

　　而与查海墓葬相比，红山文化墓葬的礼制显然更进了一步。红山文化墓葬有早晚之分，形制及埋葬习俗均有区别。较早的时候，红山人的墓坑均为土圹竖穴，一般为南北向，多无随葬品；只有等级较高者才使用石棺，随葬品中以玉器为主，很少有陶器和石器，祭祀先人的气氛较浓。到了晚期，石棺墓开始普遍流行，墓葬方向流行东西向，等级的高低多通过墓圹的深浅宽窄、有无阶梯、石棺砌筑的讲究程度以及随葬品的多寡来表现。

　　红山文化时期墓葬结构及等级的差异，说明社会两极分化开始扩大。墓葬中随葬的精美玉器和彩陶器，已经逐步摆脱生产工具的功能，成为衡量墓主身份的重要标志。红山文化之后的小河沿文化，埋葬习俗有了新变化，墓葬选址或在高山坡地或在山洞，墓葬中都有灰迹。有的虽然骨殖已经风化，但还残存着没燃尽的包裹骨殖的桦树皮，说明小河沿文化已经出现了火葬。

马城子文化遗址出土的陶器

　　以洞穴为墓还见于辽东山地青铜时代早期的马城子文化。马城子遗存目前发现的主要是墓葬，包括洞穴墓与石棺墓两类，主要分布于太子河、浑河上游地区。马城子洞穴墓地共有三处洞穴，呈三角形毗邻分布。三个洞均是天然形成的石灰岩洞，高低不等，大小不一，平均海拔高度在百米以上。洞口均坐北朝南，近洞口处可以照进阳光，十分明亮。最上面的洞穴墓葬较为奇特，它不挖穴，不封土，而只是将遗体直接存放于洞内。

　　马城子文化遗址中，属于第一、二期的墓葬一般以拣骨火葬为主的洞穴墓为主，人们将火化后的骨灰直接放于洞穴内，大多没有葬具承托。而在第三、四期遗存中，除了洞穴墓外，还出现了少量石棺墓、石圹墓。不同阶段的不同墓葬形式遗存清晰地显示，青铜时代中后期，人们已经由最初的以自然为墓床转而人为制造葬具，为尸骨的安置大费心思。此时，大量石制墓葬出现。而与同样是以石葬形式出现的红山文化积石冢不同，青铜时代的石制墓葬对石头本身进行了多番加工与组合，单体规模也较大。

辽东半岛还是巨石文化分布区。巨石文化中有用作祭祀的石棚附近也有石棺墓葬。而到了春秋战国时期，受中原儒家思想影响，"入土为安"的观念流传至辽河流域，石墓逐渐减少，曾经风靡千年的土坑墓又重新成为主流，但仍有一些民族依然采用原始的积石形式。

随着时代的进步与社会的发展，辽河流域的丧葬文化日益完善，到了汉魏时期，丧葬礼制的第一个高峰终于到来，其中心地点就在今辽宁省辽阳市。辽阳汉魏壁画墓，始于东汉中晚期到两晋时，当时中原地区诸侯割据，社会动荡。而公孙氏割据下的辽东郡则相对稳定，经济、文化发展较快，丧葬之风盛行。公孙氏的子孙在此统治五十余年，留下了大量的壁画墓群。这些壁画墓都由墓门、回廊、椁室等结构组成，大者 55 平方米，小者 15 平方米，有高大的方锥形封土，石壁上绘有表现墓主人经历和生活题材的彩绘壁画。墓室平面呈亚字、工字或丁字形，就像是在地下为逝去的人建造了一个居室，好让人的灵魂有处可归。

然而逝去的人可以在墓地里远离尘世的喧嚣，活着的人却无法阻止战争的蔓延、朝代的兴替。此后的近两百年间，全国动荡未止，各路政权你方唱罢我登场，一片混战。乱世之中，居住于今黑龙江、嫩江流域大兴安岭附近的鲜卑族异军突起，先后征服了大兴安岭、辽河流域乃至整个北方，成为东北地区第一个入主中原、建立政权的少数民族，北魏由此而生。

鲜卑族在进入辽河流域之初，还保留着游牧民族土坑葬的习惯，墓葬没有封土、没有坟包，显得较为潦草。随着鲜卑族进入辽西，逐渐被汉化后，其墓制形态也由简单的土坑葬过渡到了石墓葬，但辽西存在的鲜卑墓葬依然没有坟包。

棺床小帐（左）及罩于其内的雕四神纹石棺（叶茂台辽墓）

　　今辽宁省北票市南八家乡四家板村喇嘛洞村民组西山坡上，有一片鲜卑贵族墓地，遗址中的葬具有木椁也有石椁，而这些棺椁无一例外地呈现前大后小、前宽后窄、前高后低的形态，与近现代的棺椁外观惊人的一致。

　　而同样是北方游牧民族，契丹族的墓葬却与鲜卑族有着明显的不同。《北史·契丹传》记载，契丹人的父母等长辈去世之后，不准悲伤痛哭，只是将遗体放置在山里的树木之上，任其风化。契丹人的这种古老葬俗，称为"树葬"。

　　对树葬习俗的产生，有的认为同游猎经济有关；有的认为是远古人类"巢居"生活在葬俗上的反映，他们基于灵魂不灭的观念，认为人们在生之时既然栖息于树上，死后到另一世界也同样要过树居生活。

　　契丹建立辽朝后，土葬、火葬都广泛存在。佛教提倡火葬，乃重灵魂轮回，若土葬，唯恐死者执着于其形骸肌肤，以致不能解脱，故以火焚之。从已发掘的辽墓来看，火葬墓几乎分布在当时佛教盛行的地区。而一些距离政权核心较远的地区，以及身份不那么显赫的人，也有一些土葬，而最多的还是砖室墓，这是吸收了汉文化的葬俗。

尤其是"澶渊之盟"签订后，辽与北宋的往来更加频繁，加上辽圣宗大力提倡汉化政策，加速了契丹社会的发展进程，反映在这个时期的墓葬制度，契丹和汉人之间虽然还存有一些习俗差别，但随着民族融合的进程加快，区别已经不大了。

然而这还远不只是契丹墓葬的特殊之处。1976 年，在辽宁省法库县叶茂台辽墓中，考古人员发现了覆裹女尸全身的铜丝网络，从肩部到脚部长 137 厘米，唯缺头套，恐怕是与随葬品一起被盗了。此后，在辽宁的义县、新民、法库等地的辽代契丹人墓葬中，都先后发现了"用金银为面具，铜丝络其手足"的古尸，有的还全身穿着铜丝编织的衣、裤。

萨满教是在原始信仰基础上发展起来的一种民间信仰活动，流传于中国东北到西北边疆地区操阿尔泰语系满通古斯、蒙古、突厥语族的许多民族中。萨满教认为世界上各种物类都有灵魂，自然界的变化给人们

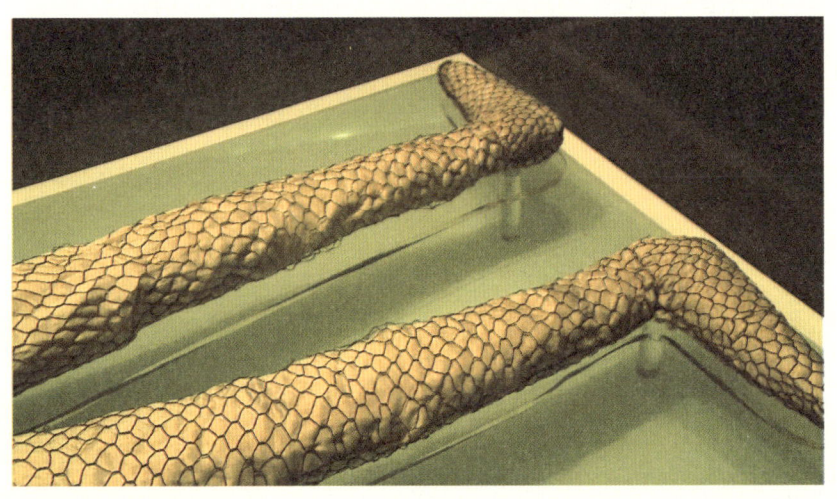

覆盖尸体的铜丝网络局部

带来的祸福，都是各种精灵、鬼魂和神灵意志的表现。灵魂不灭、万物有灵、祖先崇拜、火崇拜、器物崇拜，这都是萨满教对于这些民族生死观的影响，因此，才有了各种各样的殡葬形式。

受萨满教生死观影响最深最大的，当数统治了中原的满族。满族先人早期认为人死灵魂不死，进而又认为灵魂就是鬼魂，具有一种超人的力量，能保护或危害活人，逝者的尸身应被妥善处置，不能弃尸荒野。但游牧民族居无定所，生活较为粗放，没有条件筑建大规模墓葬，因此，满族人选择在人死后第二天就地火化，并将骨灰装入陶罐中，择日埋于地下。

起初的满族人将火葬看得极为神圣，认为火是一道从人世通往阴间的大门，因此他们将随葬品与尸身同时焚化，并在特定的日子烧衣服、钱币等物品，希望借由火将人世的物品传递到阴间。这是满族火葬与早期其他民族火葬的很大不同。满族人将这个习俗叫作"烧饭"。

但满族传承几百年的丧葬习俗并没有坚持到底。清朝入关后，满族统治者趋同汉制，各方面皆向汉族靠拢。汉族作为农耕民族，"入土为安"的思想根深蒂固，全民皆土葬。因此，满族丧葬方式也改为了土葬，仅"横死者"火葬。

随着汉化程度不断加深，清朝后期满族的葬俗则一改之前的简朴之风，在葬仪上产生了许多新的礼仪：停驶、哭丧、报丧、入殓、祭奠、送浆水饭、辞灵、出殡等。《宁古塔纪略》中记载："丧失，将入殓，其夕亲友俱集，名曰'守夜'，丧家终日家盛社相待，殓后方散。七七内必殡。父母之丧，一季而除，以不剃头为重。"清代后期，满族的厚葬之风已与入关前提倡的简朴薄葬背道而驰，彻底被汉族同化，与今天北方很多地区的丧葬习俗别无二致。中国古代的丧葬文化发展就此画上了句号。

从原始社会到封建社会，不管采用何种丧葬方式，人们的最终目的都是希望让逝者自身得到超脱，并保佑在世的人，这种典型的唯心主义理论存在千年，传承、演变、发展，形成了中国特有的丧葬文化，凝聚着多少中华儿女的美好寄托，这是对死的尊重，更是对生的追求。

第十二章

以商富民

古老的辽河流域，地处东北、华北两大自然地理地区过渡地带。多民族错居杂处，多文化融合交汇，渔猎、畜牧、农耕，落后和先进的多种经济类型共存。从而形成一个独具特色、连接四方而又相对独立的历史文化区域。

古老的先民们在这里生产劳作，繁衍生息，创造了古老的文明。

它的经济和贸易也蓬勃发展起来，展现出别样的历史风貌。

钱是经济活动中不可缺少的流通工具，人们每天都在赚取和使用货币。那么人类是从什么时候开始使用货币，它们是怎么来的，最初的货币又是什么样子呢？

　　在金属物出现之前，作为交换的媒介，最早的贸易形态是以物换物，后来有了中间媒介，极大地方便了交换，最早的中间媒介就是贝。

　　生长于热带亚热带浅海的贝类，小巧玲珑、色彩鲜艳、坚固耐用，不知金属为何物的原始社会，贝壳是最珍贵的物品，因而成为原始居民喜爱的一种装饰品。

　　在夏家店下层文化发现的贝，除了放在壁龛里可能与货币有关以外，还用做头饰、项饰、腿上的下摆装饰。

　　由于大小适中，便于携带，便于计数等特点，贝作为交换的媒介就成为自然而然的事了，天然贝逐渐具有了商品交换的一般等价物的职能。

　　商代晚期，随着商品经济的发展、交易范围不断扩大，中国北方不易获得足够的南方海贝，为应对货币供不应求的局面，人们又以其他材料仿制贝形货币，如陶、石、骨、玉、铜、金等，夏家店下层还发现过铅贝。其中铜仿贝的发明是中国金属铸币的开始。

　　但是，中国最早的贝却是在距今五到六千年前的红山文化时期，在辽河流域的牛河梁出土的贝，已经是仿贝，而且是玉仿贝。

　　它们造型逼真，长 2—2.3 厘米、宽 1.4—1.75 厘米、厚 0.65—0.75 厘米。上面还打有小孔。这些玉贝是做什么用的、它们是不是最早期的钱币我们不得而知，但至少说明红山人已直接或间接地同遥远的南方有所交往，而且已对海贝的重要性有所认知了。

　　在牛河梁被发现之前，一般认为贝的使用是在夏商时期，那时候有了交换，是一种比较高级的经济发展形式，贝就是发展到有了交换媒介的证明。牛河梁的发现让考古学家极为震惊：贝的使用远远早于夏商，

牛河梁遗址展示馆

提前到五至六千年前，而且还是更高一层的仿贝，仿贝还是用玉，又比仿贝更高一层。

金属铸币发展起来并大量使用，海贝这种自然货币便慢慢退出了中国的货币舞台。从商朝铜贝出现后到战国时期，我国的货币形状很多。战国时期不仅各国自铸货币，而且在一个诸侯国内的各个地区也都自铸货币。赵国的铲币、齐国和燕国的刀币、秦国的圆形方孔钱、楚国的蚁鼻钱较著名。

秦统一中国后，秦始皇于公元前210年颁布了中国最早的货币法"以秦币同天下之币"，统一了货币。辽河流域出土的圆形方孔的半两钱，是秦始皇规定在全国范围内通行的货币。货币的统一，结束了我国古代货币形状各异、重量悬殊的杂乱状态，是我国古代货币史上由杂乱形状向规范形状的一次重大演变。秦半两钱确定下来的这种圆形方孔的形制，一直延续到民国初期。

辽河流域从燕国开始到秦国建立郡县，伴随政治统一，经济上的统

燕刀币

秦半两

西汉五铢钱

一也以度量衡统一为标志同步出现。燕秦长城的脚下，发现有量器，还有权，铸着秦代统一的铭文。

辽河流域是欧亚大陆文化带与环太平洋文化带的交汇点。早在新石器时代晚期，东西交流就已较为频繁。红山文化从发现起，就因其鲜明的多元文化特色而被视为南北文化交汇产生的一种新文化。如今，更多学者注意到红山文化与域外文化的交汇融合。

1993年，针对阿鲁科尔沁旗出土的一件彩陶罐，考古学家苏秉琦先生阐述说："这里出土的红山文化彩陶罐，绘有来自中原的玫瑰花、来自中亚大陆的菱形方格纹和来自红山本土的龙纹等三种图案，这是欧亚大陆汇合点迸发出的火花，这意味着五六千年以前，这里是西亚和东亚文化的交汇地带和熔炉。"

考古学家郭大顺先生发现在牛河梁遗址出土的彩陶，图案正好也可分为如上述那件彩陶罐上的三类图案。据初步统计，牛河梁遗址这类几何纹数量约占彩陶图案的三分之一，这表明红山文化受西部影响较深。

"彩陶之路"是东西交流较早的草原之路。红山文化之后的小河沿文化，除受东南沿海地区史前文化的影响以外，来自西部的文化因素也较多见，如屈肢葬的盛行。到了早期青铜时代，也就是早于"北方式青铜器"的一个时期，东西交流的迹象更为明显。在夏家店下层文化，来自西部的文化因素见于高等级礼器"爵"上的篦点纹和一端作喇叭口的金、铜耳环。铜柄戈及镶嵌绿松石的做法，也可能与西部有关。

北方系青铜器是商周之际在长城沿线非常流行的一种北方青铜器，而且在殷墟也有发现。在西亚地区这种风格的青铜器出现较早，到公元前2000年，中国北方商周之际由西向东出现的这些北方式青铜器，应该有西部传播来的文化因素，这是继彩陶之路后形成的一条金属之路。说明早在商周时期，中国北方地区与欧亚草原地区的人群就存在着密切的联系，草原之路的文化交流到了公元五世纪前后的十六国时期，随着民族大迁移和大融合而达到又一个高潮。1965年，北票县西官营子发现了两座石椁墓，其中1号墓——冯素弗墓随葬的器物十分丰富，并且制作精美。其中有5件来自西亚地区的玻璃器，晶莹剔透，色彩艳丽，这5件舶来品中，又以1件鸭形玻璃注最为引人注目。众所周知，玻璃器易碎不便保存，又埋入地下长达1500余年，保存如此完整，的确是一个奇迹。

中国传统国产玻璃器有着悠久的历史。春秋末战国初，西亚玻璃珠饰经过中亚游牧民族的中介，作为贸易进口到中国中原地区。战国中晚期，中国已经能够制造外观上与西亚相似，而成分又完全不同的玻璃珠，这种受西亚影响建立起的玻璃业很快与中国文化传统相融合，开始生产仿玉制品，并采用与金属成型工艺相似的铸造法制作。

而冯素弗墓出土的玻璃器以透明深浅绿色为特征，器胎较薄又是卷边，玻璃碗下仍留有粘疤残痕。鸭形玻璃注更是造型奇特，以粘贴玻璃条装饰细部，这些都是以吹制工艺闻名于世的古罗马玻璃器的重要特征。

那么这批玻璃器为什么会从遥远的罗马来到辽西朝阳呢？

大量的考古发现证实，在"丝绸之路"开通前，早已存在着一条鲜为人知、沟通东西文化交流的天然大道，那就是途经欧亚草原的"草原丝绸之路"。

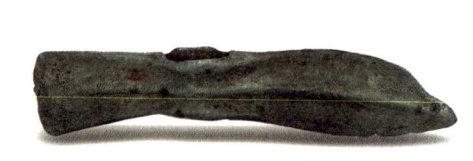

青铜銎内戈

青铜戚

青铜环首刀

"草原丝绸之路"经过长时间的发展，到了三燕时期已经进入了繁荣阶段。以龙城（今辽宁朝阳）为中心的慕容鲜卑地处草原丝绸之路的东端。在东西文化交流中起过重要作用。西与柔然为邻，各民族间互相渗入和掺杂，交往频繁。而且北燕与柔然联姻，这为"草原丝绸之路"的畅通，提供了便利条件。这5件来自西亚的玻璃器，很可能就是通过柔然国传到北燕国的。一起传入的还有镶嵌宝石的耳环、指环等黄金饰品。这一草原丝绸之路还经过辽河流域向东通往东北亚地区，在大约同一时期的日本古坟时代也出现来自西亚的玻璃器和黄金饰品。

琥珀是距今4500万—9900万年前的松柏科植物的树脂滴落，掩埋在地下千万年，在压力和热力的作用下石化形成，故又被称为"琥珀"或"松脂化石"。

琥珀的形状多种多样，表面常保留着当初树脂流动时产生的纹路，内部经常可见气泡及古老昆虫、动物或植物碎屑。公元前1600年以后，波罗的海沿岸的住民，就以锡和琥珀作为货币，与其南方地域的部落交易，换取铜制武器或其他的工具。

在辽河流域出土的大量辽代文物中，有一样东西引起了考古学者的注意，那就是琥珀。

在新民巴图营子出土的复叶形琥珀饰，长近10厘米，由两块形制相同的复叶状琥珀以子母口扣合而成，表面各雕刻两片相叠的树叶，中间以阴线刻细密的叶脉纹，另一面内凹成不规则圆腔用以纳物，琥珀表面尚残存描金痕迹。

这些出自西域和中亚、西亚的辽琥珀，证实了契丹族与西方诸国和邻近国家相互交往经贸往来的密切关系。辽代的确是一个"以商富国"的时代。

民族冲突和民族战争也是民族融合的必经过程。长城作为一种军事防御体系，主要用来抵御外敌，但在客观上也促进了中原汉族与北方少数民族的融合。沿着辽东边防长城所设的马市，即是长城内外民众互通有无的重要场所。

马市由来已久。汉在边境设关市，贸易项目即有牛马。唐、宋、元等朝皆与边疆少数民族进行马市交易。明代也继承此制。

以骑射冷兵器为主要武备的古时，兵马并称，马的数量就是国家武力强弱的标志。而这个问题在明朝时的辽东尤显突出，东、北、西三面都是以"剽悍铁骑"出名的少数民族，必须有一支强大的骑兵，方可与之抗衡，保持安宁。因此，明朝建立后，十分重视马政建设。

永乐初年，大力发展朝贡贸易。由于明朝政府对各边区少数民族采取招抚政策，凡来朝贡马者均给予重赏，故贡马者争先恐后。随着朝贡贸易的发展，边区少数民族来京贡马，路途遥远，运马艰难，越来越成为制约朝贡贸易发展的瓶颈。为此，永乐三年三月，明成祖饬

荷叶式琥珀饰　　　　　　　　复叶琥珀饰

令兵部："福余卫指挥喃不花等奏其部属欲来货马，计两月始达京师。今天气向热，虏人畏夏，可遣人往辽东谕保定侯孟善，令就广宁、开原择水草便处立市，俟马至，官给其直即遣归。"这就是辽东马市的发端。

明朝初年，政令比较畅通。辽东都指挥使司行动也很迅速，辽东先后建立了广宁马市、开原马市、抚顺马市。明朝后期，应辽东周边各少数民族要求，又增设了宽甸、瑷阳（今凤城县境内）、清河堡（今开原后施家堡）三处马市。 这些马市的设立，方便了明朝向东北各部族购买马匹，因这些马市大部分设在辽东，故统称辽东马市。辽东马市是在当时最具规模的互市场所。

在明朝政府的大力扶持下，辽东马市日益繁盛，逐步由单一的"马市"发展为综合市场，不只买卖马匹，更多的是广泛的商品交易。马市性质也由"官市"向"私市"过渡。官市，就是政府与少数民族之间的交易，主要商品就是马匹。蒙古人或女真人牵马入市，"官给其价"，由政府购买。私市，即少数民族与辽东汉人或少数民族之间的民间交易。

马市贸易深受当时汉、女真、蒙古等各民族的欢迎。参加贸易的人成群结伙，一次数十人、数百人，甚至上千人。居住在黑龙江、松花江、图们江地区的少数民族也带着土特产品，不远千里，赶来参加马市贸易。

明王朝设立马市最大的收获就是得到了辽东两百年相对的安宁。彼时，东北地区民族情况十分复杂，辽东近邻女真人，是个勇敢而不甘受奴役的民族，由于所处的历史阶段、生产力水平，掠夺就成了他们的生存法则，马市设立之前，明王朝深受其害。辽东马市贸易，对女真人起到了疏导作用，他们的物产能换钱了，钱又能换回生活所需要的东西。让他们更乐于搞好自己的生产了。抢掠少了，杀戮少了，各族人民都得到了安宁，辽东和周边各少数民族经济也就得到了发展。

不过，辽东马市两百年，也给建州女真带来跨越式的发展。女真族有了耕牛和铁制农具，农业生产有了长足的进步，最重要的是，努尔哈赤买回铁器改制成兵器，后来又让族人学会了冶铁，自己打造兵器。通过马市贸易，他们广泛接触、接受先进的汉文化，开阔了视野，升华了思想认识，产生染指辽东、染指中原的思想。万历四十七年六月十六日，努尔哈赤的八旗兵攻下开原城，存在213年的辽东马市寿终正寝。

辽东马市是中华民族间的经济、文化交流和发展的纽带，直接关系到明廷与边地少数民族的关系以及明廷生死存亡。对于明廷来说，马市不是边贸问题，而是对边地民族所采取的一项十分重要的安抚政策的具体表现形式。

在辽河文明深远的历史中，这里不仅有农耕经济、游牧经济和古老的商品经济的交融，更有着广泛的国际经贸活动。经济发展和文化交流以及社会发展互相带动，书写了辽河文明多元、开放、兼容、和合的雄浑史诗。

北疆明珠

辽河流域的城镇，从洪荒到通达。

它们，经过地理演变，经过岁月变迁。

它们，走过经济繁盛，走过烽火硝烟。

它们，好似颗颗明珠，闪耀在中华大地的北疆，

照亮了辽河流域文明的发展轨迹。

最终，成为大中华城市文化不可或缺的窗口之地。

那么，辽河流域的城镇，到底是何时兴起，

又如何发展成如今我们所见的格局的呢？

城市是人类群居生活的高级形式，也是人类走向成熟和文明的标志。经济学中有所统计，在现代，全球 GDP 的 90% 由城镇生产。所以，在城市化与全球化时代，城市的发展往往决定着一个国家的地位。其实这个规律，从古至今一直存在。中国城市的发展分为几个时期，即城市起源和初期发展时期、封建社会时期以及近现代时期，辽河流域的城市几经沧桑，几经沉浮，逐渐发展成今天的格局。

大河文明与人类文明息息相关，是人类文明的源泉和发祥地。辽河，是中华民族非常重要的母亲河之一。近代考古研究表明，辽河流域的历史空间比传统的中华文明史还要早上 1000 年，辽河流域的城镇，从距今4000 年前的夏家店下层文化时期，到元明清大一统时期，可谓源远流长，自成特色，在中华大文化之林中独树一帜，对于中原文化有着极大影响。

那么，地处中国古代北疆边陲辽河流域的城镇到底何时兴起，如何发展为"城市"，在数千年的历史长河中到底存在着怎样的意义呢？

从考古学的范畴来说，城的主要标志是城墙，不论是土筑城墙、石筑城墙、砖筑城墙，还是以天然屏障作为城墙，都是将一定的范围圈起来。中国古代的"城市"大多存在城墙，有的城市虽然没有城墙，但也多在城市周围设置壕沟，将城圈起来，村寨也设围墙。

人们为了保卫家园和来之不易的剩余财产，在聚居区周围修筑起防御工事——围墙，或者再挖一圈壕沟，这就出现了"城堡"。这种"城堡"没有完善的内部设施，所以算不上"城市"，却是"城市"的萌芽。距今四千年前的夏家店下层文化时期，西辽河流域就已出现了防御性的石块砌筑的石城堡。

北票有个康家屯，是修白石水库的时候在白石水库边上发现的4000 年前的遗迹，有石头城墙，里边有石头砌的排水道，还有街道，然后院落里边有房子。

康家屯城墙与城门

　　康家屯城址位于北票市大板镇康家屯村小波台沟北约 0.5 公里处，大凌河南岸二级台地上，俗称"城子地"。这是一处防御设施较进步、城内有一定规划、居民密集、聚落规模较大的村寨，亦是一处典型的石筑城堡。城址原呈长方形，发掘面积 4000 多平方米，清理出东、南两面 180 多米的城墙，东城门址一处，东、南城壕两段；在城内清理出早、晚两期石墙建筑，规模大小不同的房址台基，出有人骨的石筑穴。东南城墙外侧和城墙外角发现砌筑突出的"马蹄形"石建筑，酷似后世城墙上的"马面"，还获得陶器、石器、骨器上千件。

　　以康家屯城址为代表的夏家店下层文化中的石筑城堡，是辽河流域最早古城产生的标志。其后，燕秦开拓辽东，设郡筑城，揭开了完全意义上城市兴起的序幕，城市职能渐趋完善，初步奠定了辽河流域城镇发展的基础。

那么，如今我们所说的城市究竟该如何定义，它和城堡有什么区别呢？"城市"一词，应包括两个概念，即"城"与"市"，《说文》曰："城，以盛民也。"《墨子·七患》又说"城者，所以自守也"，两者的解释合起来就是城市是民众居住的地方，筑城是为了防守。而"市"是交换的场所，《孟子·公孙丑下》载："古之为市也，以其所有，易其所无者，有司者治之耳。"那么"城市"一词的含义应该是里面设有市场的城，方可称为"城市"。

战国襄平布

真正的城市应该是一个国家或者地区的政治、经济和文化的中心。同时，作为一个国家的都城还应当设置皇宫、寺庙等大型建筑以及庞大的国家机器。

距今两千多年前的战国时期，被称为七雄之一的燕国为防御东胡，在西从桑乾河流域的造阳（今河北省张家口附近）至襄平（今辽宁省辽阳一带）修筑长城。长城的修建，巩固了燕在辽河流域的统治，为城镇的发展提供了一个安定的社会环境。

燕设置了五郡，其中辽东郡的首府襄平就是如今的辽阳，辽西郡的大部分地区亦在辽宁地区。在郡治分成周围是建立传统的"城"或"邑"，形成以城邑拱卫郡治的军事防御体系。由于衙门官署的设置、城郭的建筑，逐渐具有城镇的雏形，一些新兴城邑已经逐步成长为以管理地方农业经济为主的城镇。目前已发现的辽河流域出土的燕时期的铁制农具甚多。

铁岭新台子燕城址，位于今铁岭市南30公里处的新台子砖厂附近。现存城址每边400余米，总面积约10万平方米。遗址内出土的有当时战国燕流通领域内的货币"襄平布"，还有陶器残件、战国城镇建筑材料等，这个城址的上层为汉文化层，证明该"城"或者"邑"至汉代仍被沿用。

自此以后，位处辽河、浑河冲积平原的沈阳地区的经济开发步入了发展的新时期。燕在沈阳北境长城防线修建"斥候"城，这种较大的城就是屯兵戍守的地方，即称候城。沈阳故宫的后边就发现了战国时候的城墙，可能就是候城。

当时沈阳的居民部族成分复杂，使得这里成为农业文化、游牧文化、山地狩猎文化相互交汇之地。据不完全统计，沈阳地区发现的青铜时代的遗址和墓葬已达 80 余处。这些遗迹说明，辽宁地区作为中华民族文化发源地之一，也有过光辉灿烂的青铜文明，这也是燕国在辽河流域设郡县建城市的重要历史背景。

如果说燕开启了辽河流域城镇雏形的建立，那么秦汉则是辽河流域城镇形成与确立的重要时代。秦和西汉承燕国之制，仍置辽东、辽西、

新乐遗址

汉魏墓壁画

右北平郡。据文献所载，西汉辽东郡辖 18 县，辽西郡辖 14 县（其中少数县在今河北）。这些城池依据其分布地域、人口、经济状况与郡城建立"有主有从，以大制小"的统属关系，已经初步形成了以郡治为中心的城镇体系。

历年考古工作者在各地汉城址中，发现大量铸有汉文字的钱币、精致陶器、精美壁画，丰富多彩的艺术形式中带有浓郁的辽河地方特色，又集中体现了中原文化学术思想的广泛传播。

然而，历史的发展是呈螺旋式上升的，自 220 年起，辽河流域开始步入了地方民族城镇曲折发展的时代。虽在魏景初二年（238），司马懿一度实现了辽河流域与内地的统一，可是鲜卑、高句丽政权先后崛起，辽西地区由"三燕"政权统治，辽东则为高句丽贵族割据。此时，除了襄平城已经发展成为辽河流域和渤海湾以至南航长江流域的一个具有河港、海港双重功能的城市外，又兴起了具有民族特色的"三燕之都"龙城和辽东高句丽山城。

龙城选址在凤凰山下的大凌河川西岸，其宫城在城西北的布局和宫城南门开三道城门，都与当时中原王朝制度一致。辽河以西地区"三燕之都"龙城（今朝阳），作为政权都城历时达百年。这座具有鲜卑族文化特色的城市，声播遐迩，驰名北方。

因为慕容鲜卑的中心是在辽西，所以政治中心就转移到了辽西，龙城就成为辽海地区的政治文化中心。北燕灭亡之后，龙城还是中心，北魏灭了北燕之后，在东北设立了叫营州，这是北魏进入东北后最高的军政机构，这个营州就在龙城。

五女山山城出土的铁斧

高句丽山城是辽河流域城镇文明史上具有独创性的城郭制度。高句丽创造性地营建了"以山险峭壁为堑""以石垒筑为墙"的山城。

北燕政权灭亡后，很多人投降了高句丽，高句丽派兵接受了这些难民。所以高句丽人口增加，鲜卑的生产技术水平高于高句丽，对生产生活的提高有很大的帮助。山城不是高句丽发明，应该是集成了东北地区

桓仁高俭地高句丽山城城墙

土著居民的传统，但高句丽把山城的技术发挥到极致，体现在石头与石头之间，没有任何黏合剂，仍然屹立千年。一座山城，有城墙城门，后来有马面马道、水源粮窖，有瞭望台，还有排水设施。

在已发现的山城中，最典型的一座是五女山山城，这座山城位于辽东桓仁县东北约10里处，在海拔820米的山上，应是高句丽早期的重要城堡。

隋唐王朝实现了对辽河流域的统一，辽河流域的城镇才又出现了经济文化繁盛的新局面。据载，辽西的营州城和辽东的辽州城（今辽阳老城）是东西交通枢纽，之间共设有26个驿站，从而有效地形成辽河流域东西交通的动脉，促进辽东新兴城镇之间的交通与贸易往来。自此，中原盛唐文化与辽河文化更多地接触融合，形成"兼包番汉"的文化特征。有唐诗云"辽东小妇年十五，惯弹琵琶解歌舞"，可见，当时辽河流域城镇中，以歌舞为代表的诸多艺术、手工艺、雕塑、建筑等水平都取得了空前发展。这个时候的城镇发展可谓上承秦汉、下启辽金，促进了多民族大华夏的发展与巩固。

辽金元时期，辽河流域的僻远之地及广大北疆地域真正告别了"自有君长，莫能相一"的局面，迎来了经济开发与城市建设的大幅度发展时代。《辽史》盛称为"总京五，府六，州、军、城百五十六，县二百又九"。"三京"是辽在辽河流域创置的3个级别最高的城市，即东京、中京、上京，这三京不仅是经济文化中心，也是政治中心。其中，东京辽阳府就是今天的辽宁省辽阳市。各种类型的城镇，像灿烂的明珠遍布于流域的经济开发区。这些原本只有军政职能的据点、城邑、军、堡逐步转变为具有商业贸易功能的城市与集镇。

辽代有市，前朝后市。辽代督城布局中，文献记载和实际勘探都有专门的市场的位置，贸易比较发达，很多商品生产出来就是为了出售，铁器农具、陶瓷器、生活用具，还有纺织品。

金灭辽，虽改朝换代，但在城市建设上大多沿用辽城。值得一提的是，金重视发展交通，辽河流域城镇多增加了经济功能。

元朝推行行省制度，建立整顿了路、府、州、县各级政权机构。东部地区属辽阳行省的辽阳路、沈阳路。元兴农屯田，将辽阳路、沈阳路等地逐步发展为富庶的农业区，而且在冶铸、采矿、铁器制作、制盐业、制瓷业、纺织业、酿造业等各领域也有了巨大成就。

明清是中国封建社会后期的鼎盛时代，废除了行省及所属机构，代之以辽阳城为中心的都司卫所制机构。这个时期，辽河流域的城镇数量增加，职能上也具有了新的特点，除了传统的辽西、辽南经济发达区外，

沈阳怀远门旧照

历来经济落后的辽北、辽东山区也得到更多的开发，出现了后金的都城费阿拉、赫图阿拉等新兴民族城镇。

后金天命六年（1621）努尔哈赤迁都辽阳，5 年之后，又迁都沈阳。至此，沈阳成为辽宁甚至东北地区的政治、经济、军事和文化的中心，逐渐达到了兴盛的程度。

学者陈伯超说，皇太极称帝后改造沈阳。沈阳原来是一个中小城，受限于经济能力，皇太极并没有在规模上扩大它，而是在原来城市的基础上改建。外头的城墙，把原来砖保留，然后把城墙在外头贴上砖再加高，还是原来的那个城墙。把原来一边一个城门，改成一边两个城门，就是盛京八门。改完这城门意味主要街道得改，所以原来是十字形的街道改成了井字形的街道，一直延续到今天，形成九宫格的城市空间格局。八个城门在每个角上还有一个角楼，城门上有城门楼，然后有角楼，八个城门还有各自的瓮城，外头还有护城河，这就是形成了当时沈阳城的一种格局，已经很接近汉族所规定的王城的格局。

清人关后，盛京为"陪都重镇"，辽河流域已形成汉族、蒙古族、满族等多民族杂居的经济开发区。交通方面，下辽河流域及辽东沿海成长起了一批以粮谷交易为特点的新兴港口城市及集镇，包括锦州港、牛庄港（三岔河附近）、宁远港（今兴城东南钓鱼台）、盖州港、岫岩港等，为城镇与港口贸易的发展奠定了坚实基础。

清末改制建省，沈阳为奉天省省会。鸦片战争后，辽河流域也成为列强觊觎之地，牛庄（营口）开埠，日俄角逐，使得辽河流域城镇及文化涂上了更多近代西方城市文化色彩。由于辽河航运运力不足，沙俄抢占修筑了铁路，日本人实施了"大连中心主义"，大连港自由贸易，至此，因航运兴起的城镇也迅速衰落。与此同时，一些土法手工业至此已经宣告终结，民族新式工业兴起，如榨油、采矿、造纸、火柴、织布等，于是一些铁路沿线的城镇和工业城市迅速兴起。

民国时期，随着西式建筑的逐步渗透，以奉天为先辐射周边城市的各地，都经历了新景观变革过程，城市呈现新的风貌，也逐步形成明显功能分区。随着中国革命的发展，辽河流域城镇及其文化才又发生了质的剧变，建立和形成自己独特的文化风格。

跟随历史的车辙，我们不难发现，辽河流域的城镇是历史与长期经济开发中孕育而成的灿烂明珠，绮丽地镶嵌在辽河大地上，熠熠发光。如今，辽河流域仍是我国城市化水平较高、城镇分布密集之区。全国城市统计数据表明，分布在辽河流域的沈阳、大连、鞍山、抚顺等城市均为人口超百万的特大城市。以它们为代表的北疆明珠，为中华文明的历史文化研究泛开了特有的光芒。

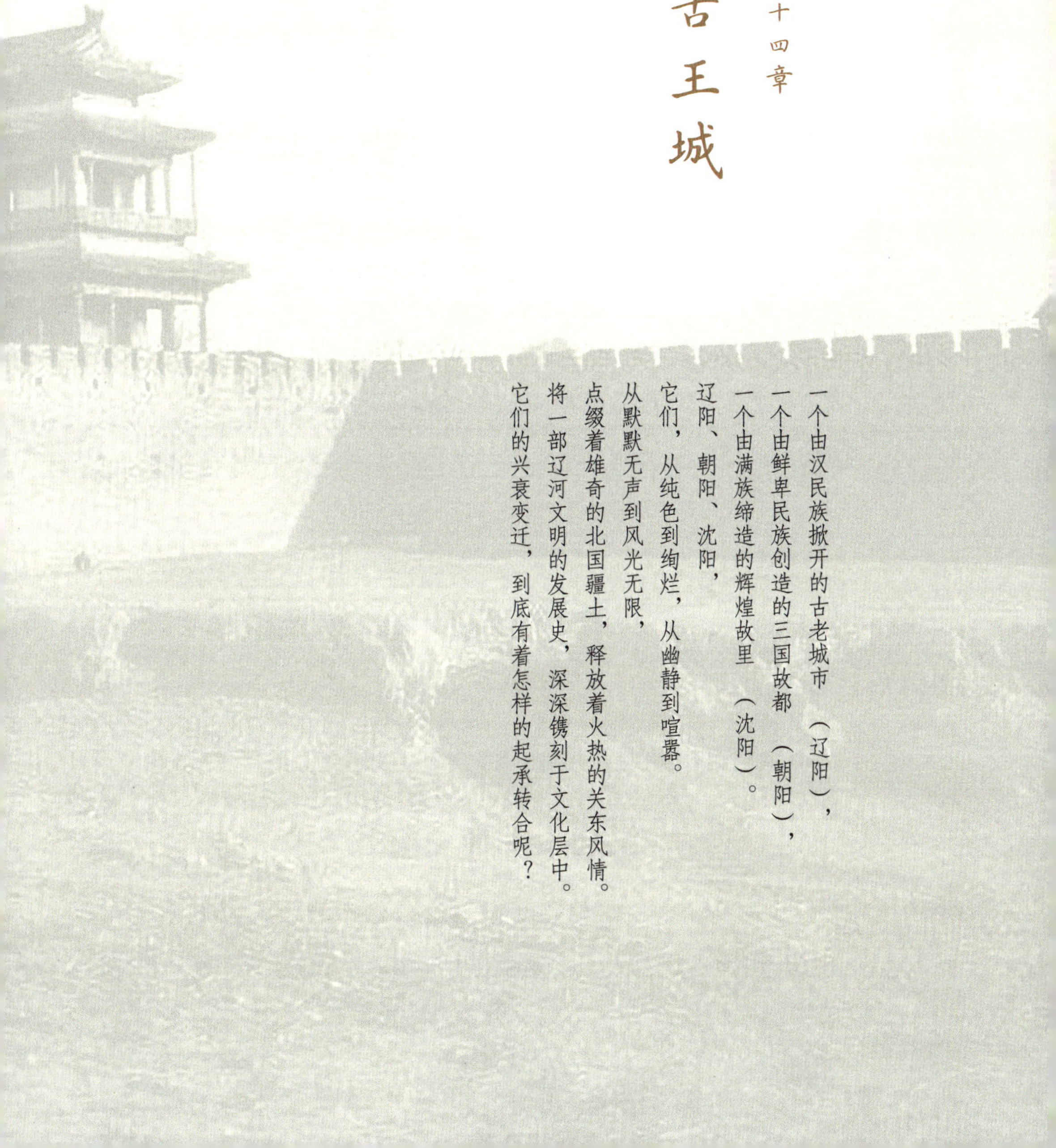

亘古王城

第十四章

一个由汉民族掀开的古老城市（辽阳），

一个由鲜卑民族创造的三国故都（朝阳），

一个由满族缔造的辉煌故里（沈阳）。

辽阳、朝阳、沈阳，

它们，从纯色到绚烂，从幽静到喧嚣。

从默默无声到风光无限，

点缀着雄奇的北国疆土，释放着火热的关东风情。

将一部辽河文明的发展史，深深镌刻于文化层中。

它们的兴衰变迁，到底有着怎样的起承转合呢？

在源远流长的中国历史上，辽河流域城市发展以其独特的雄奇魅力绽放出传奇的芳香。了解历史的人，除了了解省会沈阳，对辽阳与朝阳自然也不会陌生，因为这三座城市对于整个大辽河流域，可以说是几千年历史的缩影，极为珍贵。东北最早城市辽阳、三燕都城朝阳、清初都城沈阳，三个古老的经济政治文化中心，它们的兴起、发展与变迁，演绎了多个王朝的兴衰，多少往事、多少惊叹，尽在其中。

辽河支流太子河流经的辽阳，有着两千四百多年历史。远在六七千年前，辽阳就有人类在这里劳作、生息、繁衍。在燕之前，辽阳地区有较为发达的青铜文化（如大石棚和曲刃青铜短剑文化），为辽阳的城市发展奠定了历史基础。燕昭王二十八至三十三年（前284—前279），秦开却胡之后，在辽河流域设立辽东郡，襄平就此而生，郡、县治地均在襄平城，也就是今天的辽阳老城区所在地。辽阳，就此开启了领衔东北城市发展的进程。

秦王朝统一之后，全国分36郡，辽东郡仍沿袭燕国郡制，郡府设在襄平县。西汉沿袭秦制，将襄平县改为昌平县，新朝亡，东汉起，又复名为襄平县，这时的襄平已经是领11个县的郡治首县。

东汉晚期，公孙度在此割据，238年被曹魏灭掉。曹魏在此地设立平州，襄平也是中心。319年平州刺史崔毖被慕容鲜卑打败，跑到高句丽，慕容鲜卑占领辽阳一带。

汉魏时期，辽阳已是中国东北方的边疆重镇，是辽东的中心城市。在商业、手工业、采矿业及文化艺术等方面，达到了历史上的第一个繁荣期。

据载，此时襄平城规模宏大，土筑方城，四面有门，城内外居住人口达到30余万人；在东汉、魏晋墓葬中，考古工作者发现了以车骑仪仗、宴饮、乐舞、杂技、仓廪、庖厨等为题材的壁画，说明当时襄平城的物

辽阳汉魏墓葬壁画模本

质生活和精神文化生活都达到了相当高的水平。昔日的辽阳，不仅是政治、军事、经济、文化中心，也是商品贸易、各种货物的集散地。

随着慕容鲜卑在辽西龙城（今朝阳地区）建立前燕政权开始，至南北朝末期的三百年间，襄平遭各路政权割据，社会动荡，昔日繁华一去不复。直到唐高宗总章元年（668），襄平再次被中原政权统一。后来到辽代，辽阳又变成中心，辽在此建立东京。辽结束之后，辽金元时期辽阳都是中心。

公元10世纪，契丹族兴起，建国称辽。自神册三年（918），辽太祖耶律阿保机攻占辽东城后，辽阳才恢复了平静，当时

辽太宗耶律德光

的辽阳被设为辽五京之一——东京府的首郡。天显三年（928），辽太宗耶律德光即帝位，改辽阳府为南京，作为辽代的陪都，迁东丹国首都于辽阳，建东丹王宫，徙耶律倍居之，首尾50年。此后，金国一直延续了辽阳的陪都地位，著名的白塔就是最好的见证。通过元代持续发展，到了明朝，辽阳已是9个国防重镇之一——辽东镇，也是东北要塞18座城池中最大的一座。

学者郭大顺认为辽阳的地位与临河近海近海有着重大关系。通过太子河连通海路，在经济、军事、交通等方面都起到非常大的作用。明朝的部队就是通过海路从山东过来的，内地的粮食、布匹都是走海运，直接到辽阳。

1621年，辽阳迎来了历史地位的转折。努尔哈赤统一了北方女真族各部落后亲率女真部队，经三天三夜占领了辽阳城并迁都辽阳，在辽

东京城城址

阳城东太子河东岸修建新城——东京城。

辽阳老城旧照

这是努尔哈赤迁沈阳前的王城，位置不在现在的辽阳，现在辽阳城是老城发展起来的。由于女真人和汉人的矛盾很深，努尔哈赤在老城里待不安稳，所以他在城外重新建了一个城，这个城就是今天的东京城。这个城还没建完，他就提出要迁地方。大臣们不理解，千辛万苦终于把辽阳给打下来，又花大力气建城，刚有雏形，几天安稳日子都不过，这又走了。但努尔哈赤的想法不一样，他担心明朝军队打过来，在辽阳死守很不利。如果到沈阳，进可攻退可守，退可以撤回到赫图阿拉，进很容易打到关里去。

于是，努尔哈赤在 1625 年迁都沈阳，辽阳就此结束了短暂的首都之职，后改辽阳县，归属奉天府，直至清末。东北最早的城市辽阳，从公元前 3 世纪到 17 世纪前期，一直是中国东北地区的政治、经济、文化中心、交通枢纽和军事重镇。更让人惊叹的是，辽阳城区的地理位置一直未变，为全国古城所少见。

如果说辽阳城历史悠久、地位持重，那么辽河流域的另外一个城市朝阳，则可以说是辽河文明的摇篮，中华文明发祥地之一。"凤凰鸣矣，于彼高岗；梧桐生矣，于彼朝阳。"名源《诗经》的辽宁省朝阳市，地处辽、冀、蒙三省（区）交会处，辖 2 市（北票、凌源）3 县（朝阳、

和龙宫模型

建平、喀左）3 区（双塔、龙城、开发），总面积 2 万平方公里，800
里大凌河流经此地。朝阳，因"中华龙鸟"和"辽宁古果"的发现，被
誉为"世界上第一朵花绽放的地方，第一只鸟飞起的地方"；又因鸽子
洞古人类遗址、东山嘴祭祀遗址、牛河梁红山文化遗址的发现，举世瞩
目，又称"史前圣地"。

　　朝阳有着 1700 多年的建城史，被誉为"三燕古都""东方佛都"。
那么，朝阳城是如何兴起的呢？早在春秋战国时期，朝阳地区是山戎、
东胡的活动区域，燕置塞上五郡，朝阳汉代称柳城，属辽西郡；到了秦
汉时期，朝阳一带因地域宽广，东西两部分别归属两个不同郡置管辖，
这种情况一直延续到三国两晋时期。

　　据当地的考古成果显示，当时的朝阳地区，是多元文化的交汇处。
337 年，一支游牧民族的分支——鲜卑慕容部，为朝阳开创了一个崭新
的时代，燕王慕容皝称帝，以龙城（今辽宁朝阳）为国都，建立和龙宫
殿，史称前燕。因前燕社会安定，中原地区的汉族流民，纷纷带着先进

的生产技术来到这里屯田垦荒，促进了社会经济发展。

但是好景不长，随着前燕贵族统治集团的生活日益腐朽与内部矛盾激化，在 370 年的时候，已迁都邺城的前燕被前秦一举灭亡。384 年，慕容垂建立后燕帝国，仍以龙城为都城，但是这个后燕政权最后落到了汉人高云手中，随着高云被杀，后燕帝国难逃终结厄运。虽然，两个慕容鲜卑的政权仅存在几十年，但是他们对于辽西城市发展起到了决定性的作用。

409 年，汉人冯跋自称燕王，复立北燕。史载，冯跋"励意农桑，勤心政事，乃下书省徭薄赋"，改变了统治地区赋役繁苦，百姓困穷的情况，在经济、文化等各方面已迅速提高到中原水平。这一点，辽宁北票出土的北燕宰相冯素弗墓葬中的文物就足以说明。436 年，北燕遭北魏灭亡，燕王冯弘焚毁龙城宫殿。至此，三燕都城"龙城"的历史宣告结束。

2003 年，辽宁省考古工作人员在朝阳老城区进行发掘时，发现了始筑于三燕时期，为后代长期沿用的北城门、东城门和宫城城门等多处重要遗迹，从而确定了三燕龙城和龙殿的位置；发掘表明，这座门址坐北朝南，共经历了前燕、后燕、北燕，北魏、唐、辽和金、元 6 个时期的建筑和改建，历时一千余年，这在我国城市考古中是极为罕见的发现。

三燕时期的城门及门道结构保存完好，建筑风貌独特，为研究十六国时期北方城市的城门形制提供了实物资料。

北魏在进入东北之后，在营州设立了最高的军政机

三燕龙城宫殿复斗式龙纹柱础

构，这个营州就在龙城。之后的隋唐时期，营州渐渐失去了军事与政治中心的地位，直到辽代，改称中兴府，高于一般的州城，恢复了往日繁华，辽代的皇帝也到这里有活动。后来被元朝占据，所以从明代开始，朝阳跑到编外了，一直到乾隆年间才发展起来。

乾隆三十九年（1774），朝阳在东部被设置三座塔厅。清末与民国时期，朝阳地区仍被划分成多个部分分属管辖，直到近代。朝阳，以其独特的城市发展沿革和浓烈的地域风情，享誉海内外，随着考古工作的不断深入，历史文化名城的盛誉将持久不衰。

人们认识沈阳，大多因为其"一朝发祥地，两代帝王都"的史实。作为清初都城与随后陪都的沈阳，以其独特的民族文化魅力，立足全国古都之列，成为辽河流域的著名城市。在清王朝的光环之下，浑河流经的沈阳，曾孕育了辽河流域的早期文化，3 万年前，沈阳地区已有人类活动，早在七千两百多年前的新石器时代就有上古人类先民在此繁衍生息，史称"新乐文化"。然而，提起建城史，可能还要从辽阳说起。

春秋战国时期燕国在沈阳设立方城，隶属辽东郡襄平县（辽阳），西汉时期始称"候城"，是为沈阳正式建城，距今约 2300 年。

作为辽河流域的屏障城市沈阳，历代曾以"沈州"之名修筑土城、发展生产活动。元代重建沈州城，并以汉族传统方位论，因"山北为阴，水北为阳"，故改"沈州"为"沈阳"，设沈阳路，从此，沈阳这个名称才正式出现于史料之中。到明代，沈阳叫沈阳中卫，是辽东都司二十五卫之一。

沈阳当时在辽宁地区是第四大的城，第一大是辽阳、第二大是北镇、第三大是开原、第四大是沈阳。

1625 年，清太祖努尔哈赤把都城从辽阳迁到沈阳，并在沈阳城内着手修建皇宫（今沈阳故宫）。沈阳成为清初首都盛京，从那时起，沈阳放出的耀眼光芒，开始照彻中华大地。

沈阳城最辉煌的时候应该就是清初，因为是都城。一个满族崛起时候的都城，很有特色：内方外圆、四个喇嘛塔这种布局也是独一无二的，主要体现满族特色的格局。

清初努尔哈赤和皇太极的宫殿——沈阳故宫，是中国现今仅存最完整的两座皇宫建筑群之一，占地面积6万多平方米。四方形的城池，包括12个城楼、4个角楼、8个门，无论在布局上还是建筑上，都非常有特色。城墙加高了，护城河加宽了，四四方方的一座城，古建筑专家也说，这是历史上东北地区最漂亮的一城。

盛京都城有汉族城市的典型特点，也有汉族皇城的典型模式，同时又具有满族王城的典型模式。满汉同时兼具，在中国是绝无仅有的。周朝的时期有一本书《考工记》，在《营国篇》有详细的文字描述，后来在战国时期又把这个描述画成了一张王城图。沈阳的城市形式，与《考工记》和王城图描绘的很接近。

1644年，清入关迁都北京后，沈阳成为陪都，后又更名"奉天"；1923年，沈阳首次出现市的建制，行政级别沿袭至今。近代沈阳由于受日本、俄国以及清朝、北洋军阀等影响，沈阳城市发展呈现多元化。一条大辽河，流淌过多少勇士壮歌，几座帝王城，又演绎过多少古今成败。在灿烂的中华文明史上，辽阳、朝阳与沈阳是历朝各代在辽河流域的土地上留下的富有传奇色彩的王城故都，这些古迹民情自然，风格浓烈。虽然，它们的兴起与变迁始终与政权的交替、交通的发展相关，但它们却是辽河流域多城市多角度文化底蕴的集中体现，它们富有魅力，更具有着亘古不变的传统文化价值。

古塔沧桑

第十五章

东北大地的一道独特景观，
它们历经千载沧桑，
走过灿若星汉的历史长河，
依然屹立于城乡、山野。
而它们背后都隐藏着一个或离奇，或曲折的故事，
它们命运的轨迹也标示着一个或数个古老民族的兴衰足迹。

在辽河流域的东北大地上有一种建筑，它造型高大雄伟，挺拔向上，直通天际，形成了一道道独特的景观。而这些伟大的创造都有一个共同的名字——辽式密檐塔。

塔起源于古代印度，始称窣堵坡，为坟冢之意，是埋葬佛教高僧的一种建筑。1世纪，窣堵坡这种建筑形式随着佛教传入中国后，被音译为"浮屠""佛图"，后简称为"塔"。由于中国没有这种佛教建筑，最初的佛塔则是与中国古典的楼阁结合起来，上面加一个刹，这样就形成极具东方特色的楼阁式塔。而时至辽代，塔的风格在木质的楼阁式塔上又做了改良，成就了独具特色的辽式密檐砖塔。

在辽代，统治阶级笃信佛教，在崇佛政策的推动下，上自达官显贵，下到普通百姓，无不对佛顶礼膜拜。《涿州云居寺供塔灯邑记》记载："佛法西来，天下响应。国王大臣与其力，富商强贾奉其资。智者献其谋，巧者输其艺，互相为劝，唯恐居其后也。"当时，辽宁的这片土地，是一个梵香缭绕、佛塔林立的北方佛国。

纵观辽式密檐塔，朝阳南北塔延续了唐塔的四方形制，仅为特例，辽代所建的大多数塔为八角密檐塔，

朝阳北塔

并在结构和建造上形成了大体统一的格式。

辽式密檐塔多为舍利塔，造型高大雄伟，砖雕精美，以各种佛、菩萨、飞天、宝盖等构图，供信众

塔铃

膜拜。其形制影响着金代以后中国北方的古塔造型。

巍然矗立于崇兴寺前的北镇双塔、有锦城之徽美誉的锦州广济寺塔、集众人之力而建造的沈阳无垢净光舍利塔、震不倒的海城金塔和义县广胜寺塔等，均为辽代所建，并反映出辽塔的典型特色。它们有如一位位慈悲安详的老人，在辽宁大地上默默守护。其中，北镇双塔所展示出的辽塔风貌，堪称辽塔建筑中的典范。

北镇崇兴寺双塔，巍然矗立于崇兴寺前，相距 43 米。古建筑学家推断，北镇崇兴寺双塔为辽代建筑，始建年代应在辽道宗至天祚帝时期。两塔构建形制十分相似，均为八角十三级密檐式的砖筑实心塔，由塔基、塔身、塔檐、塔顶四部分构成。

塔基装饰有仿木砖雕斗拱，再上层为大型仰莲座，座上即是第一级塔身。每面塔身下部设有供龛，龛内雕有坐佛，外立胁侍菩萨，上饰华盖、飞天、铜镜。虽经风雨侵袭，已有所破落，但仍可想见初建成时的风貌。往上的十二层塔檐，层层皆用砖砌出檐，逐层内收。塔刹部分，八角攒尖收顶，顶上建有莲座、宝瓶、刹杆，刹杆以宝珠镶饰，顶端的铜质葫芦宝珠在阳光照射下熠熠生辉，八角檐上直至塔顶连接的八条锁链，锁定着宝塔与后世的紧密关联。塔身檐角处随风拂动的风铎，不时发出悦耳的鸣响，延绵悠扬。

北镇崇兴寺双塔

　　驻足塔前，遥想建筑设备薄弱的古代，人们不得不为双塔的壮美而惊叹！而纵观同时期的塔建筑，各地虽多以八角十三级密檐式的密檐塔为主，北镇双塔的形式构成却别具一格。远观双塔，高大庄严让观瞻的人们不禁肃然起敬。不过，稍加观察便不难看出，双塔的高度并不一致。

　　北镇双塔以其独特的形制默默驻守千年，而矗立于山谷之间的海城金塔，更历经了战火及天灾的多次侵袭而傲骨雄风犹在，如今，身披金色阳光，俯视着尘俗的轮回与变迁，并以古典的形式释放着传统的人文意蕴，亲和于自然，协调于人情，传承于历史。

　　历史的车轮不断转动，大辽的强势和它创造的辉煌都随着时间的流逝，化作历史的烟云。而辽式密檐塔的形制影响着金代以后中国北方的古塔造型，在生生不息的奔流中一脉承继。

　　1115 年，正当契丹统治者过着醉生梦死的生活时，在女真部落中，完颜阿骨打，一位不引人注目的首领正在开始他的征战生涯，最终推翻雄踞草原二百多年的大辽王朝，建立了大金帝国。

辽灭金兴，辽式密檐塔作为辽代的记忆，因其美观大气、施工难度低等优势成为金代以后造塔的蓝本，而得以延续千年。

辽阳老城西门外，远远望去，白塔公园内矗立着一座辽代密檐式古塔，而它也是在辽宁古塔中名气最大、高度最高的古塔。

"青山驻跸垂千古，白塔冲霄镇数朝。"这是清代"辽阳才子"王尔烈《赞辽阳》诗中的两句。王尔烈是辽阳人，对家乡的白塔颇为熟悉。

现今的大部分辽阳人，仍然将这座宝塔视为生活中不可分割的一部分。然而，知晓辽阳白塔背后历史的却为数不多。

这座盛名在外的白塔始建的时间，就曾是辽阳人心中最大的谜团。《盛京通志》中载：广佑寺在西门外。内有碑记，谓此寺创于汉时，唐尉迟恭重修。但这一说法并没有任何根据，不足以凭信。

辽阳白塔

而另一种说法认为，该塔是金世宗完颜雍为出家为尼的生母贞懿皇后而建的葬身塔。直到 1922 年秋《东京大清安寺九代祖英公禅师塔铭》的出土，才将这座古塔的身世向世人昭示。

《辽阳县志》记载，1922 年辽阳白塔公园附近出土一块大清安寺第九代住持英公禅师的塔铭，刻于金大定二十九年，塔铭上还记载了第一代住持贞懿皇后在此为僧的事迹。除此之外，1981 年文物普查发现的《通慧圆明大师塔铭》中同样镌刻着有关辽阳白塔是金代贞懿皇后墓所建的字样。

因此，学术界有一种说法，辽阳白塔是金世宗为其母后贞懿皇后所建。

那么，金世宗究竟是个怎样的人？堂堂世宗的母后贞懿皇后又为何会遁入空门呢？要找出问题的答案，还要从故事的主人公之一，被后人誉为"小尧舜"的金世宗完颜雍说起。

金世宗完颜雍是金太祖完颜阿骨打的孙子。从小善于骑射，才识过人，骑射水准被国人推为第一，受到女真贵族的赞扬。其母李洪愿更出自于辽阳渤海世家大族，不光是丈夫的贤内助，还是完颜雍在文化学识和儒学修养上的启蒙老师。

按皇室惯例，完颜雍 16 岁时从军，来到宋金交兵的河南前线，表现卓越，很快以文才武略博得他的四叔完颜宗弼的赏识，被提拔重用。

然而，一次出征回朝途中，完颜雍的父亲完颜宗辅意外辞世，按女真旧俗，丧夫之后的李洪愿，要改嫁皇室兄弟侄等为妻。但她根本不愿意接受女真人接续婚的习俗，而渤海人对于佛教的尊崇，就成为李洪愿摆脱世俗纷扰的解脱之路。因此孀居几年后，李洪愿出宫返回辽阳故里，出家从佛。1161 年金世宗完颜雍即位，为追悼母亲，他在母亲故地辽阳建造了一座大金国最为高大的佛塔。而这座高塔直到今天都被列于全国六大高塔之一，也是辽宁省境内最为高大的辽金古塔。

在辽宁锦州，同为辽塔的大广济寺塔，千百年来，不仅是闹市中一座最古老、高大、宏伟的建筑物，更成为这座城市的象征。

辽西有句俗话：锦州塔大，义县佛大。广济寺塔的雄壮挺拔已被世人公认。广济寺塔为辽代典型的八角十三级密檐式砖塔。建筑工艺非常考究。

然而再美丽的珍宝终究抵不过时光的侵蚀。由于千百年来自然与人为因素对塔体的侵蚀破坏，广济寺塔逐渐残损。据明嘉靖十一年碑文记

锦州广济寺塔

沈阳无垢净光舍利塔

载：那时十三层塔檐已经风化，一百零四根角梁，仅存十根，全部裸露于外；风铎随塔檐的风化也已全部脱落；塔顶及第二层以上的塔身长满了杂草。

出于对文物的保护，自 20 世纪 80 年代起，辽宁省陆续开展了对于古塔的修缮工作。1996 年 10 月 18 日，历时 3 年零 5 个月的修缮之后，广济寺塔终于再次重现了昔日风姿。出于对文物保护的考虑，此次修缮并没有开启塔的中宫和地宫，无法得知塔内装藏的珍宝究竟价值几何，但这并不妨碍人们对这座宝塔本身价值的认知和欣赏。

在人们的眼中，这座古塔传承着中华文明的古老文化，镇守着一方热土，神圣

塔身雕刻

而神秘。而古塔的修缮，则渐渐揭开了千年古塔遮蔽多年的神秘面纱。其中，尤以沈阳无垢净光舍利塔最为典型。

这一发现颠覆了考古界过去普遍认为的辽式密檐塔多为实心塔的说法，在当时引起了轩然大波。

在无垢净光舍利塔的修缮过程中，除出土了有着重要历史价值的石函外，还有舍利、鎏金佛、经卷、瓷器等多件珍罕文物。

明末清初，由于皇太极推行满蒙联姻政策，藏传佛教以及喇嘛塔也随之传入沈阳。建于 1636 年的实胜寺是沈阳最早的喇嘛寺院，而建于 1643 年的盛京城四郊的四塔，更是独步古今。

而今，塔作为历史文化遗产的载体，依然闪耀着神秘的文明之光。

沈阳北塔

这些独步古今的艺术瑰宝，穿越历史的沉浮，折射出了中国人的聪明智慧与娴熟的艺术成就，也连同着它背后的故事构成了泱泱中华源远流长的文明之光。

长城边关

第十六章

自古以来，辽河流域既是多元民族文化共存交流之地，又相对稳定发展。

然而时至明朝建立，出于北上追剿元朝残余势力，扼制女真、朝鲜力量，巩固新生政权的需要，辽河流域成为明朝的边防重地。

从政治军事制度、战备设施，再到城市格局，建立了一套完备的军事防御体系，开启了民族融合的新篇章。

明朝，作为中国历史上最后一个由汉族建立的大一统王朝，自1368 年建立到 1644 年被清朝所灭，前后共经历 16 个皇帝，276 年。明太祖朱元璋在政治、军事等方面全面改革了前朝的制度，将政治、军事、司法大权集中到皇帝一人手中，封建中央集权达到了极高水平，明代国家的统一与中央集权的强化，农业和手工业生产的恢复与发展，特别是中后期还出现了商品经济的繁荣与近代资本主义的萌芽。

明代疆域囊括汉地，明初东北抵日本海、外兴安岭，后缩为辽河流域；北达戈壁沙漠一带，后撤至明长城；西北至新疆哈密，后退守嘉峪关；西南临孟加拉湾，后折回约今云南境；并在青藏地区设有羁縻卫所，明成祖还曾收复安南，明代极盛国土面积约达一千万平方公里。《明史·志第十六》："计明初封略，东起朝鲜，西据吐蕃，南包安南，北距大碛，东西一万一千七百五十里，南北一万零九百四里。自成祖弃大宁，徙东胜，宣宗迁开平于独石，世宗时复弃哈密、河套，则东起辽海，西至嘉峪，南至琼、崖，北抵云、朔，东西万余里，南北万里。其声教所讫，岁时纳贽，而非命吏置籍，侯尉羁属者，不在此数。呜呼盛矣！"

由于地大物博疆域广阔，明朝对于各区域的把控极为重视，尤其是辽东边境地区的安宁。据《明史》所载："东至鸭绿江，西至山海关，南至旅顺口，北至开原。由海道至山东布政司，二千一百五十里。距南京一千四百里，京师一千七百里。"可见当时其地理位置相当重要。原因即在于这方圆千里有余之地，为沟通华北与东北之咽喉之地，其周边几乎全部居住着少数民族，又在于辽东作为边境地区，又与朝鲜等国为邻，"辽东南有倭寇，东有朝鲜，西北皆胡虏，出没不常"。为了保障辽东边境的安全，明朝在能够控制的蒙古地区和蒙明边境进行了许多改革。这些改革，有的旋设旋灭，有的长期存在并有所变化。最终，为稳固大明江山起到了关键作用。

在明朝的防御体系中，最为后世所熟知的莫过于明长城的修建。从朱元璋建国伊始，明朝就开始在边境修筑长城防御体系。1442 年起，辽东镇长城开始修建。辽东镇长城，亦称"辽东边墙"，按其地理位置和修筑年代，可以分为三部分。其一，辽河流域长城，是三段长城中修筑时间最早的，始建于明永乐年间，其形内凹，略如一"V"字形，从广宁（今辽宁北镇）镇静堡起到开原镇北关（今开原东北莲花街村）止，长 700 余里，长城沿线墩台林立。除西部有一小段石墙外，其余全线皆为夯土版筑城墙。其二，辽西长城，修筑于明正统年间，由王翱、毕恭主持修建，从山海关外的铁场堡吾名口（今绥中西南铁厂堡吴明口）至广宁镇静堡止，长 870 里。其间既有夯土墙也有石墙，还有山险无墙，形势相当险要。其三，辽东东部长城，修筑于明成化至万历年间，由韩斌、周俊、李成梁先后主持修建工作。其行经路线，从开原镇北关起到丹东鸭绿江江沿台（接近今宽甸县南境虎山），长城结构，有劈山石墙、土墙、木栅墙。建成后的辽东长城，东起山海关，西迄辽宁宽甸县鸭绿江边，全长 1960 余里。

长城不仅仅只是墙体，它是很多的防御设施所组成的防御体系，既包括墙体也包括城池，包括墙上的敌台，传递军事信息的烽火台，乃至堡城、卫城、所城等不同的城池共同组成，实际上最终形成 3 套完整的系统，一个是指挥策应系统，一个是屯兵守卫系统，一个是报警传烽系统，三个系统组合一起成为完备的军事防御设施。辽东长城沿线计有边堡 98 座，墩台 849 个，边堡驻军从五六百人到四五十人不等。在这千里防线上，十里一堡，五里一台，雄关，隘口林立，烽火台、瞭望台星罗棋布，形成一道坚固的防线，是保卫首都北京的重要屏障。

自燕国开始，东北地区就建有长城，但至明朝时已破损不堪，完全不具备防御功能，而此次明廷大肆修建长城，虽参考了燕长城的布局，在走向和选址上也独具特色。其一，选线较前代向南偏移约百里，仅西北一段在前代长城以北，其余都在前代长城的南侧。其二，多结合险山修筑。其三，多结合河流分布。辽宁明长城从蓟镇段向东出渤海湾，跨过大凌河，在辽河、太子河、浑河间摆动，直至鸭绿江西岸止，长城主要筑在这些河流的岸边。整个辽东长城走向呈"M"形。可以看出，长城主要沿着河流沿岸修筑，西起山海关，向东北抵达广宁后，陡然南折，沿辽河中下游的西部地区南下，至三岔河口以后，又沿辽河东岸修筑，直达开原。但是，辽东镇长城并不完全以辽河走势修筑，有意放弃了辽河主干部分。有学者分析，之所以这么做主要有三点原因：第一，辽河本身就是天险。第二，辽河中下游岸边"古泽泥淖难行"，沼泽地难修长城。第三，辽东军事驿路是由广宁南下牛庄，然后经海州转辽阳。驿路有赖长城守护，长城守军亦赖驿路输供粮草兵员，因此使此段长城弃辽河而与驿路走向一致。然而关于 M 形走向的原因，也有学者做出另一番猜测——明长城因借用了部分高句丽长城的墙体，因此不得不构建如此崎岖的走向。

高句丽兴起于我国东北地区，在先进的汉文化影响下，不断发展壮大。隋唐之际，高句丽为防御唐朝的进攻，从高句丽荣留王时期开始，用了 16 年时间，修筑了一道数千里的长城。《旧唐书》载："贞观二年，破突厥颉利可汗，建武遣使奉贺，并上封域图。五年，诏遣广州都督府司马长孙师往收瘗隋时战亡骸骨，毁高丽所设京观。建武惧伐其国，乃举筑长城，东北自扶余城，西南至海，千有余里。" 高句丽这道长城修筑后，其产生的历史作用不大，又随着高句丽政权的消亡，唐王朝统一宇内，这道长城便失去了原来的功能，其后就少见于文献记载。在历时一千三百多年后的今天，由于没有见到明确的长城遗迹，因而这道长

本溪桓仁五女山

城的存在形式成了一个谜。

　　在本溪桓仁满族自治县东北 8 公里的浑江西北岸的五女山，是高句丽民族文明的发祥地。公元前 37 年，北扶余王子朱蒙因败于宫廷之争流亡至此，在山上建立高句丽第一王城，史称纥升骨城。高句丽王城建筑遗址长 16.4 米，宽 9.3 米，深 1.4 米，北面借助山城凿出土壁，另三面砌有石墙，底部是一片较为平坦的岩石。考古专家在此发现了大量陶器、铁器等遗物，其中多见兵器，还出土了一件比较完整的甲衣。由此可以

五女山山城出土铁锄板

高句丽山城遗址

判断，这里应是当时的兵营，是山城卫戍部队的驻地。作为第一代王城，高句丽王朝的政权在此经历了整整 40 年的时间，先后有两代国王在这里执掌政权，发号施令。

高句丽人在交通要道、易守难攻的地方建造山城。早期多数选择险峻的高山顶上，晚期选择高山平地相结合的地方，比较方便人的活动。高句丽是以山城拱卫王城的纵深的防御体系。和中原王朝比，高句丽都处于弱势，不论是人口数量还是军事经济实力。所以他必须选择易守难攻的山上修建山城。不能用土，一下雨土就会被冲下来。高句丽生活在大山深谷里，就地取材，建得也很稳固。

迄今为止，在辽东半岛地区共发现了 57 座高句丽山城遗址。从时间和历史背景上分析，辽东半岛地区的高句丽山城应主要修建于高句丽占据辽东到隋征高句丽这一历史时期，其目的就是为了加强对该地区的军事防御，特别是构筑其王畿地区在鸭绿江右岸的军事防御体系。高句丽人通过在辽东半岛修筑大量的山城堡垒，加强对注入黄海、渤海的外流河防御，控制水陆交通要道，从而完成阻止来自山东半岛方向的中原水军在辽东半岛的登陆和北进。从辽东半岛地区高句丽山城的分布特点上可以看出，今大连市境内的高句丽山城是军事防御战略的前沿和桥头堡，而今营口市辖境内分布的高句丽山城，除了防御渤海方面的水军外，还兼具对辽河入海口及辽河下游区域的防御，同时又与分布在今鞍山、丹东市辖境内的山城遥相呼应，并一同拱卫辽东半岛北部的高句丽辽东城、白岩城等重要城池堡垒，形成由南向北的纵深防御。这些具有纵深防御功能的山城堡垒与辽东半岛地区的各江河水道，以及黄、渤海沿岸和绵延不断的山地共同构成了辽东半岛军事防御的整体。从而实现辽东半岛作为高句丽腹地和王城京畿地区防御缓冲地带的军事战略部署。这一防御战略在后来高句丽抵御隋唐两朝东征的过程中得以验证了它的功能和效应，并发挥了十分重要的作用。

从护卫王都角度上讲，它是由点连成线，线连成片。这样构成一个纵深的军事防御体系。比如，高句丽在面对隋唐征讨时，西北是重点防御方向。从大连渤海和黄海最狭窄的地方，到金州的大黑山城，瓦房店的得利寺山城、盖县的高丽城山城，再往北是海城的营城子山城，再往北鞍山也有山城，再向北到辽阳有燕州城山城，沈阳有塔山山城和石台子山城。再往北有铁岭的催阵堡山城和西丰的城子山山城，这是整个西北方面的由山城构筑的防御线。同时也有纵深防御，比如说山城都是沿着河流和交通要道构筑的。比如说，从沈阳石台子山城或者塔山山城往东去，有抚顺的高尔山山城，再往东有五龙山城，往集安去有霸王朝山城、丸都山城，就到了他们的都城了。再有一条线，从辽阳燕州城山城沿着太子河，到了本溪市，到了平顶山山城。再往东走，有高俭地山城，到了桓仁有五女山山城，还有瓦房沟山城。整个沿交通要道，构筑了一系列的山城，构筑了纵深的防御体系。不像汉族的长城，是一条线，高句丽则是若干个点连成线，若干条线围成面，所以它的防御体系是很纵深的。

另一派观点则认为，高句丽千里长城在今辽、吉二省，并确曾筑有长城，而所谓"东北首扶余城"之长城起点，既非扶余国的扶余城，也非高句丽的扶余城， 而是起于早已灭亡的扶余国故地，其起点所在即今吉林省德惠县老边岗屯第二松花江南岸， 南到今辽宁省营口市后岗子屯渤海岸边，长城在辽河东岸，长达一千余里。高句丽长城的中间线段， 后被明代万里长城的辽东镇长城所沿用， 但又未能留下沿用的记载，因此世人只知此地为明长城，遂掩盖了高句丽长城的存在。

明长城是否借用了部分高句丽长城现今并无定论，但这并不影响高句丽民族在东北地区所做出的成就，更不会掩盖长城这一古代最伟大的军事防御工程的光芒。从军事角度来探究长城的性质，明代辽东长城是我国万里长城的一部分，西起山海关，东抵鸭绿江，长达千余里。它不仅是汉民族同兄弟民族聚居区的一道人为划分线，还是具有一定防御性的建筑工程。从明朝修建长城的最初原因来看，长城修建具有一定的自我保护作用，是明朝边疆收缩政策的一个体现。

北方民族和中原的汉族之间，不断地交流不断地融合，除了战争之外，还有各种形式的交往，为中国成为统一的多民族国家不断地注入新活力。长城确实起到了重要作用，所以它是中华民族的象征。

"明以武功定天下"，军事体系划分细密，分工完备。自明初至中叶，明廷先后在沿长城设置了九个重镇统领前线军士，这九个重镇统称九边镇，即：辽东镇、蓟州镇、宣府镇、大同镇、山西镇、延绥镇、宁夏镇、固原镇、甘肃镇。各镇都有总兵官、巡抚，数镇之上还有总督。这些封疆大吏统领的兵力，多时达百万，少时也有几十万，约占全国兵力的三分之二。如此众多的兵力，也是为了阻止剽悍的蒙古骑兵。九边不仅与明朝兴衰、存亡有关，而且也与边疆的建设与开发有关。这其中，辽东镇为最形胜之地，称九边之首，其位于京师左翼，咽喉之地。辽东镇总兵官最初驻广宁卫（今辽宁北镇），隆庆以后，移驻东宁卫（今辽宁辽阳）。所辖辽东镇长城全境。辽东镇防御方法采用汉代的"充军守塞"，建立卫、所防御体系，"遣将吏发卒以制塞，其大惠也。然令远方之卒守塞，一岁而更，不知胡人之能，不如选常居者，家室田作，

九门口长城水门

明代长城

且以备之。以便为之高城渠堑"。政策上"以夷制夷",用女真制蒙古,女真内部则分立部落首领,各自为营,互不隶属,削弱各部落力量,直接隶属于大明。

明代的长城是九边,从东到西,九边九镇,辽东就是起点。按照以前的说法明代的万里长城起点,东起山海关,西到嘉峪关,《辞海》也这么说。但专家认为这个要修正,明史明确记载是九边九镇,东边的这个镇不是蓟镇,蓟镇就是山海关,而是辽东镇。后来到了清入关以后,淡化了这段历史,大家也就沿用了山海关起点这个说法,现在根据考古证据和大家认识的提高,九边九镇的长城才是完整的,东边的起点应该是辽东镇,这一点现在已达成了共识。

从辽东长城到九边之首，明朝为了北方边防煞费苦心，而这些还远远不够。政治上，明朝改元朝的行政制度为卫所制，在全国推行。卫所制度同辽东长城一起，构成了完整的辽东防御体系，为明代后世二百余年的统治打下了基础，同时也影响了今天的辽河流域的城市布局，可谓意义深远。

第十七章

固若金汤

随着大明王朝的建立，辽河流域的军事防御体系逐渐完善。除了在山险河川建筑人们熟知的万里长城墙体以外，明代独有的卫所制度也是辽东防御体系的重要组成部分。卫所制度下所建立的所城、卫城等多级防御体系与长城相呼应，为明代后世二百余年的统治打下了基础，也影响了现今辽河流域的城市布局。那么，卫所制度从何而起、如何发展，在辽东地区有着怎样的意义和作用，又是怎样影响着现今辽河流域的城市布局呢？

由于常年战乱的影响，明朝建国初期，社会经济凋敝，百废待兴。尤其是军队编制混乱，士兵来源复杂，成为亟待解决的不稳定因素。洪武元年（1368），朱元璋采纳刘基"立军卫法"的建议，在军事上独创卫所制。制度规定在各个军事区域内，每5600人组成一卫，每卫下设5000户所，每个千户所包含10个百户所。百户所下设两个总旗，每个总旗包含五个小旗。卫、所驻扎各地隶属于都指挥使司（简称"都司"），都司之上为五军都督府。士兵平时归卫所操练、屯田，战时由兵部调遣，由皇帝临时任命的总兵官统率作战。战事结束后，兵回卫所，将归原任。兵部、都督府和总兵官职责各异，军权高度集中到皇帝一人手中。1390年，明廷又在未设府、州、县的边境地区设卫军民指挥使司和军民千户所，兼理民政事务。此外还有守御千户所、屯田群牧千户所等。

明代的军事防御体系等级，在《明史·辽东志》中记载得非常清楚，与考古学家实际考察的情况都可以对上。比如镇所，就是辽阳和北镇，北镇是军事总兵所在地，辽阳是辽东督指挥使所在地、政治军事中心。

明朝为巩固疆域，除修筑长城外，又修筑大量卫、所及军堡以防外患，可以说是"步步为营，处处设防"。成祖迁都北京之后，为保卫京师，辽东镇成为抗击北部的第一道防线，也是燕师左臂、军事重地。因此，不论是军事指挥机关，还是屯兵地点、交通驿站，甚至交易市场，都有一定的兵力布置和不同类型的防御设施。其实明廷在全国全面废除行省、建立卫所之前，统治者就已充分认识到辽东作为战略地位的特殊之处。虽然朱元璋定都南京，却对三千里之外的辽东地区十分关注，他派人招抚元辽阳行省平章刘益，刘益归降明朝，派遣董遵、杨贤，向明政权呈献辽东州郡地图和兵马钱粮册籍。接着，明"置辽东卫于得利赢城"（今辽宁瓦房店得利寺），以刘益为都指挥同知，这也是明朝在辽东接替元朝统治设置政权管理机构的开始。1371 年，朱元璋在辽东设"定辽都卫指挥使司"，马云、叶旺为指挥使，后又置辽阳府、县。1375 年，明军大败纳哈出部于辽南，给辽东故元势力决定性的一击，同时，随着全国"都卫"改为"都司"，后改定辽都卫指挥司为"辽东都指挥使司"，也称辽东镇，辽阳为辽东都指挥使司，是副总兵和巡按等的驻地；广宁为都指挥使分司，是巡抚及总兵驻地；因而建立了两座防御性的镇城，都指挥使司下分东、西、南、北、中五路屯兵。而实际屯兵的路城，只有 3 座，即南路的前屯卫城、西路的义州卫城、北路的开原卫城，其他两座与镇城在一起。后又相继设立三万卫、辽海卫、铁岭卫、沈阳中卫、广宁卫、广宁中左右三卫、义州卫等共计二十五卫。既有其特殊的防御功能，又满足普通城市行政、文化、生活的需要。

朱元璋的洪武时期，辽东都司辖区东起鸭绿江，西抵山海关，南至旅顺口，北达开原，管辖东北的大部分地区，1409 年设奴儿干都司以后，辽东都司缩小到东北的南面。同年，复置安乐、自在二州。据《辽东志·地理志》载，辽东都司所辖："东到鸭绿江五百三十里，西至山海关一千五十里……南到旅顺海口七百三十里……北至开原三百四十里。"通过几十年的建设与维护，辽东镇镇、路、卫、所等共同构成层级明确、管理严密的军事防御体系。

明代辽东镇卫所城市是明代北边长城防御系统下辽东镇"卫所制"的物质载体，由于军事建制的不同，其所依托的卫所城市也有明显的层级差别。作为屯兵系统的卫所城堡与传烽系统、军需系统、驿传系统，结合历史、地理环境在内，共同构成了完整的长城军事防御体系。卫所城市的最大特点是军政、民政合一，不单独设民事管理机构，都司、卫所为城市最高领导指挥机构。它是辽东镇具有军事功能的具有普遍意义的城市，其功能除满足民事需要，更重要的是满足军事需要。

丹东振安区有一个江沿台，根据地图和文字记载是长城的第一堡，因为在水库淹没区，辽宁省考古所配合水库淹没进行了抢救性发掘，可

江沿台堡北城墙内侧

辽东镇屯兵城

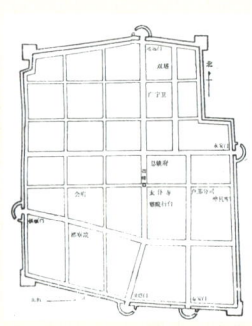

北镇镇城平面图

宁远卫城

兴城古城

以看出堡城里边的功能，有兵营、伙房仓库，还出了一些东西，这是唯一一个经全面发掘的堡城。

　　从建筑形制上来说，辽东镇屯兵城多为方城，由于地理、军务差异，也有不规则平面形状的屯兵城。当时，辽东最大的屯兵城为辽阳和广宁。辽阳镇城容纳六卫兵力，"周围一十六里二百九十五步"，"城似方形，南北长约 1760 米，东西长约 2100 米"；广宁分司城容纳四卫兵力，"周围九里十三步有奇""原城平面为凸字形，东墙长 1620 米，西墙通长 1920 米，南墙长 1200 米，北墙曲长 1505 米"。其余路城和卫城相对规模较小，约为镇城。一镇城分为内城和外城，城四角皆有角城台及角楼。城内街道设置以各城门为中轴的十字或井字干道。总兵府和卫治设置在城正中位置，军储设置在中枢区周围，一般位于城东南角。路城虽在军事防御上与卫城承担的任务有所差异，但在城市建置上如出一辙，通常与卫城合而为一，并无差别。卫城平面形状随地势有所不同，大多为方城，四面多辟门。

明代辽东镇长城防御体系中镇城、卫城和所城构成层级明确的军事防御体系，在建造等级、规模、方法、工艺及防御设施的设置上都有明显的层级关系。明初建卫城、所城多为土城，后几经维修包砌砖石。城高池深，四面有马道可登城。关于建造方法和建造工艺，可从历史资料及遗存中窥其一斑。同时随着建造年代的不同以及当时军事、地理要求也有所偏重。其中宁远卫城（今兴城），地处军事要塞，在明代是建造最好的一座独立卫城，也是如今保存最为完整的一座。还有出山海关不远的中前所城。其他有的尚存部分城门及瓮城遗址，其余只剩断壁残垣，沈阳中卫城现只保存西北城墙一角。

辽东防御体系的建立首先保证了京师的安全。随着明成祖朱棣迁都北平，京城三面近塞。西有鞑靼侵扰，北有朵颜三卫寻衅，东有女真族的威胁。辽东镇作为北平的左翼屏障，"北拒诸胡"，"东控夫余"正是辽东镇不可推卸的责任。其次，加强了对高丽的防范。虽然，高丽王朝承认了明朝政府，但对辽东地方一直存有野心。在朱元璋写给郭英的一封诏书中可以发现，朱元璋没有放松对高丽的警惕："近者高丽表奏，言多不实，朕已命有司究之。闻彼自国中至鸭绿江，凡冲要处，所储军粮，每驿有一万二万石，或七八万十数万石，东宁女真皆使人诱之入境，此其意必有深谋。朕观高丽自古常与中国争战，昔汉唐时，辽东地方皆为所有，直抵永平之境，恃远不臣，时时弄兵，自古无状如此。今辽东乏粮，军士饥困，偿不即发沙岭仓粮赈之，必启高丽招诱逋逃之心，非至计也。"为了防备高丽侵占辽东地区，朱元璋不得不放缓了辽王府的建设。再次，加强了海防线的建设，有效地防止了倭寇骚扰。

明朝采用都司卫所制度对军事聚落进行层级性的管理。因辽东特殊的地理位置——明朝九边镇最东端和全国海防六镇最北端，成为长城体系和海防体系唯一的交叉地带，再加上"三面临夷，一面阻海"的地理特性，使辽东防御系统分为陆防和海防两个部分，这也是当时全国唯一兼具陆防和海防的边镇。辽东镇陆防系统是以长城为主，卫所城池共同构成的长城防御系统；海防系统则是以卫所城池和沿海烽堠墩架构成的军事防御体系，两者建设时均处于都司卫所体制的管理中。

明代辽东地区从地理环境来看，南面怀抱渤海湾，与山东半岛隔海相望，是其自身优势。辽东镇其地域西、南、东南濒临渤海、黄海和鸭绿江，西起山海关外芝麻湾（即止锚湾），东至鸭绿江共"千三百余里"，由于"岛夷、倭夷，在在出没，故海防亦重"。

明初期，辽东经济滞后，农业生产无法满足辽东卫所官兵军需。据资料记载，明代辽东地区每年所需粮食大约在九十万石，辽东本地只能解决少部分，大部分靠江南海运供给。而棉花、布匹等则依靠山东供给。即使在明朝海运还不足够发达的年代，从山东到辽东也不是困难之事，风顺的时候，一日便可到达。明代航线主要有两条。一条从苏州太仓起航经登州到旅顺口，沿辽东半岛西岸北上，到达海州卫所属牛家庄卸载；另一条从山东登州起航到旅顺或牛家庄码头卸载。实则一条航线两个部分。直到明朝中后期，为防止倭寇偷袭，避免辽东军士逃亡，海运时开时塞。总的看来，在明代，辽东海运发挥了相当大的作用，不仅运送军食，还包括朝鲜等国的贡使往来，以及运送辽东祖籍外地的军士遗体返归故里。明代辽东镇辽河以西为辽西走廊的狭长地带，三面临山，一面濒海。因此，卫、所建置多沿海，大部分史料认为是一种巧合。当初并非完全出于防御倭寇之目的，却为日后建立起了完整的海防体系。由于辽东镇域内海岸线尚属平直，外寇难于藏匿，仅在沿海重要位置设置卫、所及瞭望台，派士官日夜把守。加之辽东地区经济贫困，倭寇亦无利所图，因此倭患主要集中在东南沿海，辽东镇相对较轻。

　　明代的沿海防御体系是我国历史上第一个以对海防御为主的、完整的沿海防御体系。在这一体系中，辽东的沿海防御设施因其独特的地理位置和面对的复杂敌情，更具关键性、要害性。深入的研究证明，明代辽东沿海军事聚落具有严密的整体性、层次性，是一个高效的有机体。它与内陆九边防御体系相互协同，共同构筑了明朝东北部的国家防御体系，并曾在反抗从海上而来的外敌入侵的斗争中发挥了重要

迎恩门

作用。

　　学者郭大顺评价说，辽宁长城很有特点。除了从丹东到河北这段，辽宁还有防倭寇的海防，从丹东开始往东南走，从九边镇开始到复州金州、盖州海城。这一带就是海防线几个卫城。既有边防也有海防的，是辽宁长城又一特点。

　　无论是陆地防御工事还是海防线建设，辽东防御体系都倾注了明朝统治者的大量心血。然而这条防线并没有维持多久，17世纪建州女真族的努尔哈赤势力兴起并进入辽东地区后，迫使明政府不断修补完善辽东镇长城的防御系统，辽东镇成为明朝晚期投入财力、物力与兵力最多的一镇，直至建州女真所建立的后金政权越过鸦鹘关、清河堡攻入辽东镇腹地与明军共据辽东时，辽东镇长城才逐渐逝去了它的军事屏障作用。后金在改国号为"清"之后，对明军发动了几次大规模的战役，占领了辽东大部分土地。在松锦战役之后，明王朝在辽东的势力被基本肃清，已无力与清军再战，退守山海关。此时，明辽东镇长城以及辽东防御体系彻底结束了它的历史使命。

　　虽然辽东防御体系最终没有能够抵挡住清兵入关，但其对于整个明朝东北地区的局势、巩固明朝政权起到了决定性作用。同时，其卫所制度下的各级城市建制，也为今天辽河流域的城市规划建设奠定了基础。

　　"丈夫且行千秋事，功过留与后人说。"明朝灭亡后的几百年，对于辽东防御体系，无论是学术界还是民间，各种争论观点你方唱罢我登场，从未中断，亦无定论，形成了辽河流域历史中一个耐人寻味的话题、一道独特的风景。

第十八章

九边重镇

1368年，朱元璋称帝，建立中国历史上的明朝。

为抵御蒙元残余势力等边患侵扰，明朝在北疆除了修筑万里长城，更设立『九边重镇』以及等级明确的防御体系。

『辽东镇』作为九镇之首。

其兴起也带动了所辖区域城镇的繁荣，一些重镇的格局甚至延续至今。

那么，在如今的辽河流域到底有哪些城市是当时遗留的、规模较高的『镇城』与『卫城』呢？

明王朝推翻元朝统治后，元朝的残余势力北走蒙古故地，窥视辽东。其后百余年间，这些势力伺机南下，成为明代的严重边患。明朝统治者不得不在东起鸭绿江、西抵嘉峪关，绵亘万里的北部边防线上相继设立九个边防重镇。其中之首辽东镇，不但承载着防御的使命，同时也是辽河流域与中原政治经济融为一体的重要职能城镇。

明代辽东镇管辖大致相当于今天辽宁省的范围，在军事政治需要下，明朝在辽河流域废除了元朝辽阳行省及其所属路、府、州、县机构，代之建立以辽阳城为中心的都司卫所制机构，领辽阳、广宁（北镇）、义州（义县）、宁远（兴城）、铁岭、海州（海城）、盖州、复州（瓦房店）、金州等地，共辖有二十五卫二州，相当于如今的辽阳地区、沈阳与辽北地区、辽南地区、辽西地区（除朝阳、阜新）。这种"塞冲据险，且守且耕"的卫所机构的建置，不仅有效地维护了地方的社会安定，同时也促进了地方经济的开发，从而为辽河流域城镇的恢复与发展奠定了基础。

随着考古学者的逐步发掘与研究，明朝的防御体系不仅仅存在于相关记载中，也实实在在重现于世人面前。在辽河流域，镇城与卫城等级的几处古城池不仅具有较高的历史价值，也具有深厚的文化研究价值。

辽阳是东北最早的城市，是当时辽东经济最发达的地区，是政治经济中心，虽自秦汉以来辽、金、元各朝曾对辽阳城"有所葺建"，但基本变化不大，辽阳城的构建日臻完善，是始于明朝。明朝以辽阳为辽东都指挥使司驻地，辽阳城为中

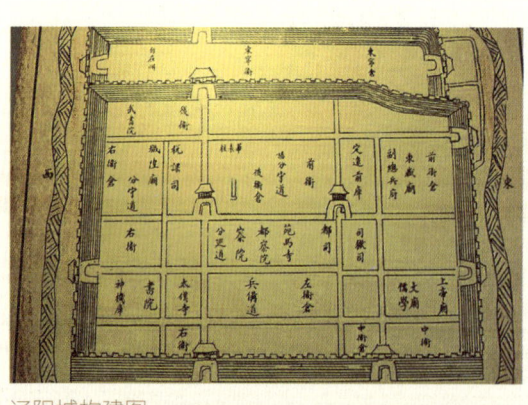

辽阳城构建图

心，设有六个卫一个州。

据《辽东志》记载，辽阳城从洪武五年（1372）至洪武十六年（1373），历时十余载，在旧城址的基础上，改土垒城墙为砖砌城墙，前后花了5年时间，建成了周围16里295丈、城高3丈3尺、城深1丈5尺，总周长18里285步的新辽阳城。新的辽阳城设6个城门。南二门即左安定、右太和，东二门即南平夷、北广顺，西一门肃清，

辽阳老城

北一门镇远，都有相当宏伟的"城门楼"。另外置有四个角楼：东南称筹边楼，东北称镇远楼，西北称平胡楼，西南称望京楼，具有瞭望城防功能。为安置"东京卫内附夷人"，还在砖城之北附筑土城，作为接待和安置"内附"的边疆部落首领居处之所。至明成祖永乐初，辽东都指挥王真又改加土城为砖城，并续建北城扩大了城建规模。城南北共1里，东、西共4里，墙高3丈，城深1丈5尺，北城又设三门：东称永智门；西称武靖门；北称无敌门。这样，辽阳城就由原来的一城，扩大为南北二城。二城之和总周长为24里358步，是明朝具有独特而严整的设计布局的城市之一，为当时我国东北规模最大、形制最为雄伟的城市。当时辽阳六卫屯田5700多顷，对移民屯田实行10年后收租政策，农业生产迅速发展，手工业、商业随之振兴。

2011年，辽阳一处建筑工地挖出了三处呈圆弧状分布的古墙残基和泛白的青砖块，发现总面积约2700平方米，由于出土的墙体砖块间

用石灰黏合，考古学者推断出该遗址就是明代辽阳城城墙，根据位置推断，该城墙为东门"平夷门"的瓮城和敌楼，这座明代古城池重见天日，印证了史料中辽阳城"高厚壮固"的说法，也为明代戍边以及军屯制提供了重要证据。

当时的交通路线也是围绕辽阳来的，今天的 102 国道和京沈高速这条路，是沈阳作为省会以后才开始形成的。原来要从沈阳去北京，得先到辽阳，然后南行至海城，顺着盘锦到黑山，再折向北镇，经锦州西行入关。

很显然，之所以明清之前，辽阳一直为军事政治重镇，与当时的地理状况分不开。当时的辽宁中部地区乃一片沼泽，夏秋季节很难通过，这样也就决定了辽阳为当时的交通要道。然而，在这条进京要道上，除了辽阳城，还有一处城池也非常重要，那就是如今的锦州市北镇，时称广宁城。

北镇，自古有"幽州重镇"之称，历来是兵家相争之地，多次毁于动荡。北镇山水风光绮丽迷人，早在新石器时代就有人类活动，舜封幽

北镇鼓楼

州之镇，西汉设无虑县，是北镇最早的城市记载，辽代这里是皇陵之地，是契丹王朝的中兴之地，广宁一称得名于金，明代这里是辽东总兵官的府地所在，还建立了规模宏大的马市。历史的沉淀使这里饱经沧桑，文物古迹灿若繁星，成为一座具有悠久历史的千年古城。

明代的广宁城，一称"辽东镇广宁分司城"，它的城市规模"仅可容四卫兵力"，比"可容六卫兵力"的辽阳城小。但因为它是明王朝"钦差镇守辽东地方总兵官"的衙门"镇守总兵府""钦差镇守辽东太监"与"钦差巡抚辽东地方督察院都御史"衙门"三大官员"驻地。有关辽东军务、边务乃至吉林、黑龙江境内的"奴儿干都司"的有关事务，均由设于广宁城内的"镇东堂"研究，并最后由此辽东"三大官员"共同商议决定。在这种政治体制下，广宁城实际上成为明王朝统辖辽东的最高军事、政治中心。

广宁城在这种形势下也获得很大发展，无论是城市的规模还是城市的建筑设施都比元朝时有很大发展与改善。最初由广宁城指挥王雄主持

老开原城城门复原

营修与扩建，因辽、金广宁府旧址修筑，城"周围9里30步有余，高3丈，池深1丈5尺，阔2丈"，设有五座城门：南二门为西称迎恩门，东称泰安门、东一门为永安门、西一门为拱镇门、北一门为靖远门。

近年辽宁考古工作者勘察发现，原城址平面为凸字形，东墙1620米，西墙1920米，南墙1200米，北墙曲长为1505米。城门有以城门为轴的"井"字干道，纵立在西干道中心有鼓楼一座。南距迎恩门1600米处矗立有明"镇守辽东总兵官"李成梁的石牌坊一座。

明万历八年（1580）明神宗朱翊钧为表彰辽东大将李成梁的功绩，命辽东巡抚周咏等人修建石坊位于北镇城内钟楼前。石坊高九米，宽十米，四柱五楼，全部用赭棉石仿木结构建造，为四柱三间五楼式，饰有鲤鱼跳龙门、二龙戏珠和四龙、四鹿、四季花卉及人物浮雕，刻工细致精巧。坊额上竖刻"世爵"二字，横刻"天朝诰券"及"镇守辽东总兵官兼太子少保宁远伯李成梁"等字，这座石坊具有较高的历史价值和欣赏价值。

无论是城市规模还是建筑规模，当时的广宁城可谓辽东地区仅次于辽阳城的繁华城市。

明代防御体系中仅次于镇城的级别是卫城，在辽宁地区，如今的老开原城、兴城、盖州、瓦房店等，都是当时卫城治所所在。

开原城，地处辽河支流清河北岸，故址在今辽宁开原市老城镇，为明王朝辽东镇通往奴儿干都司的交通枢纽与军事重镇，是三万卫、辽海卫、安乐州的治所所在，为北部边疆各族与内地经济贸易往来的著名城市。

开原老城的兴建，更多得益于当年发达的大清河漕运。大清河上接辽河，再上进入渤海湾，乃至东海。土产品在大清河上游放排下来，在开原城南的码头靠岸，再由此往内地运输，是个货物集散地。

宁远城

　　在明朝国力强大与辽河流域经济开发的条件下，这座原由辽、金、元三朝营建的"夯筑土城"也一改旧容，"环城以砖石垒砌"，成为屹立于辽河流域北境的宏伟"砖筑方城"。城墙高3丈5尺，城外护城河宽4丈，角楼耸立，气势壮观。城共开辟四座城门：东曰阳和，西曰庆云，南曰迎恩，北曰安庆。城中十字街直通城的四门，"四衢"之中为两座高耸的"鼓楼"。城内驻有"三万卫""辽海卫""安乐州""开原备御都司""北路参将府""镇守太监府""提督马氏公署"等军政机关衙门，负有经略黑龙江、松花江流域的重大使命。

　　明王朝初年，通过在广宁、开原创设民族贸易马市，促进边疆经济开发，使辽河流域政治、军事稳定发展。明在开原创设马市二处，一为女真马市，一为达达马市。官方包办的马市，到后期发展已不以官方的意志为转移了，马市交换产品的范围迅速扩大。

　　明代辽东档案记载了哈达部的一次交易：哈达部一次在开原交易物品，包括绢两轴、貂皮1803张、羊皮153张、狍皮168张……对于朝廷需要的马匹，由兵部定其值：其上上等，每马绢 8 匹、布 12 匹；上等，每马绢 4 匹、布 6 匹；中等，每马绢 3 匹、布 5 匹；下等，每马绢 2 匹、布 4 匹。据记载，开原老城西有一个地名叫"快活城"，即明时的安乐州，专门安排归附的女真人。在女真人的眼中，繁华富庶的开原是值得流连的地方。

历史上的开原，有着三关三市的记载，三关为新安关、镇北关、广顺关，分别与海西、建州等女真部落及蒙古部落互市。虽然这些繁荣的景象如今也只剩下沧桑模糊的背影，但曾经的各民族经济贸易促进了近代城镇文明的进步。

在美丽的海滨城市兴城市内保存一座完整的明代城池，这就是著名的明代宁远城，创建于明宣德五年（1430）。

明朝初年，这里属辽东都司广宁卫前屯、中屯二卫之地，为加强关外的防御，驻守这里的总兵巫凯、都御史包怀德呈请督造了这座城池，建卫名曰"宁远"。宁远城平面呈方形，城墙外壁南北长 844 米，东西长 830 米，高 8.5 米。城墙外壁用大青砖砌筑，内壁用石块垒砌，中间填黄土夯实。墙顶部外侧用砖砌出垛口，墙上马道宽 3.8 米，青砖铺地，中凸外低，以利排水。城四角筑角台，作战时可架红夷大炮。东南角建

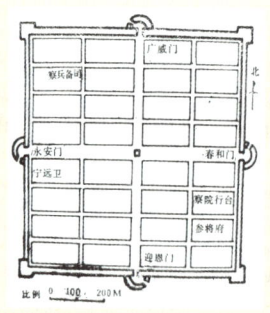

宁远卫城平面图

兴城魁星楼

有"魁星楼"一座，楼两层，八面八角，重檐建筑，精美秀丽。城墙四面中间辟门，四门建筑相同，均筑有重檐回廊歇山式二层门楼（又称"箭楼"）。门楼面阔3间，进深1间，并建有明梯通往二楼。四门各有名称，东曰春和，西曰永宁，南曰延辉，北曰威远。各城门内侧又建登城马道，马道下端有卷棚顶硬山式小门。城门外建有半圆形瓮城，壁垒森严。

当年，明朝大将袁崇焕与后金努尔哈赤发生的一场著名战役"宁远之战"就发生在这里，时年58岁的努尔哈赤在这里遭受了举兵44年来的最惨重的失败，并负伤而亡。宁远城，也充分发挥了作为防御之城的作用。

明朝在辽南半岛共设四个卫：金、复、海、盖，也就是今天的金州、瓦房店、海城与盖州。如今在盖州和瓦房店仍遗存有明城遗迹。与辽西、辽北马市的民族贸易繁荣相比，辽南半岛的城镇发展则以手工业与商业发展为特点。

盖州，早在两千多年前的汉代就是商贾云集的辽东重镇。清代中叶，更成为东北的"财货通衢"，"名闻八闽，声达三江"。明顾祖禹《读史方舆纪要》载："盖州卫控扼海岛，翼带镇城，井邑骈列，称为殷阜，论者以为辽东根柢允矣。"可见其地理位置的特殊性。

据《奉天通志》载，盖州卫城，辽辰州旧址。盖州古城墙建于明洪武年间，城墙周长3260米，城基宽8.5米，顶宽7.75米，石条垒砌、青砖砌面，中间夯土。盖州古城墙在抵御入侵、保障安全方面起到了重大作用。如今，受人为、自然等因素影响，仅剩下东面几段古城墙。另有钟鼓楼屹立在古城南北中轴线上，距南城门约350米，距东西城墙各约340米；钟鼓楼建在高台上，东为钟楼，西为鼓楼，中为观音阁，阁后为大慈宝殿，宝殿左、右各有一配殿。这组古建筑皆坐北向南，用材及木架特点，均有明代风格。

明朝盖州卫下辖四个千户所（前、中、左、右），每个千户所下面管辖十个百户所。百户所有兵百人，那么，盖州卫共有五千兵马。1978年，在盖州市城关镇红旗村出土了一枚明代官印，印文"盖州卫前千户所百户印"，这枚铜印是明代盖州卫实行卫所编制的有力证明。

盖州卫人杰地灵，文风昌盛。明朝年间，山东巡抚马文升有一首《过盖州诗》，称赞其风光："烟雾初消海国边，荒原寒水与云连；山光杳霭飞凫外，秋色参差落雁前。田野欢呼瞻使节，公庭空寂长苔钱；从容事毕还朝日，韶舞声中觐九天。"

盖州古城西南100余公里的复州卫古城，位于今瓦房店市西部，是瓦房店市辖区中心，源于辽代，原系夯土所筑的土城，俗名土围子。洪武十四年（1381）九月设复州卫，到明永乐四年（1406），保定侯蔡真奉命来复州将辽时所筑的土城改建成城，古城设三个门，即东门通明门、北门镇海门、南门迎恩门，领左、右、中、前四千户所。

为适应辽东边防与大兴屯田的需要，明王朝大力发展涉及边防、国计民生的冶铁与铁器制造、纺织、造纸等重要手工业生产行业。除如今的本溪地区以外，鞍山及辽南半岛的金、复、海、盖、岫地区是当时形成的第二个冶铁及铁器手工业生产基地，同时因为临黄海、渤海，辽南每卫大型盐场设立二三处；《辽东志》载，丝与麻是金、复州的重要物产。这些都为当时的辽南半岛城镇商业日趋繁荣提供了基础。

复州古城是渤海湾地区未开发前的海防重镇、商贾云集之所，清代又改筑砖城，历史文化悠久。包括复、盖、金、海在内的明代卫级古城，跟随着历史的步伐兴起发展，与中原更多地交流融合，成为辽河流域的文明窗口。

明朝是汉民族建立的最后一个封建社会政权，是中国封建社会后期的鼎盛时代之一，更是中华大地城镇进一步兴起的重要时期。在这个时

盖州市钟鼓楼

期，辽河流域的城镇数量增加，职能上也具有新的特点。中原汉文化和辽河文化以及白山黑水的女真文化发生了更多接触，这些接触为中华文明的创造注入了新的活力。

烽火旧城

在明代「九边重镇」的防御体系中，辽东镇一些重镇要塞之地，曾盛名在外，几度辉煌，但也有一些关隘、要口，在这些重要城市的周围防守、瞭望、中转，它们既不闻名遐迩，也没有被树碑立传，没有光环四射，更没有游人如织，它们只是默默地在烽火硝烟的历史中，成为哨岗、驿站，洞悉着一切，传承着古今，连接着未来。

辽宁省绥中县前所城瓮城

　　明朝初期，我国北部边疆仍然地广人稀，需要通过农业人口与军队的协作来改善边疆的经济条件和国防环境，即起到所谓"移民戍边"的作用。于是明朝在洪武初年就建立了辽东都指挥使司，进行军事防御和军事屯田，并按防御和军屯需要，设立了军事组织系统。辽东都指挥使司下设卫，卫下有千户所，千户所下设有堡、驿。这些所城、堡城、驿站等，既适应戍边军事的需要，又作为明朝经济发展的一部分而独立存在。

　　明代辽东都司卫所的防御体系中，在关外曾建有125座所城，位于辽宁省绥中县的前所城，是辽宁唯一保存较完整的一座。

　　前所古城，是山海关外第一城，位于绥中县城西42公里处，城防不是很大，但它是扼据辽西走廊要冲，连接关内外交通的咽喉要道。这座古城，始建于明宣德三年（1428），是辽东指挥叶兴所建的千户所。它的原名叫急水河堡或中前千户所，是明代辽东都指挥使司前屯卫管属七个千户所之一。

　　前所城略呈方形，东西长510米，南北宽502米。城墙现高8米，墙基 6.3 米，顶宽 5.3 米，基部为条石砌筑，墙顶女儿墙无存，城内中心有十字大街通向东、南、西三门，分别称定远门、广定门、永望门，无北门，上建真武庙，已毁于兵火。北面嵌石匾，刻有"中前所"三字。城门用青砖作六丁横拱券法砌筑，白灰填缝，门洞高 6 米，宽 4.2 米。在城门内侧，可沿斜坡式马道登上城顶。现唯东门马道尚残留遗迹。城墙四角有方台，现仅有西南隅方台保存完好。各城门原建有罗城，又叫瓮城，现唯有西门罗城尚存。

瓮城，呈半圆形，因此又称瓮圈活月城。在冷兵器时期，城门是防守薄弱点，瓮城则起到了强化防守的作用。瓮城两侧与城墙连在一起建立，设有箭楼、门闸、雉堞等防御设施。瓮城城门通常与所保护的城门不在同一直线上，以防攻城槌等武器的进攻。当敌人攻入瓮城时，如将主城门和瓮城门关闭，守军即可对敌形成"瓮中捉鳖"之势。瓮城的另一个军事作用在于缓解正城的军事压力，形成一个缓冲带，利于正城的备战。从瓮城的演进史来看，自明代以后，瓮城从城外撤至城内，其作用从"御敌"演变到"制敌"。在保存有生力量的情况下，何时"启瓮"，这是瓮城作用之关键。从"御敌"的角度看，当正城防御准备完全之时，也是瓮城"启瓮"之时。

按照明朝的军制，中前所应驻有 1000 多人，他们农时耕种，战时出战，世袭为军户。前所城作为一处军事要塞，实实在在地发挥了连接关内外和捍卫山海关与京师的安全作用。据史料记载，这里曾经发生多次的激战。

说起前所城的价值，清乾隆皇帝曾赋诗道："唇齿相依所后前，英蕃效力拔城连。昔日毁堞还平堑，此日修壕更筑堨。攻守由来不同势，康平业已有多年。其间阵斩相持者，与谥可曾见古篇。"如今，前所古城残存的城墙与青砖都在默默诉说昔日岁月埋下的厚重。

堡城，也是明代军事防御系统里的重要组成，明代辽东长城，有98 座边堡。根据文献记载：江沿台堡城为明长城"九边之首"——辽东镇长城的东部第一座堡城，隶属险山参将管辖。

2014 年 3 月，为配合当地水利部门修建水库，辽宁省文物考古研究所开始对丹东江沿台堡城址进行抢救性考古发掘，发掘面积约 1.8 万平方米。

江沿台堡城，始建于明嘉靖二十五年（1546），是为了抵御外患而修建的军事驻地。城址平面呈长方形，东西长约 300 米，南北宽约 135 米，面积近 4 万平方米。全城开有一门，位于南墙中部，门外环绕着半圆形瓮城，墙外有 4 个方形瞭望角台，西、北城墙的中部外侧各设有一马面，城内的东北角、西北角及北墙中段处分别置有马道一条。城墙为夯土外包石结构。东部为一独立单元，三间，应为高级别将领办公和居住的所在地。关帝庙位于城内北部。城内东部有 28 座小型房址排列规整，墙体由石块或青砖垒砌而成，设有灶、烟道及烟囱，应为边关将士的日常住所与生活区域。这座堡城还下设 12 座墩台、1 个屯兵站。这座军事城堡当时驻守官兵 383 名。此外，位于城内有水井 1 眼，深达 10 余米，一直沿用至今还有水。史料记载，明万历三十一年（1603），辽东总兵李成梁撤出宽甸六堡，防线后移，曾在江沿台堡一线驻军。

在 1924 年 3 月的考古发掘中，江沿台堡城址内出土了大量的建筑构件和生活用品以及军械。建筑构件以布纹板瓦数量最为大宗，此外，还出土有花纹砖、素面砖、连珠纹压带条、鸱吻、莲花纹滴水及瓦当等。

生活用品主要为瓷器，另有少量的陶器、铁器、铜器、骨器及石器等。瓷器主要有缸、罐、碗、盘、碟、杯、盏。铁器种类极为丰富，以镞及钉最为大宗，此外还有锹、剪、刀、带扣、马掌钉、甲片、蒺藜、弹丸、铃等。铜器除铜钱外，以簪最为常见。石器主要为磨石及砚台。

在此还出土了马掌钉文物，在辽宁地区发掘出明代的马掌钉极其少见，当时对于战马的装备明代领先于北方边关的其他势力。

江沿台堡城为东部堡台之首，而如今宽甸县的赫甸城，则是城墙保持完好程度较为罕见的一座堡城。

赫甸城始建于明万历元年（1573），城堡建成后，因将新安堡的军队迁移到这里驻防，故称为"新奠堡"，那时，新奠与宽奠、大奠、永奠、长奠、苏奠合称为"宽甸六堡"，六堡不但是兵城，而且还是东部的集贸重镇。

江沿台堡城址出土的布纹板瓦

江沿台堡城址出土的莲花纹滴水

江沿台堡城址出土的瓷器盘

江沿台堡城址出土的瓷器勺

江沿台堡城址出土的马掌钉

江沿台堡城址出土的砚台

当时辽东总兵李成梁扩筑宽甸六堡，他命令部下定辽右卫指挥李方良具体负责建造赫甸城，主要为防御建州女真。赫甸城城墙总长1144米，城墙高6.9米，城内面积8.2万余平方米。其中，城墙底部由加工过的玄武岩砌成，上部为2.4米高的青砖墙垛，设一个南门，并建有瓮城，城墙的4个角各建一座角楼，东、西、北城墙中间位置分别建有箭楼。

新奠堡建成后，与宽奠堡和瑷阳堡连为一体，成为辽东的屏障，地理位置十分重要，万历二年（1574）李成梁带兵在此打过仗，这里也堵住了建州女真的经济通道。直到明末，努尔哈赤起兵把辽东62个城堡全部占领后，其贸易功能才消失。现代有历史学家指出，李成梁放弃了以赫甸堡为代表的宽甸六堡要塞，明王朝就失去了一道御敌的坚实屏障，进而失去了抗击后金强兵劲卒的防御纵深。从清朝开始，宽甸六堡失去了城堡的意义，变为驿站，也就是现在所说的宽甸六甸（宽甸、赫甸、坦甸、永甸、长甸、苏甸）。

辽宁境内长达1075公里的明长城并非是孤立的一道墙体，它在东

大奠堡纪碑

北境内还存在复线，修筑成"层层布防"的纵深防御体系，重点地区还修筑了多道城墙、关隘和长城复线。其中一条为锦州市黑山县白厂门到北镇团山沟长城。

镇静堡位于黑山县西北的白厂门，现关门遗址在白厂门北1公里处，东西两侧可看清边墙痕迹。《全辽志》卷二《黑山县志》卷一载："今白土厂门。下属墩台十七座，驻守官军原额四百九十九名，嘉靖四十六年准驻五百名，此堡设守备官一名，总管六堡军务。"

明长城的修筑，除了边防作用，抵御少数民族侵扰，亦起到缓冲民族矛盾的作用。休战期间，堡城关隘也成为边境贸易的关口。《三朝辽事实录》卷七"兵部覆东夷"条记载，辽东镇木市，"诸夷大马市在广宁镇静堡镇远关……市之马、牛、木植，皆有税，其酋长有小赏，赏以缎、布、酒、肉之类"。

长城本是因为民族冲突而修建的军事防御体系。特别是汉民族和北方民族，长期地从秦汉到明代都有这样的冲突。但又为什么说长城是中华民族的象征？从历史发展过程上加以理解，有的学者说长城正好建在北方民族的草原和中原农耕区的交界地带。长城要把好多关口，就像马市等南北之间不能总打仗，老百姓之间还要交往。有了关隘和马市之后，使这种交往有序化。

明朝立国伊始，便于辽河流域地区屯兵筑城以固边防，陆续筑长城，建边堡，又于山海关至辽东都指挥使司之间广设驿站开辟驿路，继而加强中央与东北地区以及东北各少数民族的联系。《寰宇通志》记载：在辽东都司境内的陆路有4条，水路有2条，驿站有35个，其中陆路的南线是由辽阳南行到旅顺口的驿道、北线是由辽阳北行到开原的驿道、西南线是由辽阳西行至京师的驿道、东南线是由辽阳东南行至九连城的驿道。第一条水路是旅顺口跨海至山东登州、莱州的海路，另一条水路是老米湾到辽河口的水路。这几条主要交通线都是以辽东都司的治所所在地辽阳为中心的。

驿站，在历朝历代均有着重要地位，不仅在飞报军情、传递文书方面起着重要作用，而且在运送物资方面也起着很大作用。明代对驿站的管理是十分重视的，因为驿站管理的好坏，是直接影响到明政府对各个地区、尤其是北部边疆地区的建设和统治。驿站和转运所设有驿卒，每处所应用的马驴牛、船夫和轿夫，看具体情况设置，并且各个驿站还要储备充足的粮食，以供过路差人食用。

目前，明辽东境内保存较好的明代驿站只有鞍山驿堡一处，属于明代陆路南线。《辽东志》载：“鞍山驿，辽阳城南六十里，洪武二十年（1387）设驿，万历六年（1578）重修。设百户一员（武官六品），定辽中卫带管，递运所在鞍山站内，定辽前卫带管，有走马二十匹，驴一十头，专司文报。”

鞍山驿堡地理位置十分重要，襟辽阳而带海城，东北距古城辽阳、东南距临溟海城均为 30 公里。地点适中，扼东、西鞍山咽喉处，是明代辽东都司通往辽南、辽西的门户，扼守辽南古道要冲。

鞍山驿堡，亦称“鞍山城”，位于辽宁省鞍山市南郊的千山区东鞍山镇，东西鞍山之间，因山似马鞍而得名。鞍山驿堡为明辽东长城的附设建筑，属“等腰梯形”城堡。城池为砖石夹夯土结构，基石层高 2 米，砖砌层高 7.5 米，城墙厚度 7.5 米，基宽 8 米，墙高 10 米。四面城墙长度分别为：东、西二墙为 276 米，南墙为 290 米，北墙为 283 米，总长 1125 米。因东西城墙依山崖而建，故城仅设东北、西南两门，门为拱式结构。西南门经修复保存完好，门楼高 13 米，门洞宽 3.9 米。门洞上方原有砖雕花纹嵌有“鞍山驿堡”匾额，额下有“万历六年重修”款识，现已不存。1986 年，鞍山市人民政府重修时，经墨玉雕刻“鞍山驿堡"匾额为后补。东北门楣上则有"戍古"二字匾额，东北门已毁，基址尚存。驿堡的全部建筑目前只剩东北、西北、西南三座角台和西南门，且外部包砖较好。西城墙只剩西南门至西南角台一段较完整，保存有最高 4 米的城墙，包砖已不复存在，仅剩土墙部分，约长达 500 米。

位于鞍山驿堡南北各 2.5 公里处，分别设烽火台一座，为明代同时期附属建筑，南面烽火台已无存，北面烽火台迄今尚存（位于千山区东鞍山镇，四方台村西，哈大公路东侧 50 米），即四方台烽火台。

鞍山驿堡

鞍山驿堡里除了设有供邮差休息、传递文件的驿站外，同时还设有递运所和急递铺。但如今的驿堡内，递运所、急递铺房所早已不存在了。

鞍山驿堡

递运所、急递铺与驿站，并称为明代邮驿三大机构。三个机构日夜不停地为国家的政治、军事、经济、文化服务，在巩固封

鞍山驿堡门洞

建政权中起着巨大作用。对于步递和马驿的使用，明朝有着严格的规定。"常事入递，重事给驿"，即平常的文书交给步行的递铺，重要和紧急的文件才交给马驿办理。"递运所是在一般的递和驿之外，明朝专门运送军需物资和上贡物品的运输机构，递运所的设置是明代运输的一大进步。"辽南地区往来的信函、包裹都要经鞍山驿堡内的递运所转送。驿站备有大批马、驴等交通工具供递运役使，现在距离鞍山驿堡不远的"马驿屯"就是当年为鞍山驿堡圈养和放牧驿马（驴）设置的。递运运输基本上采取定点、定线兼以接力的方法，这种专职的递运业务，把陆路运输和海、河运输很好地组织起来。

鞍山驿堡是鞍山的标志性建筑，历史价值重大。同在明代陆路南线上，另一驿站熊岳驿，也有着十分重要的地位。《寰宇通志》载："熊岳驿，在盖州卫南六十里。"

熊岳，因位于城东的望儿山与馒首山中间有一山，此山西南坡有一尊巨石，高约3丈，犹如一只蹲着的石熊，鬼斧神工，栩栩如生，此山因石熊得名"熊丘"山。又因本地人忌讳"丘"字，将"丘"字添了个"山"字，也就成了"岳"。"熊岳"城名就由此而来。

明代将辽时的熊岳城夯土城墙改为砖墙，设立熊岳驿，现今保存的部分珍贵的老城墙就是这一时期的遗物。熊岳城周边凡带有寨、堡、铺、台等字样的地名都应该是明代的遗迹。

陆路南线共有如鞍山驿、熊岳驿这样的驿站13个，它们与其他线的驿站共同构成了辽东连接奴儿干地区与关内地区的枢纽，也是沟通东北与京师重要交通枢纽。

辽东地区发达的驿站交通在政治上起到加强中央集权的作用，军事上起到巩固边防的作用，同时保证了信息的有效传递，而且为东北地区经济发展和民族之间的贸易往来提供了交通上的便利，促进了商品经济的发展，还丰富了广大人民的生活。明代辽东驿站多沿用辽金元以来的古道，搞清这些驿站的位置对于了解我国东北疆域有重要意义，对我国现今道路交通建设也有一定的借鉴意义。

熊岳驿

　　明朝初期曾提出"兴国之本，在于强兵足食""诸将宜督军士及时开垦，以收地利，庶几兵食充足，国有所赖"的治国方略，封建政权要拥有较雄厚的赋税基础和充足的徭役来源，并具有较强的武装力量，以维持其统治，这就叫作民富与国强。民屯与军屯并重，二者皆为明政府战略性的政策，被称为当时统治者的基本治国之道。所城、堡城、驿站，它们就是在明政府这样一种治国戍防的战略措施下所建。

　　历史的硝烟已经褪尽，这些充满苍凉的古城、昔日的军堡、旧时的要塞、历来的兵家必争之地已成为远去的背影，在安定的江山中，犹如默默无闻的老者，佑护着一方土地，也在往复的四季之中诉说着往昔的轮回与荣光。

第二十章

小城故事

这些地方，曾经是历史上某一时段的焦点，它们的命运，犹若昙花一现。

千百年，风云沧桑，再见面，虽然有的仍恬静般留守，但更多的也已经成为残垣断壁，有的甚至已埋在黄土之下。

遍访辽河流域，那些散落的古城、老村、民宅，在凝固的历史上，猜想古人的生活与故事。

辽河流域的大城历史，起伏跌宕、扣人心弦，它们的起落往往跟随着政权的走向、历史的脉络。然而，围绕在大城周围的一些小城村落，它们或一时烽烟消失不见，或几经生死留守恬淡，在滚滚的历史尘埃里，它们就像光芒下的影子，留下了很多不为人知但更接近真相的故事。

由于历史原因，辽河流域留存下来的古代城市数量不多，很多辽宁老城镇现在看到的基础都是明代的。飞速发展的现代城市建设，使得我们很难见到古代城市的原貌。因此，极少数被保留下来的古城、老村、民宅、街道，显得十分珍贵。我们只能跟随着考古发现，去掀开风云际会下的历史痕迹。

《盛京通志》载："牧羊城，城（指距金州城）西南一百五十里，周围二百五十步，门一。"据考证，牧羊城位于今大连市旅顺口区铁山镇刁家村和于家村之间的丘陵地带，西南距渤海东岸 500 米，亦称"木羊城"，是辽东半岛最早的一座海防城堡，建于战国，兴盛于汉代。

20 世纪 30 年代与 60 年代，考古工作者对牧羊城及附近做了大量的考古调查和科学的发掘工作，除了发现黄土之下的"牧羊城"原址，还发现了许多战国至汉代的土坑墓、贝墓、砖室墓、瓮棺墓和石墓等。

经实地勘察，城池呈长方形，东西宽约 82 米，南北长约 133 米，周长 430 米。与文献记载的"二百五十步"（当时每步为 5 尺）基本相符，北壁有一个宽约 12 米的缺口，当为城门所在。如今，仅剩下城基的残迹。城基系用石头砌成，城墙则系用土夯筑，隆起地面约 2 米，西壁最高处约有 3 米左右。那么，是什么人又为什么将城建在此地呢？

东汉以后，中原地区的战乱特别多，辽南这边比较安定，华北和山东的大族都移到这边，通过渤海过来，到了辽东首先就到了辽南。他们发现辽南地区特别是大连地区，汉代时候经济很繁荣。现在我们知道的有大连汉墓。牧羊城也是在那一带，汉墓有一种套墓，规模不是很大，

牧羊城城址

但它是砖石结构，里面还套着一个墓室。这样的结构比较复杂，附近汉墓里面还发现一些带龙花纹的金饰品，全国罕见。

牧羊城的建立是旅顺成为军事重镇的开端，它真正发展成为海上交通要道还要从汉朝说起。公元前140年，汉武帝时派船东来，曾停泊于将军山（即老铁山）下，开辟了从山东半岛通往朝鲜的航线。当时旅顺口（时名沓津）是海上必经的中途港口，随着海上交通的发展，从山东、河北等地移来辽东半岛从事垦拓的汉人越来越多。因此，在汉开国百年之后，旅顺口一带便成为人烟比较稠密、经济和文化比较发达的地区。

在牧羊城及附近出土的文物中，最下层的有新石器时代的石器、陶器等，有战国时代铜镞、铸铜斧范、明刀钱、明字圆钱、一化钱等，有汉代的铜镞、铜带钩、铁镢、铁刀、板瓦及"河阳令印""武库中丞"封泥等。这其中包括生活用具、钱币、武器、商务往来用品等。这说明在新石器时代，牧羊城就是居民的聚居地，战国时期曾血雨腥风惨遭攻陷，西汉再度发展繁荣，成为沿海重镇，城内外的居民很多，与中原地区也建立了密切关系；东汉时期，牧羊城在曹魏与辽人的战火中再次卧倒在了泥土里。

牧羊城，辽东一个海防战略要地，其城为战争而建，亦被战争所毁。我们从城址到遗物中不难想象到古人靠海生活、人海相合的生活场景。但这些终究被山与海吞没得无影无踪。

与牧羊城的后世命运截然相反，在辽东半岛东北翼、丹东市西南东港市境内的大洋河河口右岸，一座人杰地灵的古镇，至今仍呈现一片兴盛景象，这就是大孤山镇。

大孤山镇历史悠久、区位优越、资源丰厚，早在 6000 多年以前，这里就有人类活动的足迹。唐宋时期是一片兴盛景象，清咸丰年间正式设镇，民国四年（1915）改设县佐。20 世纪 80 年代被确定为副县级建制镇。如今，这里已是远近闻名的旅游胜地，这里不仅有集佛、道、儒三教为一体的一组寺庙建筑，还有国家级湿地保护区、中国海岸线最北端的大鹿岛风景名胜区，"富庶古镇""鱼米之乡""丹东贝类生产第一镇""北国江南"等词汇不断出现在大孤山镇的名片之中。

坐落于绿树浓荫中的千年古刹，供奉着儒释道的创始人和重要的神、佛、仙，如孔子、释迦牟尼、玉皇大帝、地藏王、药仙等，是一组典型的"三教合一"建筑。整个建筑占地 5000 平方米，有 104 间房间，其中除极少数始建于唐，重修于清乾隆年间外。其余则全建于清中、晚期。这组寺庙建筑群汇集了我国南北建筑艺术的风格，是中国东北地区最大、保存最为完好的古建筑群之一，目前是为省级文物保护单位。

古建筑群的上下庙宇依山就势，层层递升，错落有致，十分宏伟。整个寺庙分下庙、上庙两大部分，但上下贯通，连成一体。每个部分都由一个个小寺庙构成，每个小寺庙又都是一个四合院，有正殿和配殿。这种布局是北方寺庙建筑群的典型布局。建筑群内雕梁画柱、壁画书法均反映了当时精湛的建筑艺术和深厚文化底蕴。下庙的天后宫为东北地区规模最大的妈祖庙，这里有清朝军相大臣、两江总督左宗棠为天后圣母殿题写的"永庆安澜"匾额。每逢庙会，妈祖庙前更是人山人海，盛况空前。

大孤山庙会文化，据载已经有200多年的历史了，每年农历的四月十八日，南来北往的商贾、周边出海打鱼的船家纷纷停船靠岸，齐聚古镇，贸易商谈，会亲访友，盛况空前。清朝道光年间，连号称"四大徽班"之一的三庆班，也来到这里的古戏楼登台亮相。

大孤山钟灵毓秀，孕育了辽东特有的民族文化，大孤山的剪纸、版画、农民画更是驰名中外，民族器乐、泥塑、民间文学研究等在国内文化艺术界也都占有一席之地。岁月更迭，沧海桑田，大孤山镇的人们将来自这片土地的灵感嵌入了现代文化的血液中，任其肆意流淌。

无独有偶，如果说是清朝中晚期造就了大孤山镇的兴盛不衰，那么，位于辽东半岛东侧南部、大连东北部的庄河市也承袭了同样的命运。

庄河，在明朝以前及清初称"红崖子"，据载："以城北5里许天秤山南下一带土岗赤色，旭日东升，望之如一片丹霞得名。"清末，易红崖子为大庄河，嗣后，"庄河"之称始见。1934年《庄河县志》记载，"红崖晓照"为庄河八景之一。

清光绪三十二年（1906）庄河厅成立后，"庄河"作为一独立的治域名称而存

东沟大孤山民居砖雕装饰

在，迄今已沿用百余年。庄河也称"东大河"，在那个时候，这里的居民都是到河里挑水吃，来来回回通过一条街。

庄河老街，包括上街和下街，位于庄河市区东北部，东临庄河市的母亲河——庄河，是清末至民国年间沿庄河发展起来的老庄河县的所在地。世代的庄河人都知道，"红崖晓照"中的"红崖"就在庄河老街。老街也是当时重要的商贸集散地，至今仍保留完整的街道、各类商铺以及不同风格的建筑群，除了部分被拆除的建筑物，整个老街基本保持清末至民国时期的历史风貌，是不可多得的城市发展的历史见证，也是目前大连地区乃至辽南地区少有的具有鲜明特征的历史街区。

上街和下街，两条街道相隔不足百米，上街在西，地势略高，下街在东，地势略低。上街和下街北部通过北大坡相连，南部通过南大坡相连。上街现名为"红岩路"，北起黄海大街，南至庄河自来水公司，全长约 1 公里，宽不足 10 米；下街北起庄河东大桥与黄海大街交汇处，南至庄河水产公司，全长 1.5 公里。

上街是各个时期的重要机构所在地，当年沿街分布的机构有县公署、学校、税关、日本领事馆、派出所、庄河街公所、专卖署、医院、邮政局、电话局、电报局、商会、保险公司，还有不少商业店铺，包括百货店、中药铺、饭店、钱庄、货栈、照相馆、糕点铺、澡堂、旅店等。

下街主要分布大量商铺、饭店、药房、宗教建筑等，还有大量民居，是当年主要的商业街和居住区。

居民区大多为传统硬山式建筑，多为四合院式，门头房为店铺，后面是生活起居地方或作坊，另外还有伪满时期改良的楼房、一些具有南方建筑特点的建筑。下街居民对于下街的重视与喜爱，就像北京人爱四合院，有着难以割舍的感情。

庄河老街，是几乎与庄河并行的街道，更是庄河历史发展的活化石。

走在历史悠久、建筑风格独特、曲折蜿蜒的老街上，仿佛徜徉于在那商贾云集、吆喝声不绝于耳的熙熙攘攘的人群中，繁荣的景象、厚重的文化如清风般扑面而来。

说到清王朝给旧城带去新的辉煌，则不得不提清王朝的福地，也就是太祖努尔哈赤的兴兵之地、位于辽宁省东部抚顺市东南部——新宾满族自治县。

如今的新宾，已成为闻名中外的大清故里、满族风情旅游区。整个自治县，有70%以上的人都是满族人，尤其是在努尔哈赤兴兵前的旧居地费阿拉城、与"后金第一都城"赫图阿

新宾满族民居门和窗户

拉城的周围，典型的满族居民仍然分布广泛。

1587年，努尔哈赤在新宾永陵赫图阿拉城建立女真国。据《新兵堡九圣神词碑》记载，"盖我皇大启鸿图，诒谋燕冀路径如兹，得新兵一旅，冲锋对垒……而有力此堡"，故称之为"新兵堡"。后来，此地"人事日繁，商辏有四方来宾之象"，遂改名为新宾堡。更改县名时，便以"新宾"而命名。万历四十四年（1616）春努尔哈赤在赫图阿拉城即汗位，建立后金。

清入关后，天聪八年（1643），以赫图阿拉为"兴业之地"，追尊为"天眷兴京"，赫图阿拉祖陵则称"兴京陵"（今清永陵），并"设城守尉

东京城城址

驻此"。近代，这里被批准成立新宾满族自治县，有很多原汁原味的满族民居保留至今，满族的风俗习惯也得以延续。

满族多居住在山区谷地，尤其注重御寒防冷的问题，并因此形成了满族特有的居住习俗。满族宅院一般均为方形，围墙、门房、影壁墙、索伦杆子、牲畜棚、整齐的粮仓、地上烟筒、口袋房、万字炕、上下扇的窗户等元素，构成了满族民居特有的风貌。这样院连院、户连户，很自然地形成了堡子、营子和屯子。满族人很爱干净，他们把室内外都收拾得干净利落，物品放置得井井有条，柴火垛得齐齐整整。

其实，以满族民居为代表的关东民居演变，也是东北地区村落城镇发展重要的组成部分。至今，在东北很多乡村民居中，我们仍可发现其原始的影子，影响不可谓不深远。

跟随着历史的步伐，努尔哈赤在赫图阿拉起兵之后，在当时东北第一重镇——辽阳，也留下了千古脚印。

1621 年，努尔哈赤定都辽阳后，并没有扩建明代的辽阳府，而是在辽阳城东太子河右岸修建了一座新城——东京城，作为新的政治中心。东京城城郭建在一面临水的高阜处，整体仿照明北京的建筑设计，较之赫图阿拉老城，要宏伟得多。体现出努尔哈赤得胜后实力增强，进一步入主中原一统天下的决心。

可是这座宏伟的新城，却没有发挥其建设初衷。努尔哈赤很快就有了新的打算，于1625年迁都沈阳，东京城设留守章京，设兵驻防。

康熙二十年（1681）城守军移驻金州，该城逐渐倾圮。经历了几百年风雨之后，东京城已经荡然无存，八门之中，仅南面的正门——天佑门及一段城墙尚存，城中仅有部分地下建筑基础遗迹，以及发掘出来的碑石、匾及宫殿遗物。从遗迹看，城墙的建筑使用了砖石夯土结构，宫殿的建筑上使用了琉璃砖瓦，努尔哈赤的寝宫富丽堂皇，八角殿金碧辉煌。静静遥想，昔日这里的车马行人熙熙攘攘，何等气派。

虽然东京城仅有4年的都城历史，但在这短短的4年中，努尔哈赤在此进行了一系列的政治、经济、军事、宗教改革，使他领导的女真社会发生了质的变化。东京城在清代建筑史上具有重要的意义，如今，东京城遗址为第七批全国重点文物保护单位。

也许，在人们的视野里，散落在辽河流域的古城老村只剩下颓败旧貌，可是其本质特色，就在于"古"与"淳"。随着时光的流转、文化的交融、经济的发展，这些小小的、原始的古城、老村、民宅，承载着世代精神文明，承担着现代物质和文化生产的空间形态，开始了他们新的历程。

故宫之谜

第二十一章

1634年，皇太极下旨，将后大金国都『沈阳』改名『天眷盛京』，意为『兴盛之都』；

两年后，皇太极于此称帝。

1644年，顺治皇帝从这里迈出了大清入主中原的最后一步，开启了清朝一统天下的新时代。

时光流逝，岁月变迁。

历史的车轮带走了大清帝国昔日的辉煌，却无法抹去辽沈大地上满汉文化交融的深刻印记。

一朝发祥地，两代帝王都。

沈阳，究竟潜藏着怎样的历史与文明？

沈阳故宫全景图

在中国的东北地区，坐落着一座闻名遐迩的历史文化名城——沈阳。

1636年，皇太极在此改国号为"清"。由此，这个默默无闻的沈州旧城便声名远播，成为此后200多年里清朝统治者倍加重视的龙兴之地，也为自己赢得了"一朝发祥地，两代帝王都"的美誉。

而作为清入关之前的皇家宫殿，沈阳故宫无疑是这段历史的最佳见证者。

沈阳故宫是中国现存仅次于北京故宫的最完整的皇宫建筑，具有很高的历史和艺术价值。这个坐落于老沈阳"井"字街中轴线上的古建筑群，占地面积6万平方米，全部建筑90余所，300余间。沈阳故宫的建筑布局大致可分为东、中、西三路，东路为努尔哈赤在位时所建，中路建于皇太极时期，而西路则是由乾隆皇帝下令建造的。

沈阳故宫如同一面历史的幕布，在时光倒流中，300多年的电影胶片不断在此快进快退。然而由于史料缺失，沈阳故宫至今仍然有许多谜团，待后世去发掘、解开……

1621年，努尔哈赤率八旗军以锐不可当之势占领了沈阳，后一鼓作气攻下明朝辽东军政中心——辽阳，并将都城迁至辽阳，大兴土木，修筑东京城。然而出人意料的是，仅仅4年后，努尔哈赤却不顾众人反对，迁都沈阳。

努尔哈赤从以其父的13副遗甲起兵，至建立后金政权不断强大，曾先后4次迁都，每一次都是迁往经济相对发达、人口相对众多、土地更加肥美的地方。但最后一次迁都要从作为明代辽东政治、经济、文化中心的东北第一大城辽阳，迁往面积只有辽阳六分之一的沈阳。这实在令人费解。沈阳有什么得天独厚的都城优势呢？

关于迁都原因，民间有很多传说，其中最为盛行的莫过于风水之说。历来建都建城，风水都是放首位的。据传，沈阳位于大清龙脉之上，为蛟龙潜伏之地，若在此地建都，可保后世辉煌。

虽然这些扑朔迷离的风水传说过于神奇，但将沈阳视为"宝地"并不为过。沈阳在浑河之北，上通辽河，辽河又通大海。而对于清朝的战略统治来说，此地南可出征朝鲜，西可出征明朝，北可出征蒙古。即使

沈阳故宫崇政殿

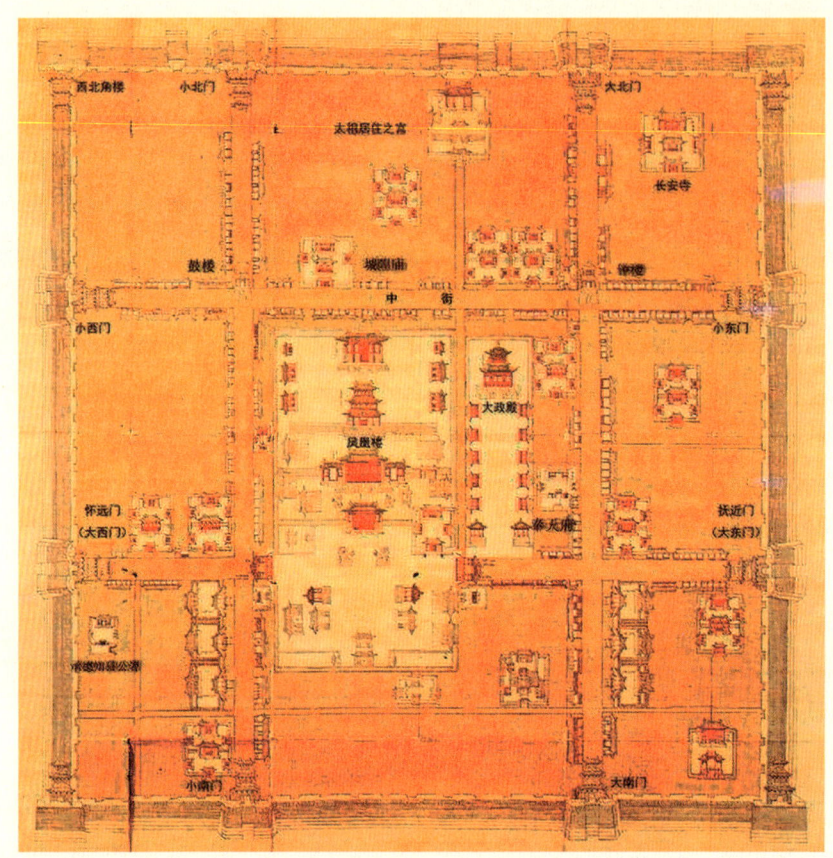

盛京城阙图

面临不测，也能向东退回老家赫图阿拉。"宝地"的基础就在于这得天独厚的地理及交通优势。

而史学家们认为，除了地理优势外，沈阳这座沈州旧城城小、人少、不发达，这些本是竞争国都的弱势条件，在当时清统治者眼里，却是莫大的优势。

迁到了新的都城，修筑皇宫是必然也是必要的。但由于后金建国之初国力不足，统治阶级怕大兴土木会激起阶级矛盾，并没有将故宫的具体建造年份写进史书。因此沈阳故宫到底是何时开始修建的，对于外界来说却一直是个谜。

直至 1982 年，沈阳故宫博物院的学者王佩环在中国第一历史档案馆里发现了一张古老的地图——《盛京城阙图》，图上标明的"太祖居住之宫"并不在清故宫城内，而是在明代沈阳中卫城南北中轴街道的最北端。2012 年夏天，考古工作者的洛阳铲惊醒了这座沉睡 300 多年的汗王宫，证明了迁都之初努尔哈赤确居住在故宫之外，也为"故宫始建于 1625 年迁都之后"一说提供了有力依据。

如今，努尔哈赤居住的汗王宫早已被历史所掩埋，但老汗王在位时修建的大政殿与十王亭依然屹立在故宫东路。

大政殿是努尔哈赤在世时营建的重要宫殿，也是盛京皇宫内最庄严、最神圣的地方。大政殿，初称大衙门，由于是一座八角重檐亭式建筑，因此也称"八角殿"，作办公及举行大典之用。1644 年，顺治皇帝在此登基继位。大政殿前为长约 140 米的纵长形广场，广场两侧呈八字形

沈阳故宫大政殿

开敞式排列五对方形单檐小殿阁，称"十王亭"，为清初八旗各主旗贝勒、大臣议政及处理政务之处。清初，左、右翼王和八旗旗主各据一亭。

从建筑上看，大政殿也是一个亭子，但由于它的体量较大，装饰比较华丽，因此称为"宫殿"。大政殿和呈八字形排开的10座亭子，其建筑格局乃脱胎于少数民族的帐殿。这11座亭子，就是11座帐篷的化身。帐篷是可以流动迁移的，而亭子就固定起来了，这种"君臣合署办公"的格局，反映了清初满族社会实行的"军政合一"的八旗政治制度。

站在大政殿的对面举目望去，八字排列的十王亭将透视"灭点"集中于这组建筑的构图中心，使大政殿的地位突出显赫。同时，平面距离呈近宽远窄的八字形布局强化了近大远小的透视效果，在视觉上拉长了大政殿前御路与广场的尺度，进一步渲染了皇权高高在上的威严感。而站在大政殿向下看，八字布局也有着大清国运延绵不绝、道路越走越宽广之意。

虽然大政殿与十王亭确为努尔哈赤在世时所营建，然而这位征战一

沈阳故宫东路大政殿与十王亭

生的老汗王是否启用过这威严的宫殿，现今却不得而知。因为仅在迁都沈阳后的 18 个月，努尔哈赤就去世了。

所以有学者给出的观点是否定的。他们认为，建造宫殿是一项耗资巨大的工程，前期准备工作纷繁复杂，而且受气候所限，沈阳地区入冬之后便无法施工。这么短时间里，根本没有足够时间能将复杂的宫殿建造得如此之快。

与北京故宫的纯汉族建筑风格不同，沈阳故宫不仅具有浓郁的东北地域特色，还融合了满、汉、蒙、回、藏等多民族的建筑艺术精华。其中，"宫高殿低"的特点与北京故宫的"殿高宫低"形成巨大反差，成为其最为独特的建筑景观。

北京故宫的三大殿都建在汉白玉望柱栏板装饰的高大台基上，而内廷的乾清宫、坤宁宫及东西六宫等，则比"三大殿"低矮许多。这是中原建筑文化和皇权至上至尊的象征。而在沈阳故宫，清宁宫等后宫五妃的住所均建在人工堆砌的高台之上，崇政殿则建于平地。

沈阳故宫崇政殿内景

除了建筑方面的独特，走进沈阳故宫，依稀看到楼阁装饰方面的与众不同。

崇政殿，俗称"金銮殿"，是沈阳故宫最重要的建筑。整座大殿全是木结构，五间九檩硬山式，辟有隔扇门，前后出廊，围以石雕的栏杆。殿身的廊柱为方形，望柱下有吐水的螭首，顶盖黄琉璃瓦镶绿剪边；殿柱为圆形，两柱间用一条雕刻的整龙连接，龙头探出檐外，龙尾直入殿中，实用与装饰完美地结合为一体，既富有少数民族特色又带有浓厚的宗教色彩。此殿是清太宗日常临朝处理要务的地方，1636年，后金改国号为大清的大典就在此举行。

故宫中路最北面，建有皇太极夫妇居住的清宁宫。这是一栋面阔5间的硬山前后廊式建筑。每间口袋房中都有火炕，俗称"万字炕"。除就寝的"暖阁"外，清宁宫西4间房的西墙正中设有神龛。据史籍记载，每年农历正月初一，皇太极都要率家人举行隆重的家祭。家祭分两种，一种是家人供献糕酒、磕头三遍的小型祭祀；另一种是杀猪、请萨满跳神的大型祭祀。当时杀猪煮肉、祭祀跳神就在皇帝皇后居住的清宁宫进行，一家人毕恭毕敬、其乐融融。这就是300多年前满族贵族生活的缩影。

而在沈阳故宫的西路，以文溯阁为代表的一系列景观，则是乾隆皇帝东巡祭祖时陆续修建的。此时，清统治者已经在中原地区坐稳了江山，其修建的建筑自然吸收了很多汉族的园林文化，身在其中，依稀能找到一些北京圆明园的影子。

而作为满汉建筑艺术融合得尽善尽美的范例，这些匠心独运的清代宫殿建筑到底是谁设计的，又是由谁主持建造的，史书并无记载。

作为清朝旧都，同时也是东北满族文化的建筑体现，300余年历史变迁过后，沈阳故宫尚有许多谜团有待破解，但这并不影响它成为中国著名的历史古迹和旅游胜地，也是当之无愧的优秀世界文化遗产。

走过沈阳故宫，走过历史的辉煌，走过岁月的沧桑。如今，那些踌躇满志的八旗王公大臣早已化为尘埃，皇帝的权杖也化作了不老的宫中青翠的苍松。然而，在这片古老城阙的映衬下，满汉交融的多元文明将永远留存于人们心中，成为辽河流域一道特殊的风景。

第1章　认知会计

一、判断题

1. 小企业是推动我国国民经济发展,构成市场经济主体,促进社会稳定的重要力量。（　　）

2. 法人是指具有一定的组织机构和独立财产,能以自己的名义进行民事活动,享有民事权利和承担民事义务,依照法定程序成立的组织。（　　）

3. 销售部是小企业负责材料采购、产品生产等业务的专职部门。（　　）

4. 小企业生产过程既是产品的制造过程,又是物化劳动和活劳动的消耗过程,即费用、成本的发生过程。（　　）

5. 人力资源是小企业生产经营活动的主体,是小企业系统中最重要、最活跃的要素,是小企业第一资源。（　　）

6. 小企业是一种经济组织,它以经济活动为中心,实行全面的经济核算,追求并致力于不断提高经济效益。（　　）

7. 会计是以货币为主要计量单位,运用专门的方法,核算、监督一个单位经济活动的一种行政管理工作。（　　）

8. 会计的职能是指会计在经济管理过程中所具有的功能。（　　）

9. 会计核算职能是指会计以货币为主要计量单位,对特定主体的经济活动进行确认、计量和报告。（　　）

10. 会计监督职能是指对特定主体经济活动和相关会计核算的真实性、合法性和合理性进行审查。（　　）

11. 以货币为统一计量标准是会计核算的主要特点。（　　）

12. 会计的方法,实质上是指记账、算账和报账的方法。（　　）

13. 会计职业道德是指在会计职业活动中应遵循的、体现会计职业特征的、调整会计职业关系的职业行为准则和规范。（　　）

14. 坚持准则是指会计人员在处理业务过程中,要严格按照《小企业会计准则》办事,不为主观或他人意志左右。（　　）

15. 会计职业道德中的参与管理,是指要求会计人员应积极参与会计管理。（　　）

二、单项选择题

1. 独资企业是依法设立,由一个自然人投资,财产为投资人个人所有,投资人以其个人财产对小企业债务承担（　　　）的经营实体。

A. 无限连带责任　　B. 有限连带责任　　C. 有限责任　　D. 无,

2. 从小企业的运作流程来看,(　　)不属于小企业的生产经营过程。

A. 管理过程　　　　B. 供应过程　　　　C. 生产过程　　　　D. 销售远

3. 小企业销售产品,实现其价值的过程,即商品所有权发生转移的过程,称为(

A. 物流　　　　B. 资金流　　　　C. 商流　　　　D. 信息流

4. 下列关于会计产生的表述中,正确的是(　　)。

A. 会计最早可以追溯到奴隶社会

B. 在原始社会就产生了独立的会计

C. 在原始社会有专门从事会计工作的人员

D. 会计是随着社会生产力的不断发展逐渐从生产职能中分离出来的

5. 会计的基本职能是(　　)。

A. 管理和考核　　B. 预测和决策　　C. 核算和监督　　D. 分析与评价

6. 在会计核算中,各项财产物资应当按取得时的(　　)计价。

A. 计划成本　　　B. 实际成本　　　C. 采购成本　　　D. 完全成本

7. 会计对象是企事业单位的(　　)。

A. 资金运动　　　B. 经济活动　　　C. 经济资源　　　D. 劳动成果

8. 会计是以(　　)为主要计量单位,反映和监督一个单位的经济活动的一种经济管理工作。

A. 实物　　　　　B. 货币　　　　　C. 工时　　　　　D. 劳动耗费

9. 下列关于会计基本特征的表述中,表述正确的是(　　)。

A. 会计是以货币为计量单位,不能使用实物计量和劳动计量

B. 会计拥有一系列的专门方法,包括会计核算、管理和决策分析等

C. 会计具有会计核算和监督的基本职能

D. 会计的本质是核算活动

10. 会计是以货币为主要计量单位,运用专门的方法,核算和监督一个单位经济活动的一种(　　)。

A. 方法　　　　　　　　　　　B. 手段

C. 信息工具　　　　　　　　　D. 经济管理活动

三、多项选择题

1. 小企业的生产经营过程伴随着(　　),它们相互联系、相互促进,保证小企业经营活动的正常进行。

A. 商流　　　　B. 物流　　　　C. 资金流　　　　D. 信息流

2. 目前,我国小企业可以采取的组织形式有(　　)。

A. 独资企业　　B. 合伙企业　　C. 合资企业　　　D. 公司制企业

3. 法人具有(　　)等三个重要特征。

A. 对企业债务承担无限连带责任　　　B. 享有民事活动的权利

C. 拥有法人财产经营权　　　　　　　D. 承担民事义务

目　录

4. 下列各项中,关于会计职能的表述正确的有( )。

A. 监督职能是核算职能的保障

B. 核算职能是监督职能的基础

C. 预测经济前景、参与经济决策和评价经营业绩是拓展职能

D. 核算与监督是基本职能

5. 会计使用的计量单位包括( )。

A. 劳动计量　　　　B. 货币计量　　　　C. 时间计量　　　　D. 实物计量

6. 下列各项中,属于会计核算的内容有( )。

A. 款项和有价证券的收付　　　　　　B. 债权债务的发生和结算

C. 资本、基金的增减　　　　　　　　D. 财物的收发、增减和使用

7. 下列各项中,关于会计核算与会计监督的说法正确的有( )。

A. 会计核算是会计监督的基础

B. 没有核算所提供的各种信息,会计监督就没有依据

C. 会计监督是会计核算的质量保障

D. 只有核算没有监督,难以保证核算所提供信息的真实性、可靠性

8. 下列各项中,属于我国会计职业道德规范内容的有( )。

A. 爱岗敬业　　　　B. 诚实守信　　　　C. 廉洁自律　　　　D. 客观公正

第2章 认知和填制原始凭证

一、判断题

1. 凡阿拉伯数字前写有币种符号的,数字后面应再写货币单位。　　　　　　　　（　　）

2. 在签发支票时,￥4 200.50 的大写金额应写成"肆仟贰佰元伍角整"。　　　（　　）

3. 小企业每项交易或事项的发生都必须从外部取得原始凭证。　　　　　　　　（　　）

4. 原始凭证对于交易或事项的发生和完成具有证明效力,但是未来交易或事项的文件不可以作为记账的依据。　　　　　　　　　　　　　　　　　　　　　　　　　　（　　）

5. 真实的原始凭证都可以作为收付款和记账的依据。　　　　　　　　　　　　（　　）

6. 汇总凭证应在每次经济业务完成后,由相关人员在同一张凭证上重复填制完成。
　　　　　　　　　　　　　　　　　　　　　　　　　　　　　　　　　　　　（　　）

7. 增值税发票属于外来、通用、一次原始凭证。　　　　　　　　　　　　　　（　　）

8. 小企业购进材料验收入库时,由仓库保管人员填制的收料单是自制的一次凭证。
　　　　　　　　　　　　　　　　　　　　　　　　　　　　　　　　　　　　（　　）

9. 业务员在开具发票时不小心将发票金额多写了一个零,发现后便将写错的发票撕毁重新开具了一张准确无误的发票。　　　　　　　　　　　　　　　　　　　　　　　（　　）

10. 会计王家明收到本单位职工填制的差旅费报销单及相关发票,王家明注意到其中一张发票没有填制单位名称,但仍然将其作为原始凭证并登记入账。　　　　　　　　　（　　）

11. 小企业接到一批订单,在完成这批订单的过程中,经济合同、收料单、成本计算单、出库单等都属于原始凭证。　　　　　　　　　　　　　　　　　　　　　　　　　　（　　）

12. 审核原始凭证记载的各项内容是否正确,包括审核接受原始凭证单位的名称是否正确、金额的填写和计算是否正确、更正是否正确。　　　　　　　　　　　　　　　（　　）

二、单项选择题

1. 在收据上书写金额正确的是(　　　　)。

　　A. ￥　　　505.00　　　　　　　　　　B. ￥9 617.00

　　C. 人民币叁拾壹元捌角贰分整　　　　　　D. ￥31.7—

2. 下列各项中,符合原始凭证金额填写规定的是(　　　　)。

　　A. 用繁体字书写中文大写金额数字

　　B. 中文大写金额数字的"角"之后可以不写"整"(或"正")字

　　C. 阿拉伯小写金额数字前面应填写人民币符号

　　D. 用阿拉伯数字填写票据出票日期

3. 下列各项中,不属于原始凭证基本内容的是(　　　　)。

4

  A. 凭证的名称   B. 填制凭证的日期

  C. 接受凭证单位名称   D. 接受凭证单位统一社会信用代码

4. 下列单据中,不能作为原始凭证的是(　　　　)。

  A. 发货单   B. 领料单

  C. 银行存款余额调节表   D. 工资结算汇总表

5. 下列单据中,属于原始凭证的是(　　　　)。

  A. 折旧计算表   B. 销售合同   C. 生产计划   D. 委托加工协议

6. 下列原始凭证中,属于累计凭证的是(　　　　)。

  A. 领料单   B. 发票   C. 收料单   D. 限额领料单

7. 取得银行结算单据一份,下列各项说法中,正确的是(　　　　)。

  A. 银行结算单据属于外来原始凭证   B. 银行结算单据属于专用凭证

  C. 银行结算单据属于累计凭证   D. 银行结算单据属于汇总凭证

8. 下列各项中,不符合原始凭证基本要求的是(　　　　)。

  A. 从个人处取得的原始凭证,必须有填制人员的签名盖章

  B. 原始凭证不得涂改、刮擦、挖补

  C. 上级批准的经济合同,应作为原始凭证

  D. 大写和小写金额必须相等

9. 小企业接受的原始凭证金额有错误,应采用的处理方法是(　　　　)。

  A. 由出具单位重开   B. 向单位负责人报告

  C. 本单位代替出具单位进行更正   D. 由出具单位重开或更正

10. 会计机构、会计人员对记载不准确、不完整的原始凭证(　　　　)。

  A. 不予受理   B. 可以受理

  C. 予以退回,要求更正、补充   D. 报告单位负责人

11. 下列各项中,属于审核原始凭证真实性的是(　　　　)。

  A. 凭证日期是否真实、业务内容是否真实

  B. 审核原始凭证所记录的经济业务是否符合国家法律

  C. 审核原始凭证各项基本要素是否齐全

  D. 审核原始凭证各项金额计算及填写是否正确

12. 下列各项中,不属于原始凭证审核内容的是(　　　　)。

  A. 合法性   B. 完整性   C. 公允性   D. 真实性

三、多项选择题

1. 在原始凭证上书写阿拉伯数字,错误的做法有(　　　　)。

  A. 金额数字前书写货币币种符号

  B. 币种符号与金额数字之间要留有空白

  C. 所有以元为单位的,一律填写到角分

  D. 数字前写有币种符号的,数字后不再写货币单位

2. 下列各项中,关于原始凭证填制的基本要求的说法正确的有(　　　　)。

    A. 大小写金额必须符合填写规范,小写金额用阿拉伯数字逐个书写,不得写连笔字

    B. 金额数字一律填写到角、分

    C. 不得涂改、刮擦、挖补

    D. 原始凭证金额有错误的,应当由出具单位重开或者更正,更改处应当加盖出具单位印章

3. 在原始凭证上书写阿拉伯数字时,正确的有(　　　)。

    A. 所有以元为单位的,一律填写到角分

    B. 无角无分的,角位和分位可写"00"或符号"—"

    C. 有角无分的,分位应当写"0"

    D. 有角无分的,分位也可以用符号"—"代替

4. 下列各项中,属于外来原始凭证的有(　　　)。

    A. 销售发票   B. 购货发票

    C. 出差取得的飞机票   D. 银行收付款通知单

5. 下列各项中,不能作为会计核算原始凭证的有(　　　)。

    A. 合同书   B. 领料单   C. 生产通知单   D. 入库单

6. 下列各项中,关于汇总凭证表述正确的有(　　　)。

    A. 汇总凭证是指在会计的实际工作日中,为了简化记账凭证的填制工作,将一定时期记录同类经济业务的原始凭证汇总编制的一张原始凭证

    B. 发料凭证汇总表属于汇总凭证

    C. 限额领料单属于汇总凭证

    D. 汇总凭证可以将两类或两类以上的经济业务汇总在一起,填列在一张汇总原始凭证上

7. 原始凭证按其填制手续及内容的不同,可以分为(　　　)。

    A. 转账凭证   B. 一次凭证   C. 累计凭证   D. 汇总凭证

8. 下列各项中,属于自制原始凭证的有(　　　)。

    A. 工资结算单   B. 限额领料单

    C. 发料凭证汇总表   D. 销售货物时开出的增值税专用发票

9. 下列各项中,关于汇总凭证与累计凭证的说法正确的有(　　　)。

    A. 通常都是自制原始凭证   B. 累计凭证可以随时计算发生额累计数

    C. 汇总凭证可以简化手续   D. 工资汇总表是累计凭证

10. 从外单位取得的原始凭证遗失时,应(　　　)后代作原始凭证。

    A. 取得原签发单位盖有公章的证明

    B. 注明原始凭证的号码、金额、内容等

    C. 由经办单位会计机构负责人、会计主管人员和单位负责人批准

    D. 由本单位会计人员自行补办

11. 原始凭证发生错误,正确的更正方法有(　　　)。

    A. 除金额外的其他错误,由出具单位重开或者更正

B. 由本单位的负责人代为更正

C. 金额发生错误,可由出具单位在原始凭证上更正

D. 金额发生错误,应当由出具单位重开

12. 会计机构、会计人员对不真实、不合法的原始凭证有权(　　　)。

A. 不予接受　　　　　　　　　　　B. 向单位负责人报告

C. 请求查明原因,追究有关当事人的责任　　D. 予以退回,要求更正、补充

四、技能训练题

1. 填制入库单和支票

1) 业务背景

2019 年 10 月 8 日,广东佳信贸易有限公司(以下简称佳信公司)向广东倍家科技有限公司购入电热壶 5 000 台,收到增值税专用发票(见表 2-1),电热壶验收合格入库,货款以银行存款支付。

表 2-1　　　　　　　　　广东增值税专用发票　　　　　No 031131001

4601041141　　　　　　　　　　　　　　　　开票日期:2019 年 10 月 08 日

购货单位	名　　　　称:广东佳信贸易有限公司 纳税人识别号:440703256268224 地　址、电话:惠州市仲恺大道 168 号 88328688 开户行及账号:惠州市建行仲恺支行 71682674152				密码区	(略)		
货物或应税劳务、服务名称	规格型号	单位	数　量	单·价	金　额	税率	税　额
电热壶		台	5 000	62.00	310 000.00	13%	40 300.00
合　计					￥310 000.00		￥40 300.00
价税合计(大写)		⊗叁拾伍万零叁佰圆整				(小写)￥350 300.00		
销货单位	名　　　　称:广东倍家科技有限公司 纳税人识别号:440703256268024 地　址、电话:惠州市仲恺大道 248 号 88327589 开户行及账号:惠州市建行仲恺支行 71682674052				备注	广东倍家科技有限公司 440703256268024 发票专用章		

收款人:谢惠新　　　　复核:杨晓梅　　　　开票人:王耀林　　　　销货单位:(章)

第三联:发票联　购买方记账凭证

2) 训练要求

(1) 电热壶已验收入库,填写入库单,如表 2-2 所示。

表 2-2　　　　　　　　　　　　**产品入库单**

　　　　　　　　　　　　　　年　月　日　　　　　　　　收字第　号

产品名称	规格型号	单位	应收数量	实收数量	金额(元)

仓库主管:　　　　　　复核:　　　　　　验收:　　　　　　制单:

（2）签发转账支票，支付货款，如图 2-1 所示。

中国建设银行支票存根（粤）
GS 01034001
附加信息

出票日期　年　月　日
收款人：
金　额：
用　途：
单位主管　　会计

中国建设银行支票（粤）　　GS　01034001
付款期限自出票之日起十天
出票日期（大写）　年　月　日　付款行名称：
收款人：　出票人账号：

人民币（大　写）	千	百	十	万	千	百	十	元	角	分

用途　密码
行号
上列款项请从我账户内支付
出票人签章
广东佳信贸易有限公司财务专用章
陈利胜
复核　记账

被背书人	被背书人	附加信息：
背书人签章 年　月　日	背书人签章 年　月　日	

（粘贴单处）

根据《中华人民共和国票据法》等法律法规的规定，签发空头支票由中国人民银行处以票面金额 5% 但不低于 1 000 元的罚款。

图 2-1　支票

2. 填制增值税专用发票和进账单

1）业务背景

2019 年 10 月 10 日，广东佳信贸易有限公司向广东百福电器有限公司销售电热壶 2 000 台，单位成本 65 元，单价 100 元，增值税税率为 13%，开出增值税专用发票一张。增值税专用发票开票资料，如表 2-3 所示。

表 2-3　　增值税专用发票开票资料

	购货单位	销货单位
名称	广东百福电器有限公司	广东佳信贸易有限公司
纳税人识别码	440702443268027	440703256268224
地址、电话	惠州市仲恺大道 148 号 88682587	惠州市仲恺大道 168 号 88328688
开户行及账号	惠州市建行仲恺支行 71676243355	惠州市建行仲恺支行 71682674152

2）训练要求

（1）依据背景资料，填制增值税专用发票，如表 2-4 所示。

表 2-4　　　　　　　　　　广东增值税专用发票　　　　　　　　No 031161201

此联不作报销、扣税凭证使用

4601041144　　　　　　　　　　　　　　　　　　　　开票日期：年　月　日

购货单位	名　　　　称： 纳税人识别号： 地　址、电话： 开户行及账号：					密码区	（略）
货物或应税劳务、服务名称	规格型号	单位	数量	单价	金额	税率	税　额
合　计							
价税合计（大写）	⊗				（小写）		
销货单位	名　　　　称： 纳税人识别号： 地　址、电话： 开户行及账号：					备注	

收款人：杨明慧　　　　复核：李帆　　　　开票人：刘树林　　　　销货单位：（章）

第一联：记账联　销售方记账凭证

（2）产品已出库，填写出库单，如表 2-5 所示。

表 2-5　　　　　　　　　　　**产品出库单**

年　月　日　　　　　　　　　　　　　　　　第　号

产品名称	规格	型号	单位	数量	单位成本	金额（元）

仓库主管：　　　　　复核：　　　　　发货：　　　　　制单：

（3）当日收到转账支票（支票略），填写银行进账单，如表 2-6 所示。

表 2-6　　　　　　　中国建设银行进账单　（回　单）　　**1**

年　月　日

出票人	全　称		收款人	全　称	
	账　号			账　号	
	开户银行			开户银行	
金额	人民币 （大写）		亿千百十万千百十元角分		
票据种类		票据张数			
票据号码		略			
复核　　　记账			开户银行盖章		

此联是开户银行交给持（出）票人的回单

第3章 理解会计记账原理

一、判断题

1. 基本会计等式所体现的平衡关系原理,是设置账户、复式记账和编制会计报表的理论依据。 （ ）

2. 一般而言,法律主体必然是一个会计主体,但会计主体不一定是法律主体。 （ ）

3. 从数量上看,资产和权益始终保持平衡关系,任何经济业务的发生均不会改变资产和权益的金额。 （ ）

4. 明确界定会计主体是开展会计确认、计量和报告的重要前提。 （ ）

5. 收入包括主营业务收入、其他业务收入和营业外收入。 （ ）

6. 在借贷记账法下,会计账户的借方登记增加数,贷方登记减少数。 （ ）

7. 一般来说,各类账户的期初余额与记账增加额的一方都在同一方向。 （ ）

8. 所有的总账账户都必须设置明细账户,进行明细分类核算。 （ ）

9. 通过试算平衡检查账簿记录,若借贷平衡就可以肯定记账准确无误。 （ ）

10. 会计科目不能记录经济业务的增减变化及结果。 （ ）

二、单项选择题

1. 下列项目中,属于资产的是( )。
   A. 预收账款　　　B. 资本公积　　　C. 原材料　　　D. 财务费用

2. 下列项目中,属于负债的是( )。
   A. 预付账款　　　B. 预收账款　　　C. 应收票据　　　D. 销售费用

3. 下列项目中,属于所有者权益的是( )。
   A. 固定资产　　　B. 应付职工薪酬　　　C. 短期借款　　　D. 盈余公积

4. 引起资产和负债同时增加的经济业务是( )。
   A. 用银行存款购买材料　　　　　　B. 从银行取得借款存入银行
   C. 以无形资产对外投资　　　　　　D. 以银行存款偿还应付账款

5. 引起负债有增有减的经济业务是( )。
   A. 以银行存款偿还银行借款　　　　B. 开出商业汇票抵付应付账款
   C. 以银行存款支付工资　　　　　　D. 收到投资者投入的设备

6. 以银行存款向国家交纳税费,所引起的变动为( )。
   A. 一项资产减少,一项所有者权益减少　　B. 一项资产减少,一项负债减少
   C. 一项所有者权益增加,一项负债减少　　D. 一项资产增加,一项资产减少

7. 某小企业资产总额为600万元,如果发生下列经济业务。

(1) 收到外单位投资 40 万元,存入银行;

(2) 以银行存款支付购入材料款 12 万元;

(3) 以银行存款偿还短期借款 10 万元。

上述经济业务发生后,该企业的资产总额应为( )万元。

A. 636　　　　　　　B. 628　　　　　　　C. 648　　　　　　　D. 630

8. 某小企业本期期初资产总额为 3 600 000 元,本期期末负债总额减少了 400 000 元,所有者权益比期初增加了 600 000 元,则该企业本期期末资产总额为( )元。

A. 3 400 000　　　　B. 3 800 000　　　　C. 4 200 000　　　　D. 3 200 000

9. 复式记账、账户试算平衡和资产负债表编制的理论依据是( )。

A. 资产＝负债＋所有者权益＋(收入－费用)

B. 资产＝负债＋所有者权益＋利润

C. 资产＝负债＋所有者权益

D. 收入－费用＝利润

10. 下列各项中,不属于会计核算方法的是( )。

A. 复式记账　　　B. 成本分析　　　C. 登记账簿　　　D. 财产清查

11. 会计科目是( )的名称。

A. 会计要素　　　　　　　　　　　　B. 报表

C. 账户　　　　　　　　　　　　　　D. 账簿

12. 按照复式记账原理,对于每一项经济业务都要在( )中相互联系地登记。

A. 一个资产账户,一个负债账户　　　B. 两个或两个以上的账户

C. 一个总账账户及所属的明细账　　　D. 一个账户的借方,另一个账户的贷方

13. 借贷记账法的贷方表示( )。

A. 资产增加,负债及所有者权益减少　　B. 资产减少,负债及所有者权益增加

C. 资产增加,负债及所有者权益增加　　D. 资产减少,负债及所有者权益减少

14. 借贷记账法试算平衡的方法是( )。

A. 总账及所属明细账的余额平衡　　　B. 差额平衡

C. 所有资产类和负债类的余额平衡　　　D. 发生额平衡、余额平衡

15. "应收账款"账户期初借方余额为 7 000 元,本期借方发生额为 3 000 元,本期贷方发生额为 12 000 元,该账户期末余额应为( )。

A. 借方余额 8 000 元　　　　　　　　B. 贷方余额 9 000 元

C. 借方余额 2 000 元　　　　　　　　D. 贷方余额 2 000 元

16. 下列各项中,属于简单会计分录的是( )。

A. 一借多贷　　　B. 一借一贷　　　C. 一贷多借　　　D. 多借多贷

17. 期末一般有借方余额的账户是( )。

A. "应付账款"　　B. "实收资本"　　C. "应收账款"　　D. "预收账款"

18. 所有者权益在数量上等于( )。

A. 所有者投入的资本　　　　　　　　B. 实收资本与资本公积之和

C. 全部资产减去全部负债后的净额　　　　D. 实收资本与未分配利润之和

19. 下列关于会计要素的表述中,不正确的是(　　　)。

　　A. 会计要素用于反映企业财务成果与经营状况

　　B. 会计要素包括资产、负债、所有者权益、收入、费用和利润

　　C. 资产、负债和所有者权益为动态会计要素

　　D. 利润要素的确认主要依赖于收入和费用以及利得和损失金额的确认

20. 负债是指过去的交易或事项形成的(　　　),履行该义务预期会导致经济利益流出小企业。

　　A. 潜在义务　　　　B. 法定义务　　　　C. 推定义务　　　　D. 现时义务

三、多项选择题

1. 下列各项中,属于会计要素的有(　　　)。

　　A. 负债　　　　　　B. 所有者权益　　　　C. 财务状况　　　　D. 利润

2. 下列各项中,属于小企业无形资产的有(　　　)。

　　A. 非专利技术　　　B. 专利权　　　　　　C. 商标权　　　　　D. 企业开办费

3. 下列各项中,属于反映小企业经营成果的会计要素有(　　　)。

　　A. 收入　　　　　　B. 费用　　　　　　　C. 利润　　　　　　D. 所有者权益

4. 下列各项中,正确的经济业务类型有(　　　)。

　　A. 一项资产增加,一项所有者权益减少　　B. 资产与负债同时增加

　　C. 一项负债减少,一项所有者权益增加　　D. 负债与所有者权益同时增加

5. (　　　)的经济业务发生后,不会使资产或权益总额发生变化。

　　A. 以银行存款 5 000 元,偿还前欠购料款　B. 从银行取得借款 20 000 元,存入银行

　　C. 以银行存款 3 000 元购买材料　　　　　D. 从银行提取现金 800 元

6. 会计的方法有(　　　)。

　　A. 复式记账法　　　B. 会计分析方法　　　C. 会计核算方法　　D. 会计检查方法

7. 会计平衡公式具体可以用(　　　)的公式表示。

　　A. 资产＝权益

　　B. 资产＝负债＋所有者权益

　　C. 资金占用＝资金来源

　　D. 资产＝负债＋所有者权益＋(收入－费用)

8. 会计分录的要素包括(　　　)。

　　A. 记账方法　　　　B. 记账方向　　　　　C. 账户名称　　　　D. 应记金额

9. 下列关于总分类账户的说法中,正确的有(　　　)。

　　A. 按一级会计科目开设的账户　　　　　　B. 提供某一会计要素的总括核算资料

　　C. 只用货币单位进行计量　　　　　　　　D. 对所属的各明细分类账户起统驭作用

10. 期末一般有贷方余额的有(　　　)账户。

　　A."预收账款"　　　B."长期借款"　　　　C."管理费用"　　　D."应交税费"

11. 下列各项中,属于"收入"要素特征的有(　　　)。

A. 收入是企业在日常活动中形成的

B. 收入是与所有者投入资本无关的经济利益的总流入

C. 收入会导致所有者权益的增加

D. 经济利益的流入能够可靠计量

12. 小企业的费用具体表现为一定期间(　　)。

A. 现金的流出　　　　　　　　　　B. 企业其他资产的减少

C. 企业负债的增加　　　　　　　　D. 银行存款的流出

13. 会计账户的各项金额的对应关系可以用(　　)表示。

A. 本期期末余额＝本期期初余额＋本期增加额－本期减少额

B. 本期期末余额－本期期初余额＝本期增加额－本期减少额

C. 本期期末余额－本期期初余额＝本期增加额＋本期减少额

D. 本期期末余额＋本期减少额＝本期期初余额＋本期增加额

14. 下列各项中,属于账户基本结构的内容有(　　)。

A. 账户的名称　　　　　　　　　　B. 日期和摘要

C. 凭证号数　　　　　　　　　　　D. 借方和贷方的金额及余额

15. 下列关于借贷记账法表述的各项中,正确的有(　　)。

A. 采用"借""贷"作为记账符号

B. 以"资产＝负债＋所有者权益"作为理论依据

C. 记账规则是"有借必有贷,借贷必相等"

D. 是我国小企业会计核算的法定记账方法

四、技能训练题

1. 填写会计要素增减变化情况表

1)业务资料

某公司 6 月份发生如下经济业务。

(1)用银行存款交纳税费 3 000 元。

(2)收到客户预付的购货款 6 000 元。

(3)向银行借入短期借款 100 000 元存入银行。

(4)收到投资者投入的一项专利技术,作价 20 000 元。

(5)收到客户偿还的前欠货款 40 000 元,存入银行。

(6)购买机器设备一台,价值 80 000 元,款项尚未支付。

(7)以银行存款支付前欠材料供应单位的货款 60 000 元。

(8)以银行存款购买原材料一批,价值 200 000 元。

(9)从银行提取现金 10 000 元。

(10)计提盈余公积 20 000 元。

2)训练要求

判断上述业务属于哪个会计要素,将该会计要素的增减变化情况填入表 3-1 相应的栏目内。

表 3-1   会计要素增减变化情况表   单位:元

序号	资 产		负 债		所有者权益
1(举例)	银行存款减少	3 000	应交税费减少	3 000	
2					
3					
4					
5					
6					
7					
8					
9					
10					

2. 补充完成账户发生额及余额表

某小企业有关账户的发生额及余额资料,如表 3-2 所示。要求:

(1) 将表 3-2 内的括号数据补充完整。

(2) 在"借或贷"栏内注明余额的借贷方向。

表 3-2   有关账户发生额及余额表   单位:元

账户名称	期初余额	本期增加额	本期减少额	借或贷	期末余额
库存现金	( )	8 800	9 200		400
银行存款	450 000	320 000	560 000		( )
其他应收款	32 000	( )	20 000		18 000
库存商品	760 000	( )	420 000		540 000
应付账款	60 000	( )	30 000		70 000
应交税费	100 000	240 000	( )		80 000
实收资本	12 000 000	3 000 000	( )		15 000 000
盈余公积	500 000	200 000	( )		400 000

3. 编制会计分录、T 字账和试算平衡表

1) 业务资料

某小企业 2019 年 7 月各总分类账户的期初余额,如表 3-3 所示。

表 3-3　　　　　　　　　　　　　账户余额表

2019 年 7 月 1 日　　　　　　　　　　　　　　单位:元

资产	余额	负债及所有者权益	余额
库存现金	4 000	短期借款	200 000
银行存款	516 400	应付票据	185 000
其他应收款	1 000	应付账款	115 000
原材料	450 000	实收资本	2 700 000
库存商品	368 600		
生产成本	80 000		
固定资产	1 780 000		
合　计	3 200 000	合计	3 200 000

2019 年 7 月份发生如下经济业务。

(1) 向银行申请 3 个月期限的临时周转借款,金额为 100 000 元,款项已存入企业银行存款账户。

(2) 出纳员向银行提取现金 8 000 元备用。

(3) 采购员李明预借差旅费 2 000 元,付给现金。

(4) 购入材料一批,金额 160 000 元,材料已验收入库,货款用银行存款付讫。

(5) 向金园五金经营部购入五金材料一批,金额 40 000 元,材料验收入库,货款尚未支付。

(6) 生产车间为生产产品领用材料一批,金额 90 000 元。

(7) 接受中科公司 600 000 元的投资,款已送存开户银行。

(8) 以银行存款偿还前欠鸿达公司材料款 70 000 元。

(9) 购入办公用品,金额 200 元,以现金付讫,交行政办公室使用。

(10) 采购员李明持结算凭证向财务科报销,批准报销差旅费 1 800 元,交回现金余款 200 元。

2) 训练要求

(1) 编制本月经济业务的会计分录,如表 3-4 所示。

表 3-4　　　　　　　　　　　　　会计分录表

题号	会计分录
1	
2	
3	
4	

（续表）

题号	会计分录
5	
6	
7	
8	
9	
10	

（2）编制各账户的 T 字账，如图 3-1 所示。

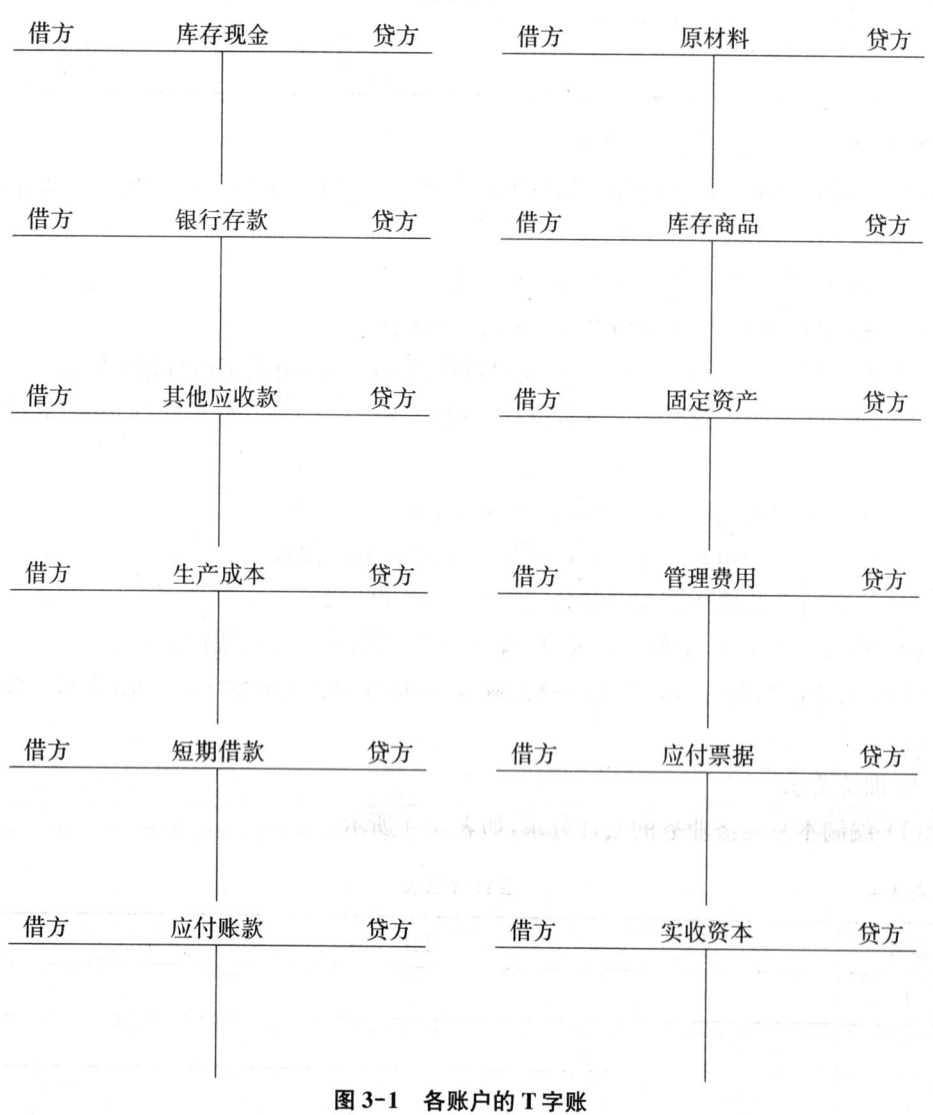

图 3-1　各账户的 T 字账

（3）编制试算平衡表，如表 3-5 所示。

表3-5   **试算平衡表**

年 月 日   单位:元

账户名称	期初余额		本期发生额		期末余额	
（会计科目）	借方	贷方	借方	贷方	借方	贷方
合计						

4. 平行登记总分类账和明细分类账

1) 期初余额资料

2019年6月,华美工厂有关账户的期初余额如下。

(1) "原材料"账户期初借方余额179 000元,其明细分类账,如表3-6所示。

表3-6   **原材料明细分类账**

原材料名称	计量单位	数量	单价(元)	金额(元)
甲材料	千克	10 000	5.60	56 000.00
乙材料	吨	20	2 400.00	48 000.00
丙材料	件	2 500	30.00	75 000.00
合计				179 000.00

(2) "应付账款"账户期初贷方余额90 000元,其明细账,如表3-7所示。

表 3-7 应付账款明细分类账

供货单位名称	金额(元)
华星工厂	40 000
祥瑞工厂	30 000
迅达工厂	20 000
合计	90 000

2)业务资料

该厂 6 月份发生如下经济业务。

(1) 3 日,以银行存款偿还前欠华星工厂货款 40 000 元,前欠祥瑞工厂货款 30 000 元。

(2) 5 日,向华星工厂购入甲材料 30 000 千克,每千克 5.60 元,计 168 000 元;购入乙材料 30 吨,每吨 2 400 元,计 72 000 元,材料验收入库,货款以银行存款付讫。

(3) 12 日,以银行存款归还前欠迅达工厂货款 20 000 元。

(4) 20 日,向华星工厂购入甲材料 20 000 千克,每千克 5.60 元,计 112 000 元,材料已验收入库,货款尚未支付。

(5) 26 日,向迅达工厂购入丙材料 7 500 件,每件 30 元,计 225 000 元,材料已验收入库,货款尚未支付。

(6) 30 日,材料仓库汇总本月发出投入产品生产的各种材料,如表 3-8 所示。

表 3-8 发出材料汇总表

原材料名称	发出材料数量	单价(元)	金额(元)
甲材料	40 000(千克)	5.60	224 000
乙材料	40(吨)	2 400.00	96 000
丙材料	8 000(件)	30.00	240 000
合计	—	—	560 000

3)训练要求

(1) 编制本月经济业务的会计分录,如表 3-9 所示。

表 3-9 会计分录表

题号	会计分录
1	
2	
3	
4	
5	
6	

（2）登记总分类账和明细分类账,并计算出各账户的本期发生额和期末余额,如表 3-10 至表 3-17 所示。

表 3-10 总分类账

会计科目:原材料

2019 年		凭证号数	摘要	借方	贷方	借或贷	余额
月	日						
6	1		上月结转				

表 3-11 原材料明细分类账

原材料名称:甲材料

2019 年		凭证号数	摘要	计量单位	收入			发出			结存		
月	日				数量	单价	金额	数量	单价	金额	数量	单价	金额
6	1		上月结转										

表 3-12   **原材料明细分类账**

原材料名称:<u>乙材料</u>

2019年		凭证号数	摘要	计量单位	收入			发出			结存		
月	日				数量	单价	金额	数量	单价	金额	数量	单价	金额
6	1		上月结转										

表 3-13   **原材料明细分类账**

原材料名称:<u>丙材料</u>

2019年		凭证号数	摘要	计量单位	收入			发出			结存		
月	日				数量	单价	金额	数量	单价	金额	数量	单价	金额
6	1		上月结转										

表 3-14 　　　　　　　　　　　　　　　　总分类账

会计科目:应付账款

2019年		凭证号数	摘要	借方	贷方	借或贷	余额
月	日						
6	1		上月结转				

表 3-15 　　　　　　　　　　　　　　应付账款明细分类账

账户名称:华星工厂

2019年		凭证号数	摘要	借方	贷方	借或贷	余额
月	日						
6	1		上月结转				

表 3-16 应付账款明细分类账

账户名称：祥瑞工厂

2019年		凭证号数	摘要	借方	贷方	借或贷	余额
月	日						
6	1		上月结转				

表 3-17 应付账款明细分类账

账户名称：迅达工厂

2019年		凭证号数	摘要	借方	贷方	借或贷	余额
月	日						
6	1		上月结转				

第4章 认知和填制记账凭证

一、判断题

1. 小企业将库存现金存入银行,一方面引起库存现金减少,另一方面又引起银行存款增加,因此应填制"现金付款凭证"和"银行存款收款凭证"。 （   ）

2. 记账凭证的"过账"（或"账页"）栏内打"√"表示已审核完毕。 （   ）

3. 填制记账凭证时,若发生错误,应当重新填制。 （   ）

4. 记账凭证可以根据若干张同类原始凭证汇总填制。 （   ）

5. 记账凭证的填制与审核不能是同一会计人员。 （   ）

6. 记账凭证是会计核算的起点,是登记会计账簿的依据。 （   ）

7. 原始凭证一般由会计人员填制或取得。 （   ）

8. 记账凭证日期一般填写填制记账凭证当天的日期,根据需要也可填写经济业务发生时的日期或月末日期。 （   ）

9. 凡是引起现金或银行存款增加的,如销售产品收到银行存款,应选用转账凭证。 （   ）

10. 在审核记账凭证的过程中,发现已入账的记账凭证有错误的,应按照规定的更正错误的方法予以更正。 （   ）

二、单项选择题

1. 填制会计凭证是（   ）的前提和依据。
   A. 成本计算　　　　B. 编制会计报表　　　　C. 登记账簿　　　　D. 设置账户

2. 记账凭证和原始凭证的金额（   ）。
   A. 必须相等　　　　　　　　　　B. 可能相等
   C. 可能不相等　　　　　　　　　D. 一定不相等

3. 对于库存现金和银行存款之间的相互划转业务,为了避免重复记账,一般只填制（   ）。
   A. 收款凭证　　　　B. 付款凭证　　　　C. 转账凭证　　　　D. 结算凭证

4. 生产车间领用原材料,应根据领料单填制（   ）。
   A. 收款凭证　　　　B. 付款凭证　　　　C. 转账凭证　　　　D. 结算凭证

5. 记账凭证的填制一般由（   ）完成。
   A. 出纳人员　　　　B. 会计人员　　　　C. 经办人员　　　　D. 主管人员

6. 记账凭证填制完毕加计合计数以后,如有空行应（   ）。
   A. 空置不填　　　　B. 划线注销　　　　C. 盖章注销　　　　D. 签字注销

7. 下列各项中,不属于记账凭证审核内容的是（   ）。

A. 凭证是否符合有关的计划和预算

B. 凭证的金额与所附原始凭证的金额是否一致

C. 会计科目的使用是否正确

D. 凭证的内容与所附原始凭证的内容是否一致

8. 某小企业外购一批材料,实际支付的价款为 5 000 元,支付的增值税额为 650 元,同时发生运费 100 元,则原材料的入账价值为(　　)元。

A. 5 650　　　　　　B. 5 000　　　　　　C. 5 100　　　　　　D. 5 750

9. 下列各项中,不计入产品成本的是(　　)。

A. 生产工人工资　　　　　　　　　　B. 生产设备的折旧

C. 生产产品所耗用的材料费　　　　　D. 行政管理人员工资

10. 下列各项中,不能计入购入生产经营用设备成本的是(　　)。

A. 支付的买价　　　　　　　　　　　B. 支付的增值税

C. 支付的保险费　　　　　　　　　　D. 支付的运杂费

11. 计提本月固定资产折旧时,应贷记(　　)账户。

A.“固定资产”　　B.“累计折旧”　　C.“财务费用”　　D.“制造费用”

12. 支付产品广告费时,应借记(　　)账户。

A.“管理费用”　　　　　　　　　　　B.“销售费用”

C.“营业外支出”　　　　　　　　　　D.“其他业务成本”

13. 下列各项中,不影响营业利润的是(　　)。

A. 管理费用　　　　B. 所得税费用　　C. 主营业务收入　　D. 其他业务成本

14. 下列各项中,期末结转到“本年利润”账户借方的是(　　)。

A. 制造费用　　　　B. 管理费用　　　C. 生产成本　　　　D. 营业外收入

15. 下列各项中,应计入小企业主营业务收入的是(　　)。

A. 出租固定资产取得的收入　　　　　B. 出售固定资产取得的收入

C. 转让无形资产使用权的收入　　　　D. 提供劳务取得的收入

三、多项选择题

1. 记账凭证按其用途分类,可以分为(　　)。

A. 单式记账凭证　　　　　　　　　　B. 复式记账凭证

C. 专用记账凭证　　　　　　　　　　D. 通用记账凭证

2. 记账凭证审核的主要内容有(　　)。

A. 项目是否齐全　　　　　　　　　　B. 科目是否正确

C. 内容是否真实　　　　　　　　　　D. 数量是否正确

3. 记账凭证是由(　　)填制的。

A. 经办人　　　　　　　　　　　　　B. 会计人员

C. 经济业务发生时　　　　　　　　　D. 根据审核无误的原始凭证

4. 按照规定,除(　　)的记账凭证可以不附原始凭证,其他记账凭证必须附有原始凭证。

A. 提取现金　　　　　　　　　　　　B. 结账

C. 更正错账　　　　　　　　　　D. 现金存入银行

5. 记账凭证的填制除必须做到记录真实、内容完整、填制及时、书写清楚外,还必须符合(　　)要求。

A. 如有空行,应当在空行处划线注销

B. 发生错误应该按规定的方法更正

C. 必须连续编号

D. 除另有规定外,应该有附件并注明附件张数

6. (　　)项目应直接计入当期损益。

A. 管理费用　　　B. 制造费用　　　C. 财务费用　　　D. 销售费用

7. 下列各项中,属于利润分配内容的有(　　)。

A. 弥补以前年度亏损　　　　　　B. 提取盈余公积

C. 资本公积转增资本　　　　　　D. 向投资者分配利润

8. 下列各项中,属于营业外收入核算的项目有(　　)。

A. 违约罚款收入　　　　　　　　B. 确实无法支付的应付账款

C. 出售材料取得的收入　　　　　D. 没收外单位财产的收入

9. 下列各项中,应记入"生产成本"账户借方的费用有(　　)。

A. 产品生产工人工资　　　　　　B. 企业总部修理办公设备耗用的原材料

C. 车间固定资产的折旧费　　　　D. 生产产品耗用的原材料

10. 下列各项中,属于职工薪酬核算内容的有(　　)。

A. 职工工资、奖金、津贴和补贴　　　B. 职工福利费

C. 社会保险费　　　　　　　　　D. 工会经费和职工教育经费

11. 下列各项中,通过"税金及附加"账户核算的有(　　)。

A. 城市维护建设税　　　　　　　B. 印花税

C. 教育费附加　　　　　　　　　D. 增值税

12. 下列关于结转完工产品成本的说法中,正确的有(　　)。

A. 借记"库存商品"账户　　　　　B. 借记"生产成本"账户

C. 贷记"主营业务收入"账户　　　D. 贷记"生产成本"账户

四、技能训练题

1. 筹资业务记账凭证的填制

1) 业务资料

某工厂 2019 年 5 月发生下列经济业务:

(1) 6 日,向银行借入期限为 3 个月的借款 30 000 元,款项已存入银行。

(2) 10 日,用银行存款归还已到期的 2 年期借款 100 000 元。

(3) 16 日,向银行借入期限为 5 年的借款 120 000 元,款项已存入银行。

(4) 20 日,收到海红公司的投资款 50 000 元,款项已存入银行。

2) 技能要求

根据以上经济业务,编制相应的会计分录与记账凭证,如表 4-1 至表 4-4 所示。

表 4-1

记 账 凭 证

年　月　日　　　　　　　　　　　　　　字第　号

摘　要	总账科目	明细科目	借方金额									贷方金额									账页或√
			千	百	十	万	千	百	十	元	角	分	千	百	十	万	千	百	十	元	角	分	
附属单证　　张		合　计																					

会计主管：　　　　　　记账：　　　　　　　审核：　　　　　　制单：

表 4-2

记 账 凭 证

年　月　日　　　　　　　　　　　　　　字第　号

摘　要	总账科目	明细科目	借方金额									贷方金额									账页或√
			千	百	十	万	千	百	十	元	角	分	千	百	十	万	千	百	十	元	角	分	
附属单证　　张		合　计																					

会计主管：　　　　　　记账：　　　　　　　审核：　　　　　　制单：

表4-3

记 账 凭 证

年 月 日　　　　　　　　　　　　　　　　　字第 号

摘　要	总账科目	明细科目	借方金额										贷方金额										账页或✓
---	---	---	千	百	十	万	千	百	十	元	角	分	千	百	十	万	千	百	十	元	角	分	---
附属单证　　张		合　计																					

会计主管：　　　　　　记账：　　　　　　审核：　　　　　　制单：

表4-4

记 账 凭 证

年 月 日　　　　　　　　　　　　　　　　　字第 号

摘　要	总账科目	明细科目	借方金额										贷方金额										账页或✓
---	---	---	千	百	十	万	千	百	十	元	角	分	千	百	十	万	千	百	十	元	角	分	---
附属单证　　张		合　计																					

会计主管：　　　　　　记账：　　　　　　审核：　　　　　　制单：

2. 采购业务记账凭证的填制

1) 业务资料

某小企业 2019 年 6 月份发生下列经济业务：

（1）2 日，从新兴工厂购入 B 材料 1 000 千克，买价 20 000 元，增值税额 2 600 元，运杂费 550 元，款项已用银行存款支付，材料尚未到达。

（2）8 日，从永昌工厂购入 A 材料 600 千克，买价 30 000 元，增值税额 3 900 元，B 材料 400 千克，买价 8 000 元，增值税额 1 040 元，共发生运杂费 500 元，款项已用银行存款支付，材料已验收入库（运杂费按材料重量进行分配）。

（3）16 日，从宏远工厂购入 C 材料 200 千克，买价 50 000 元，增值税额 6 500 元，D 材料 100 立方米，买价 30 000 元，增值税额 3 900 元，运杂费共计 4 800 元，款项尚未支付，材料已验收入库（运杂费按材料买价进行分配）。

2) 技能要求

根据以上经济业务编制相应的会计分录与记账凭证，如表 4-5 至表 4-7 所示。

表 4-5

记　账　凭　证

年　月　日　　　　　　　　　　　　　　　　　　　字第　　号

摘　要	总账科目	明细科目	借方金额										贷方金额										账页或✓
			千	百	十	万	千	百	十	元	角	分	千	百	十	万	千	百	十	元	角	分	
附属单证　　张		合　计																					

会计主管：　　　　　记账：　　　　　审核：　　　　　制单：

表 4-6

记 账 凭 证

年 月 日　　　　　　　　　　　　　　　　字第　号

摘　要	总账科目	明细科目	借方金额										贷方金额										账页或 ✓
			千	百	十	万	千	百	十	元	角	分	千	百	十	万	千	百	十	元	角	分	
附属单证　张		合　计																					

会计主管：　　　　　记账：　　　　　审核：　　　　　制单：

表 4-7

记 账 凭 证

年 月 日　　　　　　　　　　　　　　　　字第　号

摘　要	总账科目	明细科目	借方金额										贷方金额										账页或 ✓
			千	百	十	万	千	百	十	元	角	分	千	百	十	万	千	百	十	元	角	分	
附属单证　张		合　计																					

会计主管：　　　　　记账：　　　　　审核：　　　　　制单：

3. 生产业务记账凭证的填制

　　1）业务资料

　　某小企业 2019 年 6 月发生下列经济业务：

　　（1）6 日，生产甲产品领用 A 材料 800 千克，单价 50 元，生产乙产品领用 B 材料 300 千克，管理部门领用 B 材料 50 千克，单价 20 元。

　　（2）28 日，用银行存款支付本月电费 30 000 元，其中，生产车间 22 000 元，管理部门 8 000 元。

　　（3）30 日，结算本月应付职工工资 50 000 元，其中，生产甲产品工人工资 20 000 元，生产乙产品工人工资 15 000 元，车间管理人员工资 6 000 元，企业管理人员工资 9 000 元。

　　（4）30 日，计提本月固定资产折旧 3 800 元，其中生产车间 2 300 元，管理部门 1 500 元。

　　2）技能要求

　　根据以上经济业务编制相应的会计分录与记账凭证，如表 4-8 至表 4-11 所示。

表 4-8

记　账　凭　证

年　月　日　　　　　　　　　　　　　　字第　号

摘　要	总账科目	明细科目	借方金额										贷方金额										账页或✓
			千	百	十	万	千	百	十	元	角	分	千	百	十	万	千	百	十	元	角	分	
附属单证　　张		合　计																					

会计主管：　　　　　记账：　　　　　审核：　　　　　制单：

表4-9

记 账 凭 证

年 月 日　　　　　　　　字第 号

摘　要	总账科目	明细科目	借方金额										贷方金额										账页或✓
			千	百	十	万	千	百	十	元	角	分	千	百	十	万	千	百	十	元	角	分	
附属单证　　张		合　计																					

会计主管：　　　　　记账：　　　　　审核：　　　　　制单：

表4-10

记 账 凭 证

年 月 日　　　　　　　　字第 号

摘　要	总账科目	明细科目	借方金额										贷方金额										账页或✓
			千	百	十	万	千	百	十	元	角	分	千	百	十	万	千	百	十	元	角	分	
附属单证　　张		合　计																					

会计主管：　　　　　记账：　　　　　审核：　　　　　制单：

表 4-11

记 账 凭 证

年 月 日   字第　号

摘　要	总账科目	明细科目	借方金额										贷方金额										账页或✓
			千	百	十	万	千	百	十	元	角	分	千	百	十	万	千	百	十	元	角	分	
附属单证　　张		合　计																					

会计主管：　　　　　记账：　　　　　审核：　　　　　制单：

4. 销售业务记账凭证的填制

1）业务资料

某小企业 2019 年 7 月份发生下列经济业务：

（1）5 日，用银行存款支付产品广告费 2 000 元。

（2）8 日，销售给雪莲工厂甲产品 500 件，单位售价 600 元，销项税额 39 000 元，款项已存入银行。

（3）20 日，用银行存款支付产品销售运输费 300 元。

（4）28 日，销售给红卫工厂 C 材料 100 千克，单位售价 20 元，销项税额 260 元，款项已收存银行。

2）技能要求

根据以上经济业务编制相应的会计分录与记账凭证，如表 4-12 至表 4-15 所示。

表 4-12

记 账 凭 证

年 月 日　　　　　　　　　　字第 号

摘 要	总账科目	明细科目	借方金额											贷方金额											账页或√
			千	百	十	万	千	百	十	元	角	分	千	百	十	万	千	百	十	元	角	分	
附属单证　张		合 计																						

会计主管：　　　　　　记账：　　　　　　　审核：　　　　　　制单：

表 4-13

记 账 凭 证

年 月 日　　　　　　　　　　字第 号

摘 要	总账科目	明细科目	借方金额											贷方金额											账页或√
			千	百	十	万	千	百	十	元	角	分	千	百	十	万	千	百	十	元	角	分	
附属单证　张		合 计																						

会计主管：　　　　　　记账：　　　　　　　审核：　　　　　　制单：

表 4-14

记 账 凭 证

年 月 日　　　　　　　　　　　　　字第　号

摘　要	总账科目	明细科目	借方金额										贷方金额										账页或✓
			千	百	十	万	千	百	十	元	角	分	千	百	十	万	千	百	十	元	角	分	
附属单证　　张		合　计																						

会计主管：　　　　　记账：　　　　　审核：　　　　　制单：

表 4-15

记 账 凭 证

年 月 日　　　　　　　　　　　　　字第　号

摘　要	总账科目	明细科目	借方金额										贷方金额										账页或✓
			千	百	十	万	千	百	十	元	角	分	千	百	十	万	千	百	十	元	角	分	
附属单证　　张		合　计																						

会计主管：　　　　　记账：　　　　　审核：　　　　　制单：

5. 利润业务记账凭证的填制

1）业务资料

某小企业 2019 年 8 月发生下列经济业务：

（1）3 日,用银行存款交纳上月应交所得税 60 000 元。

（2）15 日,用银行存款向灾区捐款 50 000 元。

（3）31 日,结转收入类账户的余额,其中主营业务收入 350 000 元,其他业务收入 10 000 元,投资收益 15 000 元,营业外收入 2 000 元。

（4）31 日,结转费用类账户的余额,其中主营业务成本 210 000 元,其他业务成本 5 700 元,销售费用 28 000 元,税金及附加 8 500 元,管理费用 34 500 元,财务费用 2 000 元,营业外支出 60 000 元。

（5）31 日,按本月利润总额的 25% 计算并结转应交所得税。

2）技能要求

根据以上经济业务编制相应的会计分录与记账凭证,如表 4-16 至表 4-21 所示。

表 4-16

记　账　凭　证

年　月　日　　　　　　　　　　　　　字第　号

摘　要	总账科目	明细科目	借方金额 千百十万千百十元角分	贷方金额 千百十万千百十元角分	账页或✓
附属单证　　张		合　计			

会计主管：　　　　　记账：　　　　　审核：　　　　　制单：

表 4-17

记 账 凭 证

年 月 日　　　　　　　　　　　　　　　字第　号

摘　要	总账科目	明细科目	借方金额										贷方金额										账页或✓
---	---	---	千	百	十	万	千	百	十	元	角	分	千	百	十	万	千	百	十	元	角	分	
附属单证　张		合　计																					

会计主管：　　　　记账：　　　　审核：　　　　制单：

表 4-18

记 账 凭 证

年 月 日　　　　　　　　　　　　　　　字第　号

摘　要	总账科目	明细科目	借方金额										贷方金额										账页或✓
---	---	---	千	百	十	万	千	百	十	元	角	分	千	百	十	万	千	百	十	元	角	分	
附属单证　张		合　计																					

会计主管：　　　　记账：　　　　审核：　　　　制单：

表 4-19

记　账　凭　证

年　月　日　　　　　　　　　　　字第　号

摘　要	总账科目	明细科目	借方金额										贷方金额										账页或 ∨
			千	百	十	万	千	百	十	元	角	分	千	百	十	万	千	百	十	元	角	分	
附属单证　　张		合　计																					

会计主管：　　　　　　记账：　　　　　　审核：　　　　　　制单：

表 4-20

记　账　凭　证

年　月　日　　　　　　　　　　　字第　号

摘　要	总账科目	明细科目	借方金额										贷方金额										账页或 ∨
			千	百	十	万	千	百	十	元	角	分	千	百	十	万	千	百	十	元	角	分	
附属单证　　张		合　计																					

会计主管：　　　　　　记账：　　　　　　审核：　　　　　　制单：

表 4-21

记 账 凭 证

年 月 日   字第 号

摘 要	总账科目	明细科目	借方金额 千百十万千百十元角分	贷方金额 千百十万千百十元角分	账页或✓
附属单证 张		合 计			

会计主管: 记账: 审核: 制单:

6. 科目汇总表的编制

1）业务资料

某小企业 2019 年 8 月 1～10 日根据所发生的经济业务填制的记账凭证,如表 4-22（以会计分录代替）所示。

表 4-22   **2019 年 8 月 1～10 日的记账凭证**   单位:元

凭证编号	借方科目	金 额	贷方科目	金 额
转 1	固定资产	300 000	实收资本	300 000
银收 1	银行存款	18 000	应收账款	18 000
现付 1	其他应收款	800	库存现金	800
银付 1	库存现金	1 500	银行存款	1 500
银收 2	银行存款	100 000	短期借款	100 000
转 2	盈余公积	20 000	实收资本	20 000
转 3	生产成本 制造费用 管理费用	36 000 6 000 2 000	原材料	44 000
银付 2	库存现金	15 000	银行存款	15 000
现付 2	应付职工薪酬	15 000	库存现金	15 000

凭证编号	借方科目	金　额	贷方科目	金　额
银付 3	应付账款	24 000	银行存款	24 000
转 4	生产成本 制造费用 管理费用	11 000 1 600 2 400	应付职工薪酬	15 000
转 5	制造费用 管理费用	3 000 2 000	累计折旧	5 000
银付 4	管理费用	3 000	银行存款	3 000
银付 5	固定资产	68 000	银行存款	68 000
银收 3	银行存款	23 500	应收账款	23 500

2）技能要求

根据上述记账凭证编制该企业 2019 年 8 月上旬的科目汇总表，如表 4-23 所示。

表 4-23　　　　　　　　　　　科目汇总表

2019 年 8 月 1～10 日　　　　　　　　　　　单位：元

会计科目	借方发生额	贷方发生额

第5章 认知和登记会计账簿

一、判断题

1. 总账只能进行金额核算，提供价值指标，不提供实物指标，而明细账有的只提供价值指标，有的既提供价值指标，又提供实物指标。 （　　）

2. 会计人员根据记账凭证登记账簿时，误将100元记为1 000元，更正这种记账错误应采用红字更正法。 （　　）

3. 各小企业都必须按照统一规定设置分类账。 （　　）

4. 订本式账簿在平时记账时可以临时增减账页，在使用后按实际使用页数装订。

（　　）

5. 账证核对就是期末将账簿记录与会计凭证逐笔进行核对。 （　　）

6. 月末小企业银行存款的实有余额为本月银行对账单余额加上小企业已收、银行未收款项，减去小企业已付、银行未付的款项。 （　　）

7. 月末小企业应根据"银行存款余额调节表"中调整后的余额进行账务处理，使小企业银行存款日记账的余额与调整后的余额一致。 （　　）

8. 年终决算前对财产物资所进行的清查一般属于全面清查。 （　　）

9. 在清查盘点实物时，由盘点人员单方面清点即可，保管人员不需在场。 （　　）

10. 各种结算往来款项的清查，必须派人亲自到对方单位核对。 （　　）

二、单项选择题

1. "应收账款"账户明细账的格式一般采用（　　）。
   A. 多栏式　　　　　　　　　　　　B. 订本式
   C. 数量金额式　　　　　　　　　　D. 三栏式

2. 多栏式明细账格式一般适用于（　　）。
   A. 债权、债务类账户　　　　　　　B. 财产、物资类账户
   C. 费用成本类和收入成果类账户　　D. 货币资产类账户

3. 按照经济业务发生时间的先后顺序逐日逐笔进行登记的账簿是（　　）。
   A. 总分类账簿　　　　　　　　　　B. 序时账簿
   C. 备查账簿　　　　　　　　　　　D. 明细分类账簿

4. 下列关于现金及银行存款日记账月末结账的做法的表述中，正确的是（　　）。
   A. 应在"本月合计"栏下面通栏划单红线
   B. 应在"本月合计"栏下面通栏划双红线
   C. 应在"本年累计"栏下面通栏划单红线

D. 应在"本年累计"栏下面通栏划双红线

5. 在填制记账凭证时,会计人员将 860 元误记为 680 元,并已登记入账,月末结账时发现该笔错账,采用的错账更正方法是(　　)。

A. 划线更正法　　　　　　　　　B. 补充登记法

C. 红字更正法　　　　　　　　　D. 核对账目法

6. 月末结账时发现错账,相应记账凭证所用的会计科目正确,只是所填金额大于应填金额,并已登记入账,应采用(　　)更正。

A. 红字更正法　　　　　　　　　B. 划线更正法

C. 补充登记法　　　　　　　　　D. 平行登记法

7. 下列关于从银行提取库存现金业务的做法中,正确的是(　　)。

A. 根据库存现金收款凭证登记银行存款日记账

B. 根据银行存款付款凭证登记现金日记账和银行存款日记账

C. 根据库存现金收款凭证登记现金日记账

D. 根据银行存款付款凭证和库存现金收款凭证登记现金日记账和银行存款日记账

8. 对财产物资进行清查的目的是要达到(　　)。

A. 账账相符　　　　B. 账证相符　　　　C. 账实相符　　　　D. 账表相符

9. 出纳人员每日业务终了应对现金进行清点,属于(　　)。

A. 局部清查和不定期清查　　　　　　B. 局部清查和定期清查

C. 全面清查和定期清查　　　　　　　D. 全面清查和不定期清查

10. 现金清查采用的方法是(　　)。

A. 函证核对　　　　B. 实地盘点　　　　C. 抽样检验　　　　D. 技术测算

11. 在记账无误的情况下,银行对账单与企业银行存款日记账账面余额不一致是由(　　)造成的。

A. 坏账损失　　　　　　　　　　B. 应付账款

C. 应收账款　　　　　　　　　　D. 未达账项

12. 下列对账工作中,属于账实核对的是(　　)。

A. 会计部门的财产物资明细账与财产物资保管部门的有关明细账核对

B. 总分类账与所属明细分类账核对

C. 企业银行存款日记账与对账单核对

D. 总分类账与日记账核对

13. 可以跨年度连续使用的会计账簿是(　　)。

A. 总账　　　　　　B. 明细账　　　　　C. 备查账　　　　　D. 日记账

14. 账账核对不包括(　　)。

A. 总账与所属明细账之间的核对　　　　B. 总账与备查账的核对

C. 总账各账户余额的核对　　　　　　　D. 总账与日记账的核对

15. 下列情况下,(　　)企业不需要对其财产进行全面清查。

A. 年终决算前　　　　　　　　　B. 企业进行股份制改制前

C. 更换仓库保管员　　　　　　　　　　D. 企业破产

三、多项选择题

1. 下列各项中,需要采用订本式账簿的有(　　)。

    A. 现金日记账　　　　　　　　　　　　B. 库存商品明细账

    C. 银行存款日记账　　　　　　　　　　D. 总分类账

2. 账簿按其用途不同,可以分为(　　)。

    A. 总分类账　　　　　　　　　　　　　B. 备查账

    C. 日记账　　　　　　　　　　　　　　D. 分类账

3. 红字更正法适用于(　　)。

    A. 记账前,发现记账凭证上的文字和数字有误

    B. 记账后,发现原记账凭证上应借、应贷科目填错

    C. 记账后,发现原记账凭证上所填金额小于应填金额

    D. 记账后,发现原记账凭证上所填金额大于应填金额

4. 明细账账页格式一般有(　　)。

    A. 三栏式　　　　　　　　　　　　　　B. 多栏式

    C. 数量金额式　　　　　　　　　　　　D. 横线登记式

5. 应采用数量金额式的明细账有(　　)。

    A. 固定资产明细账　　　　　　　　　　B. 实收资本明细账

    C. 原材料明细账　　　　　　　　　　　D. 库存商品明细账

6. 下列情况中,可以采用红墨水记账的有(　　)。

    A. 采用红字冲销法,冲销错误记录

    B. 在不设借贷栏的多栏式账页中,登记减少数

    C. 在三栏式账户的余额前,如未印明借贷方向的,在余额栏内登记负数余额

    D. 会计制度规定的可以用红字登记的其他会计记录

7. 不定期清查,一般在(　　)时进行。

    A. 企业财产被盗　　　　　　　　　　　B. 财产保管员变动

    C. 自然灾害造成部分财产损失　　　　　D. 部分财产霉变

8. 银行存款的清查,须将(　　)互相进行逐笔勾对。

    A. 银行存款日记账　　　　　　　　　　B. 银行存款总账

    C. 银行对账单　　　　　　　　　　　　D. 支票登记簿

9. 常用的实物资产的清查方法包括(　　)。

    A. 技术推算法　　　　　　　　　　　　B. 实地盘点法

    C. 函证核对法　　　　　　　　　　　　D. 抽样盘存法

10. 下列关于结出账户余额的规定中,正确的说法有(　　)。

    A. 结出账户余额后,应当在"借或贷"栏内注明"借"或"贷"字,以示余额方向

    B. 对于没有余额的账户,应在"借或贷"栏内注明"平"字,并在余额栏用"θ"表示

    C. 现金日记账和银行存款日记账必须逐日结出余额

D. 现金日记账和银行存款日记账必须逐笔结出余额

四、技能训练题

1. 登记总账和明细账

1）业务资料

2019 年 7 月 1 日,海滨公司"原材料"总分类账户借方余额为 225 000 元,其中:甲材料 2 000 千克,每千克 55 元,计 110 000 元;乙材料 5 000 千克,每千克 23 元,计 115 000元。海滨公司 2019 年 7 月份发生如下经济业务:

（1）5 日,向 A 公司购入甲材料 800 千克,单价 55 元,货款 44 000 元;购入乙材料 2 000 千克,单价 23 元,价款 46 000 元。材料已验收入库,款项尚未支付。

（2）10 日,向 B 公司购入甲材料 2 000 千克,单价 55 元,价款 110 000 元,材料已验收入库,款项尚未支付。

（3）16 日,生产车间为生产产品领用材料,其中领用甲材料 1 400 千克,单价 55 元,价值 77 000 元;领用乙材料 3 000 千克,单价 23 元,价值 69 000 元。

（4）28 日,向 A 公司购入乙材料 1 600 千克,单价 23 元,价款 16 800 元,材料已验收入库,款项已支付。

2）技能要求

（1）根据以上经济业务填制相应的记账凭证,如表 5-1 至表 5-4 所示。

表 5-1

记　账　凭　证

年　月　日　　　　　　　　　　　　　　　　字第　号

摘　要	总账科目	明细科目	借方金额										贷方金额										账页或√
			千	百	十	万	千	百	十	元	角	分	千	百	十	万	千	百	十	元	角	分	
附属单证　　　张		合　计																						

会计主管:　　　　　记账:　　　　　审核:　　　　　制单:

表 5-2

记 账 凭 证

年 月 日 　　　　　　　　　　　　字第　号

摘　要	总账科目	明细科目	借方金额										贷方金额										账页或✓
---	---	---	千	百	十	万	千	百	十	元	角	分	千	百	十	万	千	百	十	元	角	分	
附属单证　张		合　计																						

会计主管:　　　　　记账:　　　　　审核:　　　　　制单:

表 5-3

记 账 凭 证

年 月 日 　　　　　　　　　　　　字第　号

摘　要	总账科目	明细科目	借方金额										贷方金额										账页或✓
---	---	---	千	百	十	万	千	百	十	元	角	分	千	百	十	万	千	百	十	元	角	分	
附属单证　张		合　计																						

会计主管:　　　　　记账:　　　　　审核:　　　　　制单:

表 5-4

记 账 凭 证

年 月 日 　　　　　　　　　　　　　　　　　　字第 号

摘 要	总账科目	明细科目	借方金额									贷方金额									账页或√
			千	百	十	万	千	百	十	元	角	分	千	百	十	万	千	百	十	元	角	分	
附属单证　　张	合　计																					

会计主管：　　　　　　记账：　　　　　　审核：　　　　　　制单：

（2）登记原材料总账和明细账，并结出其本期发生额及期末余额，如表 5-5 至表 5-7 所示。

表 5-5

总分类账

会计科目：原材料 　　　　　　　　　　　　　　　　　　　　　　　第 页

年		凭证		摘 要	借方金额											√	贷方金额											√	借或贷	余额											√
月	日	字	号		亿	千	百	十	万	千	百	十	元	角	分		亿	千	百	十	万	千	百	十	元	角	分			亿	千	百	十	万	千	百	十	元	角	分	

表 5-6 　　　　　　　　　　　**原材料明细分类账**

计量单位:千克　　存放地点:　　类别:主要材料　　货名:甲材料　　单位:元

年		凭证		摘要	收(借)入												发(贷)出												结(余)存												核对
月	日	种类	号数		数量	单价	金额										数量	单价	金额										数量	单价	金额										
							百	十	万	千	百	十	元	角	分			百	十	万	千	百	十	元	角	分			百	十	万	千	百	十	元	角	分	

表 5-7 　　　　　　　　　　　**原材料明细分类账**

计量单位:千克　　存放地点:　　类别:主要材料　　货名:乙材料　　单位:元

年		凭证		摘要	收(借)入												发(贷)出												结(余)存												核对
月	日	种类	号数		数量	单价	金额										数量	单价	金额										数量	单价	金额										
							百	十	万	千	百	十	元	角	分			百	十	万	千	百	十	元	角	分			百	十	万	千	百	十	元	角	分	

2. 错账更正

1) 业务资料

珠江公司 2019 年 8 月末核对账目,发现以下问题。

(1) 8 日,用银行存款支付广告费 32 500 元,原记账凭证填制为:

借:销售费用   32 500

    贷:银行存款   32 500

并据以登记入账,"银行存款"账户贷方登记为 35 000 元。

(2) 15 日,厂部报销办公费 200 元,用现金支付。原记账凭证为:

借:制造费用   200

    贷:库存现金   200

并据以登记入账。

(3) 20 日,从银行提取现金 2 000 元备用,原记账凭证为:

借:库存现金   20 000

    贷:银行存款   20 000

并据以登记入账。

(4) 25 日,以银行存款购置设备一台,价款 853 000 元,原记账凭证为:

借:固定资产   835 000

    贷:银行存款   835 000

并据以登记入账。

2) 技能要求

判断上述资料所列账证记录的错误类型,并予以更正,如表 5-8 所示。

表 5-8   差错登记表

题号	错误类型	更正方法	更正结果
(1)			
(2)			
(3)			
(4)			

3. 编制银行存款余额调节表

1) 业务资料

2019 年 9 月 25～30 日,某小企业银行存款日记账与银行对账单内容,如表 5-9 和表 5-10 所示。

表 5-9   **银行存款日记账**

2019		凭证		摘要	结算凭证		借方	贷方	余额
月	日	字	号		种类	号数			
9	24			余额					300 000
	25	银付	38	支付购料款	转支	21		250 000	
	26	银付	39	支付广告费	转支	22		2 000	
	27	银收	18	收到销货款	电汇		226 000		
	28	银付	40	支付购料款	电汇			80 000	
	30	银付	41	支付修理费	转支	23		3 500	
	30	银收	19	收到销货款	转支	127	180 000		370 500

表 5-10   **银行对账单**

2019		结算方式		借方	贷方	余额
月	日	类别	号码			
9	24					300 000
	27	电汇			226 000	
	28	转支	22	2 000		
	28	转支	21	250 000		
	28	信汇		23 000		
	28	汇票	148		3 200	
	30	信汇			60 000	
	30	电汇		90 000		224 200

2）技能要求

根据上述资料确定未达账项,并编制银行存款余额调节表,如表 5-11 所示。

表 5-11   **银行存款余额调节表**

2019 年 9 月 30 日   单位:元

项 目	金 额	项 目	金 额
银行存款日记账余额 加:银行已收,企业未收 减:银行已付,企业未付		银行对账单余额 加:企业已收,银行未收 减:企业已付,银行未付	
调节后的存款余额		调节后的存款余额	

4. 财产清查的会计核算

1）业务资料

2019 年 9 月 30 日,某小企业对财产物资进行清查时,发现如下情况:

（1）库存101#产品账面结存数量1 500件，单位成本20元，金额30 000元。实存1 485件，盘亏15件，价值300元。经查明，10件系保管人员过失所致，经批准责令赔偿，5件为收发计量错误原因造成，经批准计入营业外支出。

（2）甲材料账面结存数量300千克，每千克30元，金额9 000元，全部毁损，作为废料处理，计价500元。经查明系自然灾害所致，其损失经批准作为非常损失处理。

（3）乙材料账面结存数量120吨，每吨成本100元，价值12 000元，实存118吨，盘亏2吨，价值200元。经查明属于定额内损耗，经批准转销处理。

2）技能要求

根据以上资料，编制财产清查结果审批前后相关的会计分录，如表5-12所示。

表5-12　　　　　　　　　　　会计分录表

题号	查明原因前的会计分录	报经批准后的会计分录
（1）		
（2）		
（3）		

第6章 认知和编制财务报表

一、判断题

1. 小企业财务报表的编制基础是权责发生制。 （   ）

2. "投资收益"和"其他业务利润"都会影响小企业的营业利润。 （   ）

3. 财务报表应当根据严格审核的会计账簿记录和有关资料编制。 （   ）

4. 由于正值元旦放假,为尽快完成财务报表编制工作,可以提前结账,提前编制财务报表。

（   ）

5. 资产负债表是反映小企业一定报告期间财务状况的报表。 （   ）

6. 资产负债表是总括反映小企业某一特定日期资产、负债和所有者权益情况的动态报表,通过它可以了解小企业的资产的构成、资金的来源构成和债务偿还能力。 （   ）

7. 资产负债表中的"固定资产账面价值"项目,应根据"固定资产"账户余额减去"累计折旧"账户的期末余额后的金额填列。 （   ）

8. 利润表可以帮助报表使用者全面了解小企业的财务状况,分析小企业的偿债能力,从而为未来的经济决策提供参考信息。 （   ）

9. 利润表是反映小企业在一定会计期间的经营成果的财务报表。 （   ）

10. 利润表属于年度报表,所以年末才需要编制。 （   ）

二、单项选择题

1. 财务报表按其反映（   ）的方式的不同,可分为静态报表和动态报表。

　　A. 经济内容　　　　B. 编报主体　　　　C. 财务活动　　　　D. 编报时间

2. 我国资产负债表采用的格式是（   ）。

　　A. 报告式　　　　B. 单步式　　　　C. 多步式　　　　D. 账户式

3. 下列各项中,作为资产负债表中资产项目的排列顺序标准的是（   ）。

　　A. 资产的重要性　　　　　　　　　　B. 资产的时间性

　　C. 资产的流动性　　　　　　　　　　D. 资产的收益性

4. 编制资产负债表时,"预收账款"账户所属明细账户的借方余额应填列在（   ）项目中。

　　A. 预收账款　　　　B. 应收账款　　　　C. 预付账款　　　　D. 应付账款

5. 下列各项中,属于年末资产负债表中未分配利润项目填列依据的是（   ）。

　　A. "本年利润"账户的贷方余额

　　B. "本年利润"账户的贷方余额减去"利润分配"账户的贷方余额

　　C. "本年利润"账户的贷方余额加上"利润分配"账户的贷方余额

D. "利润分配"账户的年末贷方余额或借方余额

6. 根据"资产＝负债＋所有者权益"这一平衡公式填列的报表是( )。

 A. 利润表　　　　　B. 利润分配表　　　　　C. 资产负债表　　　　　D. 现金流量表

7. 利润表中的"净利润"是企业的利润总额扣除( )后的净额。

 A. 所得税费用　　　　B. 盈余公积　　　　　C. 应付利润　　　　　D. 营业利润

8. 下列选项中,可以帮助会计信息使用者评价小企业的资产质量以及短期偿债、长期偿债能力的报表是( )。

 A. 资产负债表　　　　　　　　　B. 利润表

 C. 现金流量表　　　　　　　　　D. 所有者权益变动表

9. 下列关于编制利润表依据的表述中,正确的是( )。

 A. 资产、负债及所有者权益各账户的本期发生额

 B. 资产、负债及所有者权益各账户的期末余额

 C. 损益类各账户的期末余额

 D. 损益类各账户的本期发生额

10. 某小企业全部损益类账户的本月发生额如下:营业收入800万元,营业成本500万元,税金及附加86万元,销售费用50万元,管理费用40万元,财务费用10万元,营业外收入5万元,所得税费用44万元。则利润表中"营业利润"项目的本期金额为( )万元。

 A. 300　　　　　　　B. 114　　　　　　　C. 204　　　　　　　D. 160

三、多项选择题

1. 小企业的财务报表至少应包括( )。

 A. 资产负债表　　　B. 利润表　　　　　C. 现金流量表　　　　D. 附注

2. 下列财务报表中,属于动态报表的有( )。

 A. 资产负债表　　　B. 利润表　　　　　C. 现金流量表　　　　D. 资金报表

3. 资产负债表分为左、右两方,右方是( )项目。

 A. 资产　　　　　　B. 负债　　　　　　C. 所有者权益　　　　D. 利润

4. 资产负债表的表头通常应列明( )。

 A. 报表名称　　　　　　　　　　B. 编报单位名称

 C. 资产负债表日　　　　　　　　D. 人民币金额单位

5. 资产负债表中"货币资金"应根据( )账户的期末余额填列。

 A. "库存现金"　　　　　　　　　B. "银行存款"

 C. "其他流动资金"　　　　　　　D. "其他货币资金"

6. 下列各项中,属于资产负债表提供的信息有( )。

 A. 企业资产的构成及其状况　　　B. 企业的负债总额及其结构

 C. 企业利润的形成情况　　　　　D. 企业所有者权益情况

7. 影响资产负债表中的"预付账款"项目的有( )。

 A. "应付账款"明细账户贷方余额　　　B. "应付账款"明细账户借方余额

 C. "预付账款"明细账户贷方余额　　　D. "预付账款"明细账户借方余额

8. 下列各项中,可以根据其总账账户余额直接在资产负债表中填列的有( )。

A. "应收账款" B. "应付账款" C. "实收资本" D. "短期投资"

9. 多步式利润表可以反映小企业的( )等利润要素。

A. 每股收益 B. 营业利润 C. 利润总额 D. 净利润

10. 下列关于利润表的表述中,正确的有( )。

A. 根据有关账户发生额编制 B. 动态报表

C. 反映财务状况的报表 D. 反映经营成果的报表

四、技能训练题

1. 编制资产负债表

1)业务资料

某公司 2019 年 8 月 31 日各总账账户余额,如表 6-1 所示。

表 6-1 　　　　　　　　　　　　总账账户余额表

账户名称	借方余额	账户名称	贷方余额
库存现金	5 740	短期借款	65 000
银行存款	124 800	预收账款	71 000
应收账款	150 000	应付账款	89 000
应收票据	125 000	应付票据	53 000
预付账款	5 100	应付职工薪酬	11 200
短期投资	60 000	应交税费	8 400
其他应收款	10 000	应付利润	10 000
在途物资	140 000	其他应付款	22 750
原材料	89 000	累计折旧	38 000
周转材料	15 000	累计摊销	30 000
库存商品	97 000	长期借款	850 000
生产成本	56 000	实收资本	1 500 000
长期股权投资	425 700	资本公积	150 000
工程物资	60 000	盈余公积	205 000
在建工程	130 000	本年利润	60 750
固定资产	1 650 000	利润分配	45 560
无形资产	66 320		
合计	3 209 660	合计	3 209 660

2)技能要求

根据上述资料,编制该公司的资产负债表,如表 6-2 所示。

表 6-2   资产负债表(简表)

编制单位: 年 月 日   单位:元

资 产	期末余额	年初余额	负债和所有者权益	期末余额	年初余额
流动资产:			流动负债:		
货币资金			短期借款		
短期投资			应付票据		
应收票据			应付账款		
应收账款			预收账款		
预付账款			应付职工薪酬		
应收股利			应交税费		
应收利息			应付利息		
其他应收款			应付利润		
存货			其他应付款		
其他流动资产			其他流动负债		
流动资产合计			流动负债合计		
非流动资产:					
长期债券投资			非流动负债:		
长期股权投资			长期借款		
固定资产原价			长期应付款		
减:累计折旧			其他非流动负债		
固定资产账面价值			非流动负债合计		
在建工程			负债合计		
工程物资					
固定资产清理					
生产性生物资产			所有者权益:		
无形资产			实收资本		
开发支出			资本公积		
长期待摊费用			盈余公积		
其他非流动资产			未分配利润		
非流动资产合计			所有者权益合计		
资产总计			负债和所有者权益总计		

单位负责人: 财务负责人: 制表人:

2. 编制利润表

1) 业务资料

某公司 2019 年 8 月各损益类账户净发生额表,如表 6-3 所示。

表6-3 各损益类账户净发生额表

账户名称	本期借方发生额	本期贷方发生额
主营业务收入		860 000
主营业务成本	380 000	
税金及附加	45 000	
管理费用	40 000	
销售费用	112 000	
财务费用	13 000	
其他业务收入		105 000
其他业务成本	69 000	
投资收益	20 000	
营业外收入		30 000
营业外支出	18 000	

2）技能要求

根据上述资料，编制该公司的利润表，如表6-4所示。

表6-4 利 润 表

编制单位： 年 月 单位:元

项 目	本期金额	上期金额
一、营业收入		
减:营业成本		
税金及附加		
销售费用		
管理费用		
财务费用		
加:投资收益(损失以"—"号填列)		
二、营业利润(亏损以"—"号填列)		
加:营业外收入		
减:营业外支出		
三、利润总额(亏损总额以"—号填列")		
减:所得税费用		
四、净利润(净亏损以"—"号填列)		

企业盖章： 单位负责人： 财务负责人： 制表：

第7章 会计核算程序与要求

一、判断题

1. 常用的账务处理程序之间的区别在于登记总分类账的程序和方法不同。 （　　）

2. 各种账务处理程序下,会计报表的编制方法都是相同的。 （　　）

3. 采用科目汇总表账务处理程序,既可以减轻登记总分类账的工作量,又可以做到试算平衡。 （　　）

4. 汇总记账凭证账务处理程序和科目汇总表账务处理程序都适用于规模较大,经济业务较多的单位。 （　　）

5. 科目汇总表账务处理程序能科学地反映账户的对应关系,且便于账目核对。 （　　）

6. 由于小企业的业务性质、组织规模和管理上的要求不同,小企业应根据自身的特点,选择恰当的账务处理程序。 （　　）

7. 记账凭证账务处理程序是最基本的账务处理程序,其特点就是登记账簿的工作量较小。 （　　）

8. 相同的会计资料即使分别采用不同的账务处理程序,编制的财务报表结果都是一致的。 （　　）

9. 汇总记账凭证账务处理程序不利于会计核算的日常分工,并且当转账凭证较多时,编制汇总转账凭证的工作量较大。 （　　）

10. 科目汇总表可每月编制一张,按旬汇总的,也可每旬汇总一次编制一张。 （　　）

二、单项选择题

1. 记账凭证账务处理程序适用于(　　)的单位。
   A. 规模较小,业务量较少
   B. 规模较小,业务量较多
   C. 规模较大,业务量较少
   D. 规模较大,业务量较多

2. 科目汇总表账务处理程序的优点是(　　)。
   A. 详细反映经济业务的发生情况
   B. 可以做到试算平衡
   C. 便于了解账户之间的对应关系
   D. 处理程序简便

3. 汇总记账凭证账务处理程序的优点是(　　)。
   A. 有利于会计核算的日常分工
   B. 便于了解账户之间的对应关系
   C. 手续简便
   D. 便于试算平衡

4. 在科目汇总表账务处理程序下,所有记账凭证中的科目对应关系必须是(　　)。
   A. 一个借方科目与几个贷方科目相对应
   B. 一个借方科目与一个贷方科目相对应

C. 几个借方科目与一个贷方科目相对应

D. 几个借方科目与几个贷方科目相对应

5. 各种账务处理程序的主要区别是( )。

A. 登记明细账的依据不同　　　　　　B. 登记总账的依据和方法不同

C. 记账的程序不同　　　　　　　　　D. 记账的方法不同

6. 下列各项中,( )是对所发生的经济业务事项,根据原始凭证或汇总原始凭证编制记账凭证,然后直接根据记账凭证逐笔登记总分类账。

A. 记账凭证账务处理程序

B. 汇总记账凭证账务处理程序

C. 科目汇总表账务处理程序

D. 日记账账务处理程序

7. 采用科目汇总表账务处理程序,( )是其登记总账的直接依据。

A. 汇总记账凭证　　　　　　　　　　B. 科目汇总表

C. 记账凭证　　　　　　　　　　　　D. 原始凭证

8. 科目汇总表账务处理程序与汇总记账凭证账务处理程序的共同优点是( )。

A. 简单明了,易于理解

B. 减轻了总分类账登记的工作量

C. 可以进行试算平衡

D. 总分类账可以较详细地反映经济业务的发生情况

9. 下列各项中,属于记账凭证账务处理程序优点的是( )。

A. 总分类账反映经济业务较详细

B. 减轻了登记总分类账的工作量

C. 有利于会计核算的日常分工

D. 便于核对账目和进行试算平衡

10. 汇总记账凭证账务处理程序的适用范围是( )。

A. 规模较小、业务较少的单位　　　　B. 规模较大、业务较少的单位

C. 规模较大、业务较多的单位　　　　D. 规模较小、业务较多的单位

三、多项选择题

1. 各种账务处理程序的相同之处有( )。

A. 根据原始凭证填制记账凭证

B. 根据原始凭证和记账凭证登记明细分类账

C. 根据记账凭证登记总分类账

D. 根据总分类账和明细分类账编制会计报表

2. 各企业在设计账务处理程序时,应符合的要求包括( )。

A. 要适合本单位特点,满足会计核算的要求

B. 要有利于及时、准确地反映本单位经济活动情况

C. 要有利于提高会计工作效率

D. 要有利于满足会计信息使用者的需要

3. 下列各账务处理程序的表述中,正确的有( )。

    A. 科目汇总表账务处理程序是在记账凭证账务处理程序基础上发展而来的,记账凭证账务处理程序是最基本的一种账务处理程序

    B. 记账凭证账务处理程序适用于规模较小、经济业务较多的单位

    C. 科目汇总表账务处理程序适用于经济业务较多的单位

    D. 汇总记账凭证账务处理程序适用于规模较大、经济业务较少的单位

4. 总分类账登记的依据有( )。

    A. 记账凭证   B. 原始凭证

    C. 科目汇总表   D. 记账凭证汇总表

5. 科目汇总表核算形式的优点包括( )。

    A. 减轻登记总账的工作量   B. 科目汇总表可起到试算平衡作用

    C. 便于分析经济业务的来龙去脉   D. 科目汇总表对应关系清晰

6. 各种会计核算形式的相同之处包括( )。

    A. 根据原始凭证或原始凭证汇总表编制记账凭证

    B. 根据收款、付款凭证登记日记账

    C. 根据记账凭证登记总账

    D. 月末,总账余额与日记账的余额和各种明细账的余额相核对

7. 记账凭证核算形式一般适用于( )的单位。

    A. 经营规模较大   B. 经济业务较多

    C. 经营规模较少   D. 经济业务较少

8. 在科目汇总表核算形式下,记账凭证是用来( )的依据。

    A. 登记现金日记账   B. 登记银行存款日记账

    C. 登记总分类账   D. 编制科目汇总表

四、会计核算题

1) 业务资料

2019 年 8 月 1 日,广东倍家科技有限公司"银行存款"账户余额为 685 000 元。8 月份发生银行存款相关业务如下:

(1) 8 月 6 日,开出转账支票,支付前欠广东蓝波塑料有限公司货款 56 500 元。

(2) 8 月 12 日,收到开户银行转来的收账通知书,收到广东双林电器有限公司货款 90 400 元。

(3) 8 月 20 日,向广东华利电子有限公司采购电路板一批,货款 40 000 元,增值税税率为 13%,以银行存款支付,电路板已验收入库。

(4) 8 月 25 日,向广东新怡百货有限公司销售电磁炉一批,开出增值税专用发票,发票注明价款为 60 000 元,增值税税率为 13%,产品已发出,货款已收妥。

2) 技能要求

(1) 编制相关业务的会计分录与记账凭证,如表 7-1 至表 7-4 所示。

表 7-1

记 账 凭 证

年 月 日　　　　　　　　　　　　　　　　　字第 号

摘　要	总账科目	明细科目	借方金额										贷方金额										账页或√
			千	百	十	万	千	百	十	元	角	分	千	百	十	万	千	百	十	元	角	分	
附属单证　　张		合　计																						

会计主管：　　　　　　记账：　　　　　　审核：　　　　　　制单：

表 7-2

记 账 凭 证

年 月 日　　　　　　　　　　　　　　　　　字第 号

摘　要	总账科目	明细科目	借方金额										贷方金额										账页或√
			千	百	十	万	千	百	十	元	角	分	千	百	十	万	千	百	十	元	角	分	
附属单证　　张		合　计																						

会计主管：　　　　　　记账：　　　　　　审核：　　　　　　制单：

表 7-3

记 账 凭 证

年 月 日   字第 号

摘 要	总账科目	明细科目	借方金额										贷方金额										账页或✓
			千	百	十	万	千	百	十	元	角	分	千	百	十	万	千	百	十	元	角	分	
附属单证 张		合 计																					

会计主管: 记账: 审核: 制单:

表 7-4

记 账 凭 证

年 月 日   字第 号

摘 要	总账科目	明细科目	借方金额										贷方金额										账页或✓
			千	百	十	万	千	百	十	元	角	分	千	百	十	万	千	百	十	元	角	分	
附属单证 张		合 计																					

会计主管: 记账: 审核: 制单:

（2）编制科目汇总表，如表7-5所示。

表7-5 科 目 汇 总 表

编号： 年 月 日至 日 凭证第 号至第 号共 张

会 计 科 目	本 期 发 生 额		账页或√
	借方金额	贷方金额	
	亿千百十万千百十元角分	亿千百十万千百十元角分	
合计			

会计主管： 记账： 审核： 制单：

（3）登记银行存款日记账，如表7-6所示。

表7-6 银行存款日记账

年		凭证号数		摘要	支票		对方科目	存入（收款）	支取（付款）	结余	核对
月	日	收款	付款		种类	号数		亿千百十万千百十元角分	亿千百十万千百十元角分	亿千百十万千百十元角分	

（4）采用科目汇总表核算程序登记银行存款总分类账，如表 7-7 所示。

表 7-7 　　　　　　　　　　　　　　　　　　**总分类账**

会计科目：银行存款　　　　　　　　　　　　　　　　　　　　　　　　第　　页

年		凭证		摘要	借方金额											贷方金额											借或贷	余额										
月	日	字	号		亿	千	百	十	万	千	百	十	元	角	分	亿	千	百	十	万	千	百	十	元	角	分		亿	千	百	十	万	千	百	十	元	角	分

第8章 会计资料的整理与保管

一、判断题

1. 会计凭证的保管期限一般为15年。 （　　　）

2. 会计凭证是单位的重要经济档案和历史资料,在传递过程中,凡使用会计凭证的会计人员都有责任将其保管好,存档后由专人管理。 （　　　）

3. 年度终了后,会计凭证可暂由会计机构保管1年,期满后应由会计机构移交给本单位档案机构统一保管。 （　　　）

4. 总账、日记账和明细账每年都要更换一次,年度结账后,所有账簿都要及时整理立卷,装订归档。 （　　　）

5. 会计凭证装订时,应将其整理对齐,在右上角打孔装订,并加盖封面。 （　　　）

6. 当年形成的会计档案在会计年度终了,编制成册之后,必须移交本单位的档案管理部门保管。 （　　　）

7. 会计档案的保管期限,从会计资料建档的第一天算起。 （　　　）

8. 单位应当定期对已到保管期的会计档案进行鉴定,对保管期已满的会计档案应当按照法定程序全部销毁。 （　　　）

9. 单位保存的会计档案一般不得对外借出。确因工作需要且根据国家有关规定必须借出的,应当严格按照规定办理相关手续。 （　　　）

10. 各单位当年形成的会计档案,必须在会计年度终了后3个月内移交单位档案管理机构保管。（　　　）。

二、单项选择题

1. 年度财务报表的保管期限是（　　　）。

    A. 5年 　　　　　　　B. 10年 　　　　　　　C. 30年 　　　　　　　D. 永久

2. 按《会计档案管理办法》的规定,下列各项中,不属于会计档案范围的是（　　　）。

    A. 会计凭证 　　　B. 会计移交清册 　　　C. 会计档案销毁清册 D. 年度财务预算

3. 下列关于会计凭证装订的说法中,不正确的说法是（　　　）.

    A. 会计凭证一般每月装订一次

    B. 装订前要分类整理,按凭证编号顺序排列

    C. 检查附件是否齐全、有关人员签章是否齐全

    D. 保留凭证内的金属物

4. 下列关于某小企业会计档案销毁工作的做法中,符合会计法律制度的是（　　　）。

    A. 由档案部门会同会计部门销毁会计档案

B. 将所有保管期满的会计档案全部销毁

C. 由档案部门负责人与会计部门负责人在会计档案销毁清册上签字，并进行监销

D. 未将会计档案销毁事项报告单位负责人

5. 当年形成的会计档案，在会计年度终了后，可由单位会计管理机构临时保管（　　）年，再移交单位档案管理机构保管。

A. 半 　　　　　　B. 1 　　　　　　C. 2 　　　　　　D. 3

6. 会计档案的保管期限，从（　　）算起。

A. 装订当月终了第一天　　　　　　B. 月度终了第一天

C. 季度终了第一天　　　　　　　　D. 会计年度终了后的第一天

7. 银行存款日记账的保管期限是（　　）。

A. 5 年 　　　　　B. 10 年 　　　　C. 30 年 　　　　D. 永久

8. 下列各项中，最低保管期限为 10 年的会计档案是（　　）。

A. 月度会计报表　　　　　　　　　B. 明细账

C. 固定资产卡片　　　　　　　　　D. 银行存款日记账

9. 会计凭证的传递，是指（　　），在单位内部有关部门及人员之间的传递程序。

A. 从会计凭证的填制至登记账簿的过程中

B. 从会计凭证的填制或取得时起至归档保管过程中

C. 从会计凭证审核后至归档过程中

D. 从会计凭证的填制或取得至汇总登记账簿的过程中

10. 下列关于会计凭证保管的说法中，不正确的是（　　）。

A. 会计凭证应定期装订成册，防止散失

B. 会计主管人员和保管人员应在封面上签章

C. 原始凭证不得外借，其他单位如有特殊原因确实需要使用时，经本单位会计机构负责人、会计主管人员批准，可以复制

D. 经单位领导批准，会计凭证在保管期满前可以销毁

三、多项选择题

1. 下列各项中，属于会计档案的有（　　）。

A. 会计凭证　　B. 会计账簿　　C. 费用预算　　D. 会计报表

2. 根据《会计档案管理办法》的规定，主管全国会计档案工作的部门有（　　）。

A. 财政部　　　B. 税务总局　　C. 国家档案局　　D. 工信部

3. 下列各项中，属于会计档案中"其他会计资料"类的有（　　）。

A. 银行对账单　　　　　　　　　　B. 纳税申报表

C. 会计档案销毁清册　　　　　　　D. 其他辅助性账簿

4. 下列会计资料中，应当纳入归档范围的有（　　）。

A. 原始凭证　　　　　　　　　　　B. 固定资产卡片

C. 银行对账单　　　　　　　　　　D. 年度财务会计报告

5. 下列小企业会计档案中，最低保管期限为 30 年的有（　　）。

    A. 银行存款余额调节表　　　　　　　　B. 总账

    C. 会计档案保管清册　　　　　　　　　D. 原始凭证

6. 下列有关会计档案保管期限的表述中，正确的有（　　　）。

    A. 年度财务报告永久保管　　　　　　　B. 日记账保管 30 年

    C. 会计凭证保管 10 年　　　　　　　　D. 总账、明细账保管 30 年

7. 会计档案的保管期限包括（　　　）。

    A. 永久　　　　　　B. 5 年　　　　　　C. 10 年　　　　　　D. 30 年

8. 保管期限为永久的会计档案有（　　　）。

    A. 会计档案保管清册　　　　　　　　　B. 会计档案移交清册

    C. 会计档案销毁清册　　　　　　　　　D. 年度财务报告

9. 最低保管期限为 30 年的会计档案有（　　　）。

    A. 原始凭证　　　　B. 总账　　　　C. 纳税申报表　　　D. 年度财务报表

10. 根据会计法律制度的规定，下列会计档案中不得销毁的有（　　　）。

    A. 保管期未满的会计档案

    B. 保管期已满的会计档案

    C. 保管期满但未结清的债权债务原始凭证

    D. 保管期满但仍有未了事项的原始凭证

【技能训练】

技能训练 1

一、技能训练资料

广东海利实业有限公司为增值税一般纳税人,增值税税率13%,生产 A 产品。2019年 6 月 16 至 30 日发生以下经济业务。

【业务1】

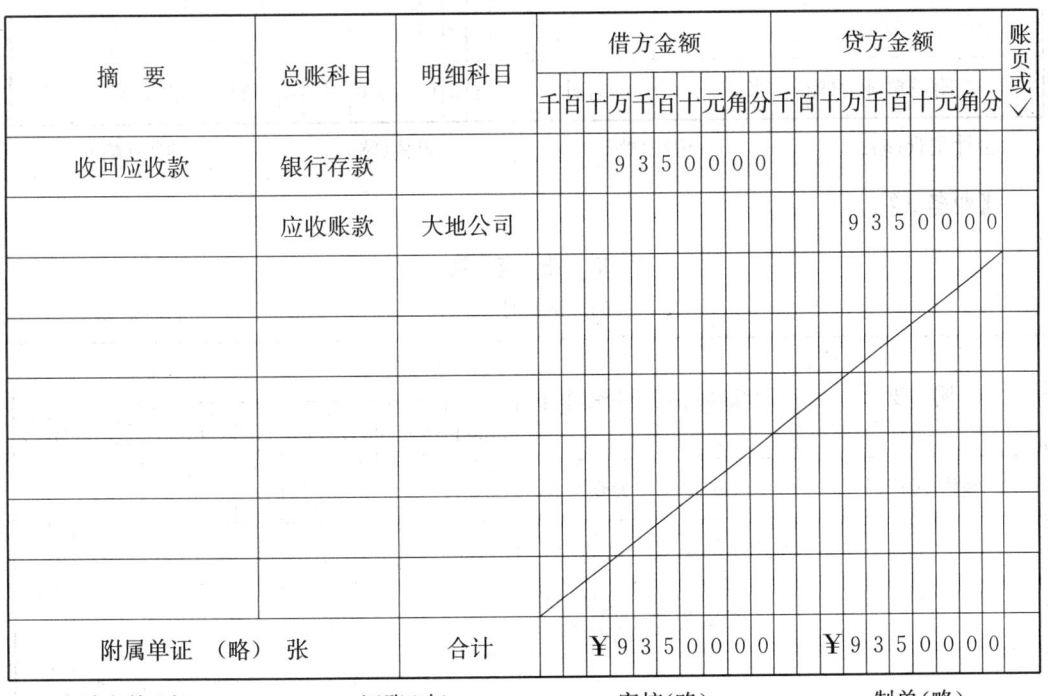

记 账 凭 证

2019 年 6 月 16 日 　　　　　　　　　　　　　　　记字第 20 号

摘　要	总账科目	明细科目	借方金额										贷方金额										账页或✓
			千	百	十	万	千	百	十	元	角	分	千	百	十	万	千	百	十	元	角	分	
收回应收款	银行存款					9	3	5	0	0	0	0											
	应收账款	大地公司														9	3	5	0	0	0	0	
附属单证　（略）　张	合计		¥			9	3	5	0	0	0	0	¥			9	3	5	0	0	0	0	

会计主管（略）　　　　记账（略）　　　　审核（略）　　　　制单（略）

【业务2】

记 账 凭 证

2019 年 6 月 18 日   记字第 21 号

摘　要	总账科目	明细科目	借方金额 千百十万千百十元角分	贷方金额 千百十万千百十元角分	账页或✓
购买设备	固定资产	设备	3 5 0 0 0 0 0 0		
	应交税费	应交增值税 （进项税额）	4 5 5 0 0 0 0		
	银行存款			3 9 5 5 0 0 0 0	
附属单证 （略） 张		合计	￥3 9 5 5 0 0 0 0	￥3 9 5 5 0 0 0 0	

会计主管(略)　　　　记账(略)　　　　审核(略)　　　　制单(略)

【业务3】

记 账 凭 证

2019 年 6 月 19 日   记字第 22 号

摘　要	总账科目	明细科目	借方金额 千百十万千百十元角分	贷方金额 千百十万千百十元角分	账页或✓
销售A产品	应收账款	大众公司	9 0 4 0 0 0 0 0		
	主营业务收入	A产品		8 0 0 0 0 0 0 0	
	应交税费	应交增值税 （销项税额）		1 0 4 0 0 0 0 0	
附属单证 （略） 张		合计	￥9 0 4 0 0 0 0 0	￥9 0 4 0 0 0 0 0	

会计主管(略)　　　　记账(略)　　　　审核(略)　　　　制单(略)

【业务 4】

记 账 凭 证

2019 年 6 月 21 日　　　　　　　　　　　　　　　记字第 23 号

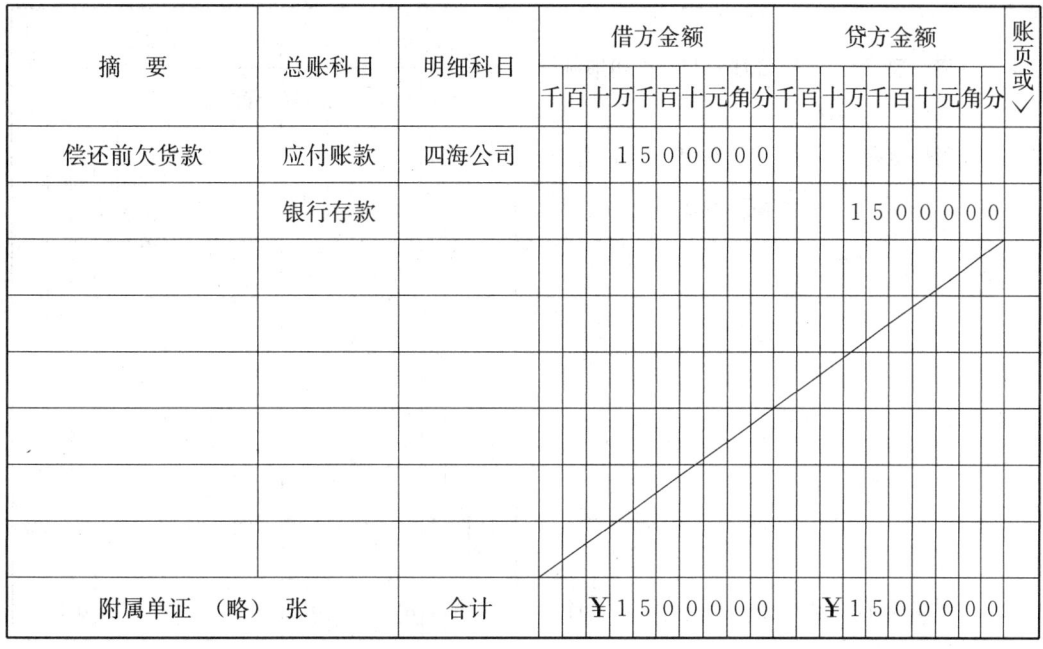

摘　要	总账科目	明细科目	借方金额										贷方金额										账页或✓
			千	百	十	万	千	百	十	元	角	分	千	百	十	万	千	百	十	元	角	分	
偿还前欠货款	应付账款	四海公司			1	5	0	0	0	0	0	0											
	银行存款														1	5	0	0	0	0	0	0	
附属单证（略）张		合计		¥	1	5	0	0	0	0	0	0		¥	1	5	0	0	0	0	0	0	

会计主管（略）　　　　　　记账（略）　　　　　　审核（略）　　　　　　制单（略）

【业务 5】

记 账 凭 证

2019 年 6 月 22 日　　　　　　　　　　　　　　　记字第 24 号

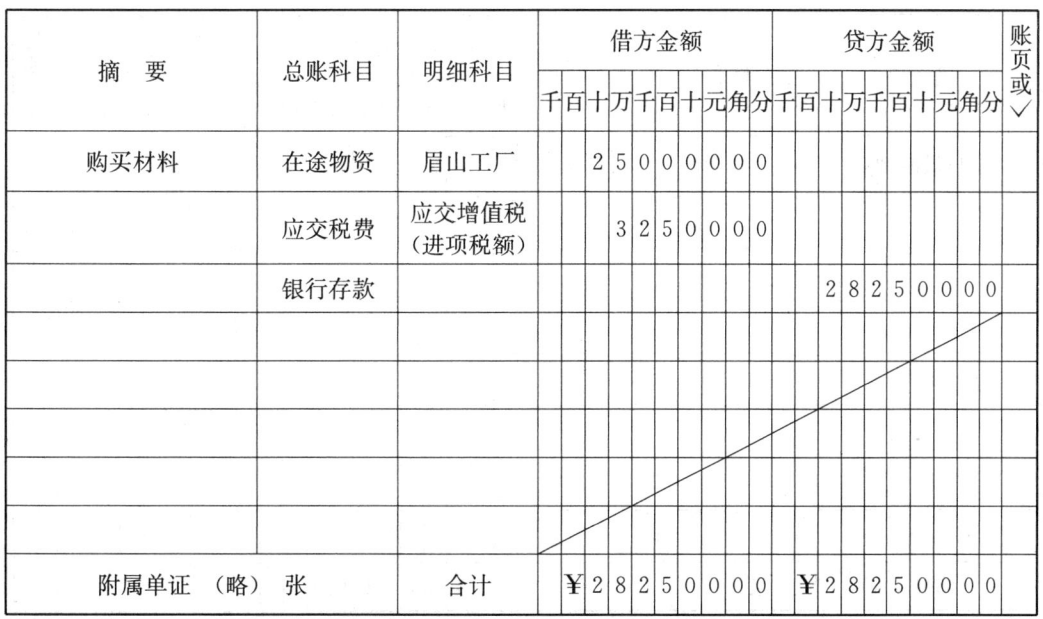

摘　要	总账科目	明细科目	借方金额										贷方金额										账页或✓
			千	百	十	万	千	百	十	元	角	分	千	百	十	万	千	百	十	元	角	分	
购买材料	在途物资	眉山工厂		2	5	0	0	0	0	0	0	0											
	应交税费	应交增值税（进项税额）			3	2	5	0	0	0	0	0											
	银行存款													2	8	2	5	0	0	0	0	0	
附属单证（略）张		合计		¥	2	8	2	5	0	0	0	0	0	¥	2	8	2	5	0	0	0	0	0	

会计主管（略）　　　　　　记账（略）　　　　　　审核（略）　　　　　　制单（略）

【业务6】

记 账 凭 证

2019 年 6 月 24 日   记字第 25 号

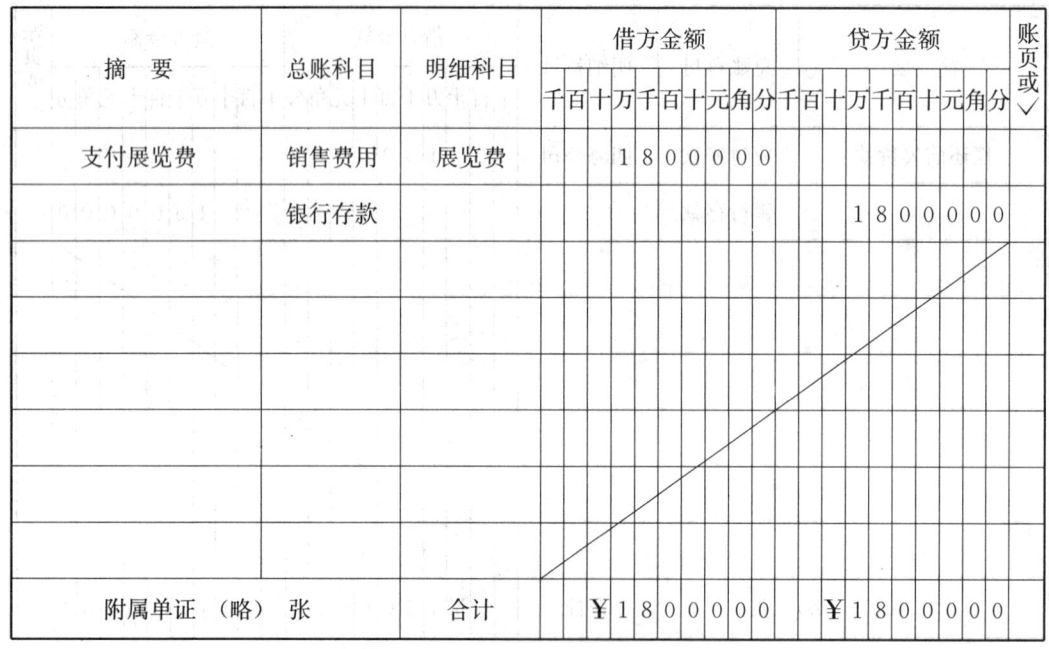

摘 要	总账科目	明细科目	借方金额											贷方金额											账页或✓
			千	百	十	万	千	百	十	元	角	分	千	百	十	万	千	百	十	元	角	分	
支付展览费	销售费用	展览费				1	8	0	0	0	0	0												
	银行存款															1	8	0	0	0	0	0	
附属单证（略） 张	合计				¥	1	8	0	0	0	0	0		¥	1	8	0	0	0	0	0			

会计主管(略)   记账(略)   审核(略)   制单(略)

【业务7】

记 账 凭 证

2019 年 6 月 25 日   记字第 26 号

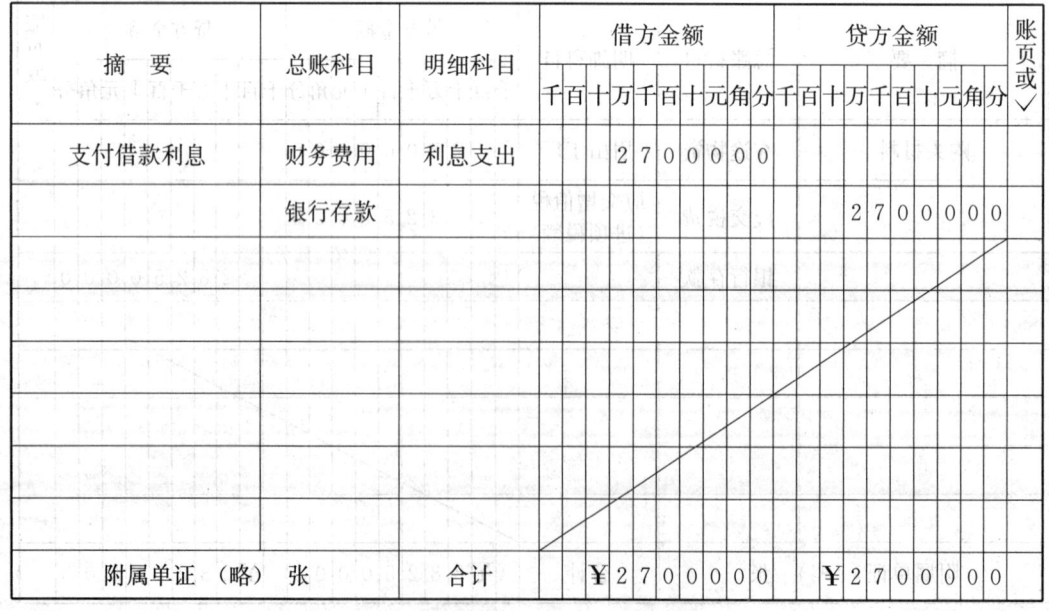

摘 要	总账科目	明细科目	借方金额											贷方金额											账页或✓
			千	百	十	万	千	百	十	元	角	分	千	百	十	万	千	百	十	元	角	分	
支付借款利息	财务费用	利息支出				2	7	0	0	0	0	0												
	银行存款															2	7	0	0	0	0	0	
附属单证（略） 张	合计				¥	2	7	0	0	0	0	0		¥	2	7	0	0	0	0	0			

会计主管(略)   记账(略)   审核(略)   制单(略)

【业务8】

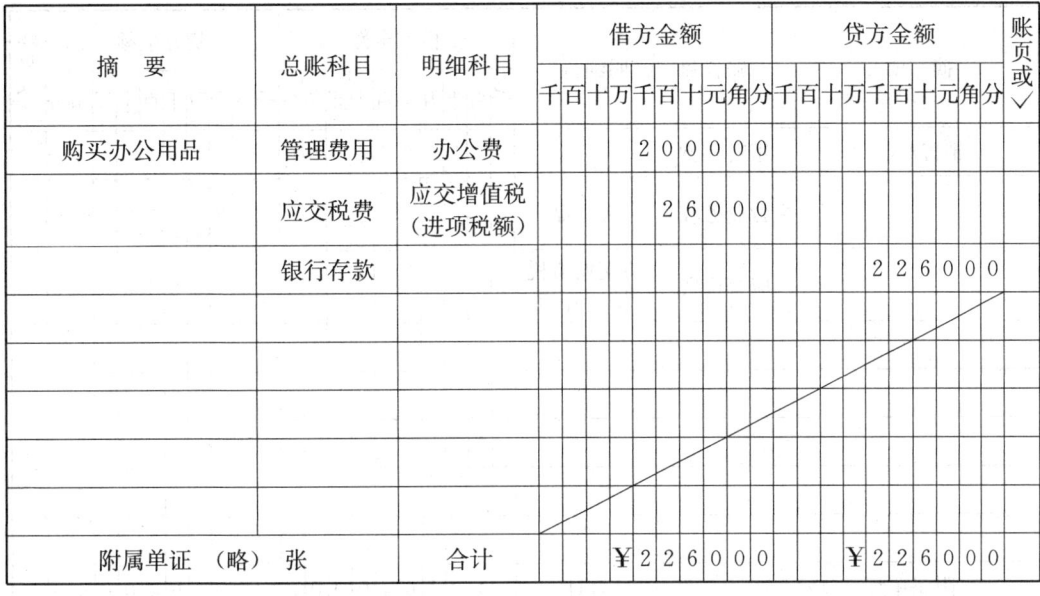

记 账 凭 证

2019 年 6 月 27 日　　　　　　　　　　　　　　记字第 27 号

摘　要	总账科目	明细科目	借方金额 千 百 十 万 千 百 十 元 角 分	贷方金额 千 百 十 万 千 百 十 元 角 分	账页或✓
购买办公用品	管理费用	办公费	2 0 0 0 0 0		
	应交税费	应交增值税（进项税额）	2 6 0 0 0		
		银行存款		2 2 6 0 0 0	
附属单证（略）张		合计	￥2 2 6 0 0 0	￥2 2 6 0 0 0	

会计主管(略)　　　　　记账(略)　　　　　审核(略)　　　　　制单(略)

【业务9】

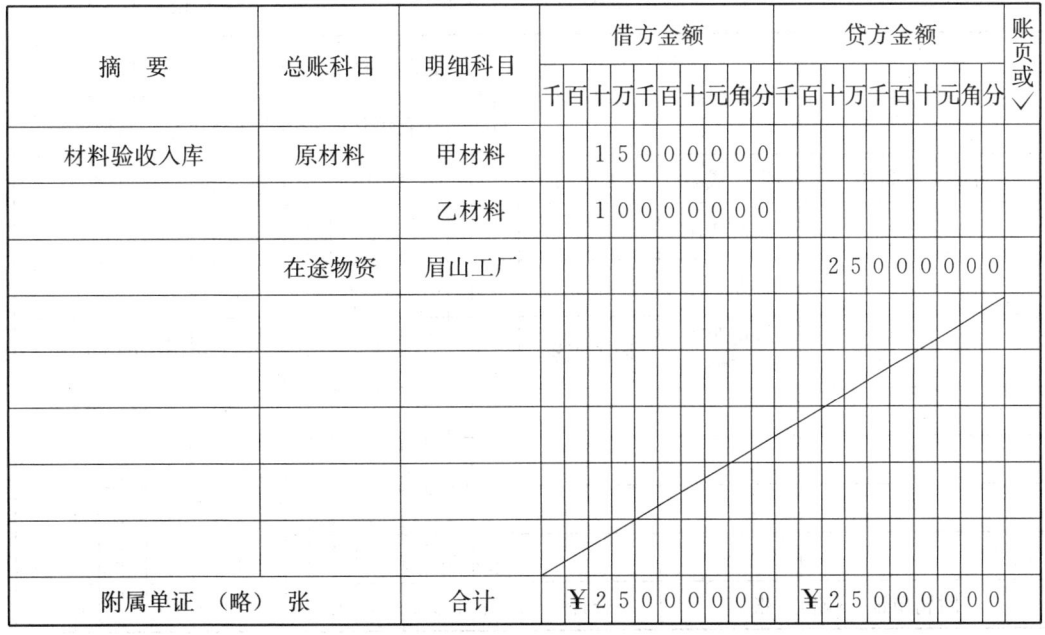

记 账 凭 证

2019 年 6 月 29 日　　　　　　　　　　　　　　记字第 28 号

摘　要	总账科目	明细科目	借方金额 千 百 十 万 千 百 十 元 角 分	贷方金额 千 百 十 万 千 百 十 元 角 分	账页或✓
材料验收入库	原材料	甲材料	1 5 0 0 0 0 0 0		
		乙材料	1 0 0 0 0 0 0 0		
		在途物资	眉山工厂	2 5 0 0 0 0 0 0	
附属单证（略）张		合计	￥2 5 0 0 0 0 0 0	￥2 5 0 0 0 0 0 0	

会计主管(略)　　　　　记账(略)　　　　　审核(略)　　　　　制单(略)

【业务10】

记 账 凭 证

2019 年 6 月 30 日 　　　　　　　记字第 29 号

摘 要	总账科目	明细科目	借方金额 千百十万千百十元角分	贷方金额 千百十万千百十元角分	账页或√
销售产品	银行存款		3 1 6 4 0 0 0 0 0		
	主营业务收入	A产品		2 8 0 0 0 0 0 0	
	应交税费	应交增值税（销项税额）		3 6 4 0 0 0 0	
附属单证（略）张		合计	¥3 1 6 4 0 0 0 0 0	¥3 1 6 4 0 0 0 0 0	

会计主管（略）　　　　记账（略）　　　　　　审核（略）　　　　　　制单（略）

【业务11】

记 账 凭 证

2019 年 6 月 30 日 　　　　　　　记字第 30 号

摘 要	总账科目	明细科目	借方金额 千百十万千百十元角分	贷方金额 千百十万千百十元角分	账页或√
分配工资费用	生产成本	A产品	3 7 5 0 0 0 0 0		
	制造费用	工资	5 5 0 0 0 0 0		
	管理费用	工资	6 0 0 0 0 0 0		
	应付职工薪酬	职工工资		4 9 0 0 0 0 0 0	
附属单证（略）张		合计	¥4 9 0 0 0 0 0 0	¥4 9 0 0 0 0 0 0	

会计主管（略）　　　　记账（略）　　　　　　审核（略）　　　　　　制单（略）

【业务 12】

记 账 凭 证

2019 年 6 月 30 日　　　　　　　　　　　　　　　　　　记字第 31 号

摘　要	总账科目	明细科目	借方金额 千百十万千百十元角分	贷方金额 千百十万千百十元角分	账页或✓
计提折旧	制造费用	折旧费	7 0 0 0 0 0 0		
	管理费用	折旧费	1 2 5 0 0 0 0		
	累计折旧			8 2 5 0 0 0 0	
附属单证　（略）　张		合计	¥ 8 2 5 0 0 0 0	¥ 8 2 5 0 0 0 0	

会计主管(略)　　　　　记账(略)　　　　　审核(略)　　　　　制单(略)

【业务 13】

30 日,结转制造费用。

制造费用分配表

2019 年 6 月 30 日

项目	分配金额
A 产品	225 000.00
合计	¥225 000.00

会计主管:(略)　　　　　复核:(略)　　　　　制单:(略)

【业务 14】

30 日,结转完工 A 产品生产成本。

产品成本计算单

2019 年 6 月 30 日

成本项目	A 产品(完工 1 000 箱)	
	总成本	单位成本
直接材料	900 000.00	900.00
直接人工	375 000.00	375.00
制造费用	225 000.00	225.00
合计	￥1 500 000.00	￥1 500.00

会计主管:(略)　　　　　　　复核:(略)　　　　　　　制单:(略)

【业务 15】

30 日,填制税费计算表,计算应交城市维护建设税和应交教育费附加。

【业务 16】

30 日,本月销售 A 产品 1 300 箱,单位成本 1 500 元。填制产品销售成本计算表,结转产品销售成本。

【业务 17】

30 日,结转本月损益。

损益类账户发生额

账户名称	本月净发生额	
	借方	贷方
主营业务收入		2 730 000.00
投资收益		22 000.00
主营业务成本	1 950 000.00	
税金及附加	20 400.00	
销售费用	132 000.00	
管理费用	140 000.00	
财务费用	27 000.00	
合计	￥2 269 400.00	￥2 752 000.00

二、技能训练要求

1. 填制原始凭证

根据[业务 15]和[业务 16],填制原始凭证。

1)[业务 15]原始凭证

税费计算表

2019 年 6 月 30 日

税(费)种类	计税依据	税率(征收率)	应交税费
城市维护建设税	204 000.00	7%	
教育费附加	204 000.00	3%	
合计	—	—	

会计主管:(略)　　　　　　复核:(略)　　　　　　制单:(略)

2)[业务 16]原始凭证

产品销售成本计算表

2019 年 6 月 30 日

产品名称	销售数量(箱)	单位成本	总成本
A 产品			
合计	—	—	

会计主管:(略)　　　　　　复核:(略)　　　　　　制单:(略)

2. 填制记账凭证

根据[业务 13]至[业务 17]的资料填制记账凭证,并将原始凭证粘贴在相应记账凭证背面,不属于记账凭证附件的原始凭证,则粘贴在非记账凭证附件粘贴单的正面。

1)[业务 13]记账凭证

记 账 凭 证

年　月　日　　　　　　　　　　　　记字第　号

摘　要	总账科目	明细科目	借方金额										贷方金额										账页或√
			千	百	十	万	千	百	十	元	角	分	千	百	十	万	千	百	十	元	角	分	
附属单证　(略)　张		合计																						

会计主管(略)　　　　记账(略)　　　　审核(略)　　　　制单(略)

2) [业务 14]记账凭证

记 账 凭 证

年 月 日   记字第 号

摘 要	总账科目	明细科目	借方金额										贷方金额										账页或✓
			千	百	十	万	千	百	十	元	角	分	千	百	十	万	千	百	十	元	角	分	
附属单证（略） 张		合计																					

会计主管(略)   记账(略)   审核(略)   制单(略)

3) [业务 15]记账凭证

记 账 凭 证

年 月 日   记字第 号

摘 要	总账科目	明细科目	借方金额										贷方金额										账页或✓
			千	百	十	万	千	百	十	元	角	分	千	百	十	万	千	百	十	元	角	分	
附属单证（略） 张		合计																					

会计主管(略)   记账(略)   审核(略)   制单(略)

4）［业务 16］记账凭证

记 账 凭 证

年 月 日 记字第 号

摘 要	总账科目	明细科目	借方金额										贷方金额										账页或√
			千	百	十	万	千	百	十	元	角	分	千	百	十	万	千	百	十	元	角	分	
附属单证 （略） 张		合计																						

会计主管(略) 记账(略) 审核(略) 制单(略)

5）［业务 17］记账凭证

记 账 凭 证

年 月 日 记字第 号

摘 要	总账科目	明细科目	借方金额										贷方金额										账页或√
			千	百	十	万	千	百	十	元	角	分	千	百	十	万	千	百	十	元	角	分	
附属单证 （略） 张		合计																						

会计主管(略) 记账(略) 审核(略) 制单(略)

75

记 账 凭 证

年 月 日   记字第 号

摘 要	总账科目	明细科目	借方金额										贷方金额										账页或√
			千	百	十	万	千	百	十	元	角	分	千	百	十	万	千	百	十	元	角	分	
附属单证 （略） 张		合计																					

会计主管（略）   记账（略）   审核（略）   制单（略）

6）非记账凭证附件粘贴单

> 非记账凭证附件粘贴单
> （将不属于记账凭证附件的原始凭证正面朝上粘贴在下方）

3. 编制科目汇总表

汇总本月 16 日至 30 日记账凭证, 编制科目汇总表。

科 目 汇 总 表

编号：　　　　　　　　　　　年　月　日至　日　　　凭证第　号至第　号共　张

会 计 科 目	本 期 发 生 额			账页或✓
	借方金额	贷方金额		
	亿千百十万千百十元角分	亿千百十万千百十元角分		

会计主管(略)　　　　　记账(略)　　　　　审核(略)　　　　　制单(略)

4. 会计凭证整理与装订

1) 填写记账凭证封面,"装订人"请使用"会计印章"盖章。

编号_____

<u>凭证封面</u>

_____年 第_____季_____月份

自_____年___月___日起至_____年___月___日止自_____号至_____号

共计原始账凭单_____页附原始凭证_____页

主管负责人: 会计: 复核: 装订:

2) 整理并装订会计凭证

整理[业务13]至[业务17]的记账凭证及其附件;将科目汇总表、[业务13]至[业务17]的记账凭证及其附件以及非记账凭证附件粘贴单装订成册;装订次序为科目汇总表、记账凭证及附件、非记账凭证附件粘贴单。

说明:技能训练时,可以分发以下材料:会计凭证封面1张、科目汇总表1张、记账凭证若干和非记账凭证附件粘贴单1张。

技能训练 2

一、技能训练资料

广东南山食品有限公司为增值税一般纳税人,增值税税率13%,生产饼干。2019年9月1至30日发生以下经济业务:

【业务1】

记 账 凭 证

2019 年 9 月 1 日　　　　　　　　　　　　　　　　记字第 1 号

摘　要	总账科目	明细科目	借方金额										贷方金额										账页或 √
			千	百	十	万	千	百	十	元	角	分	千	百	十	万	千	百	十	元	角	分	
购材料	在途物资	惠州市达明面粉厂			9	2	4	0	0	0	0												
	应交税费	应交增值税（进项税额）			1	2	0	1	2	0	0												
	银行存款													1	0	4	4	1	2	0	0		
·																						
附属单证（略）张		·合计	¥	1	0	4	4	1	2	0	0		¥	1	0	4	4	1	2	0	0		

会计主管(略)　　　　　记账(略)　　　　　审核(略)　　　　　制单(略)

【业务2】

记 账 凭 证

2019 年 9 月 2 日　　　　　　　　　　　　　　　　　记字第 2 号

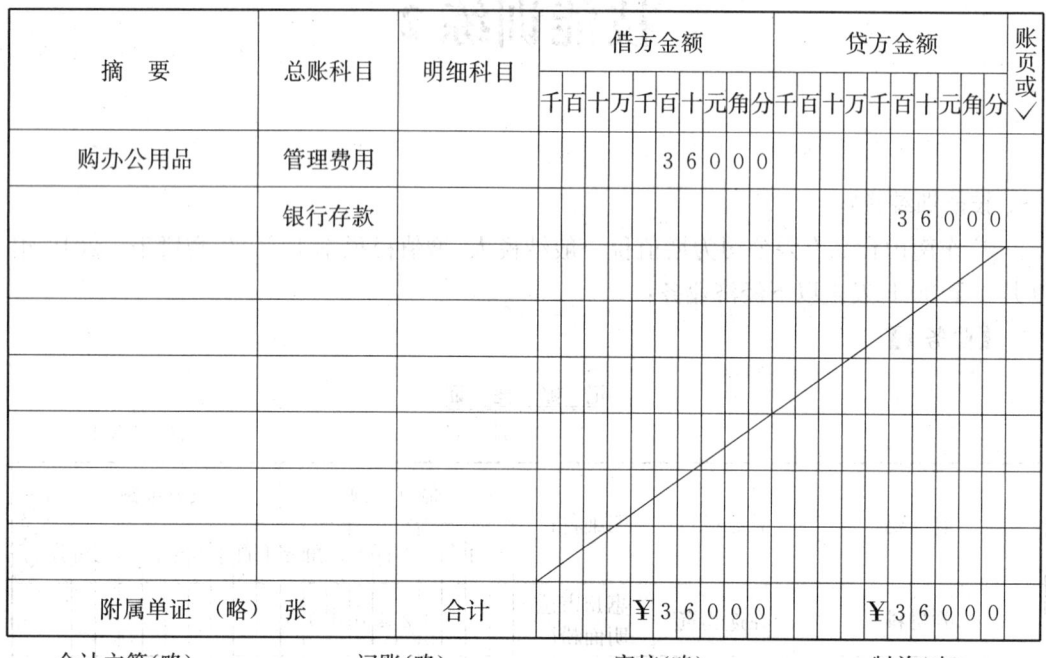

摘　要	总账科目	明细科目	借方金额 千 百 十 万 千 百 十 元 角 分	贷方金额 千 百 十 万 千 百 十 元 角 分	账页或✓
购办公用品	管理费用		3 6 0 0 0		
	银行存款			3 6 0 0 0	
附属单证（略）张		合计	￥3 6 0 0 0	￥3 6 0 0 0	

会计主管(略)　　　　　　记账(略)　　　　　　审核(略)　　　　　　制单(略)

【业务3】

记 账 凭 证

2019 年 9 月 3 日　　　　　　　　　　　　　　　　　记字第 3 号

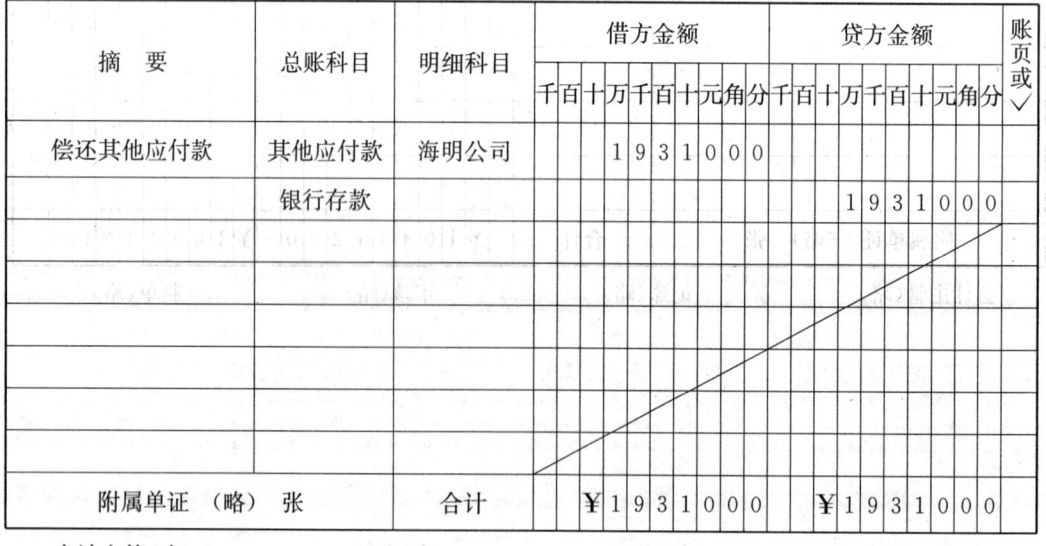

摘　要	总账科目	明细科目	借方金额 千 百 十 万 千 百 十 元 角 分	贷方金额 千 百 十 万 千 百 十 元 角 分	账页或✓
偿还其他应付款	其他应付款	海明公司	1 9 3 1 0 0 0		
	银行存款			1 9 3 1 0 0 0	
附属单证（略）张		合计	￥1 9 3 1 0 0 0	￥1 9 3 1 0 0 0	

会计主管(略)　　　　　　记账(略)　　　　　　审核(略)　　　　　　制单(略)

【业务4】

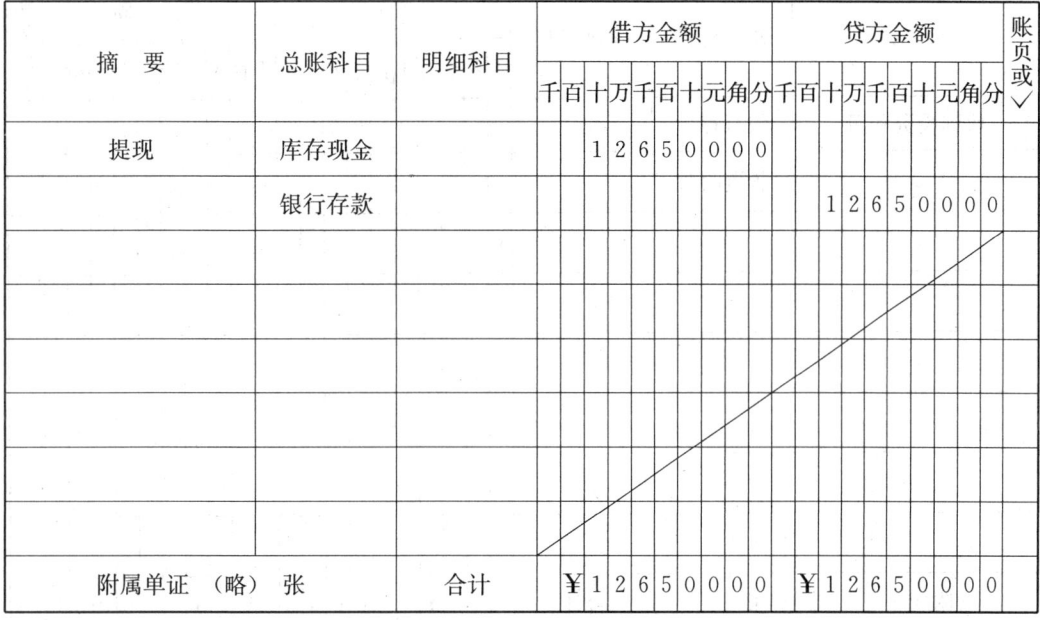

记 账 凭 证

2019 年 9 月 4 日　　　　　　　　　　　记字第 4 号

摘　要	总账科目	明细科目	借方金额 千百十万千百十元角分	贷方金额 千百十万千百十元角分	账页或∨
提现	库存现金		1 2 6 5 0 0 0 0		
	银行存款			1 2 6 5 0 0 0 0	
附属单证（略）张		合计	¥1 2 6 5 0 0 0 0	¥1 2 6 5 0 0 0 0	

会计主管(略)　　　　　记账(略)　　　　　审核(略)　　　　　制单(略)

【业务5】

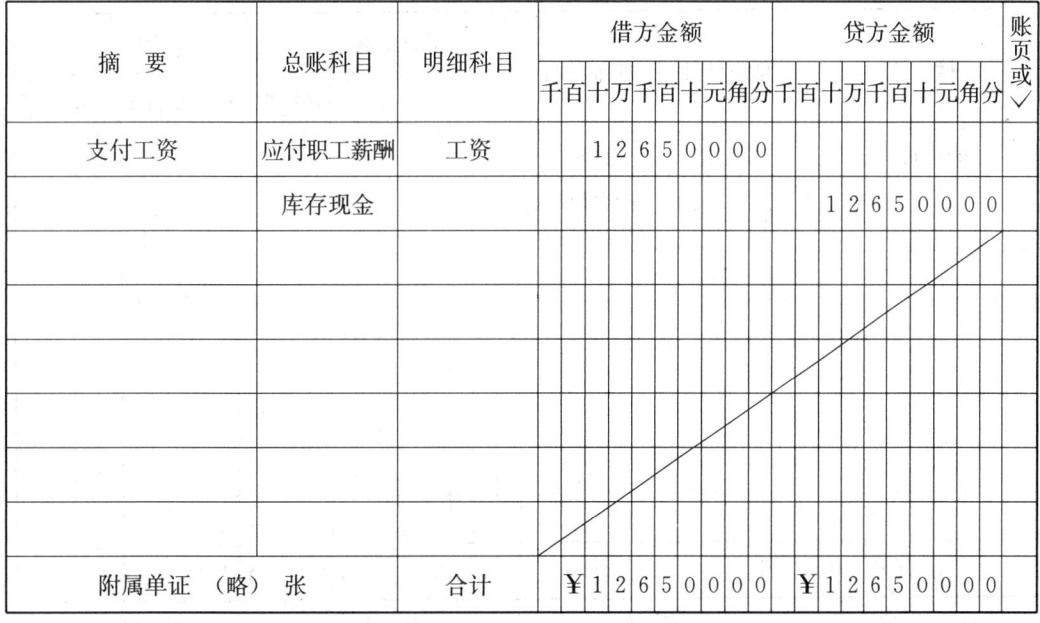

记 账 凭 证

2019 年 9 月 4 日　　　　　　　　　　　记字第 5 号

摘　要	总账科目	明细科目	借方金额 千百十万千百十元角分	贷方金额 千百十万千百十元角分	账页或∨
支付工资	应付职工薪酬	工资	1 2 6 5 0 0 0 0		
	库存现金			1 2 6 5 0 0 0 0	
附属单证（略）张		合计	¥1 2 6 5 0 0 0 0	¥1 2 6 5 0 0 0 0	

会计主管(略)　　　　　记账(略)　　　　　审核(略)　　　　　制单(略)

【业务6】

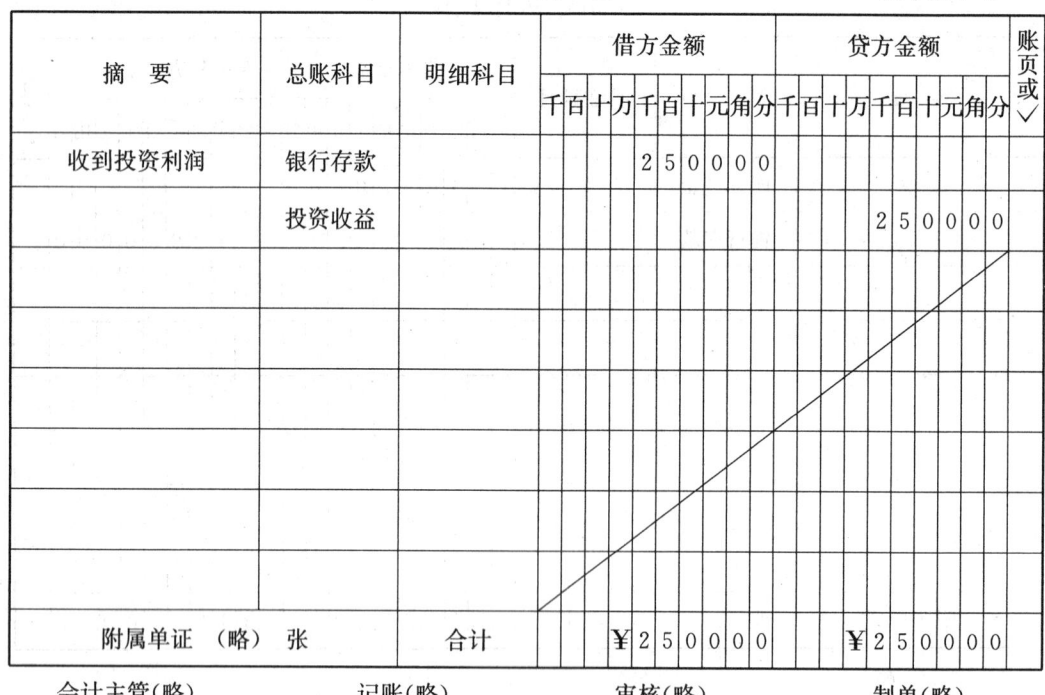

记 账 凭 证

2019 年 9 月 5 日　　　　　　　　　　　　记字第 6 号

摘　要	总账科目	明细科目	借方金额									贷方金额									账页或∨
			千	百	十	万	千	百	十	元	角	分	千	百	十	万	千	百	十	元	角	分	
收到投资利润	银行存款				2	5	0	0	0	0													
	投资收益														2	5	0	0	0	0			
附属单证（略）张	合计			¥	2	5	0	0	0	0				¥	2	5	0	0	0	0			

会计主管（略）　　　　　记账（略）　　　　　审核（略）　　　　　制单（略）

【业务7】

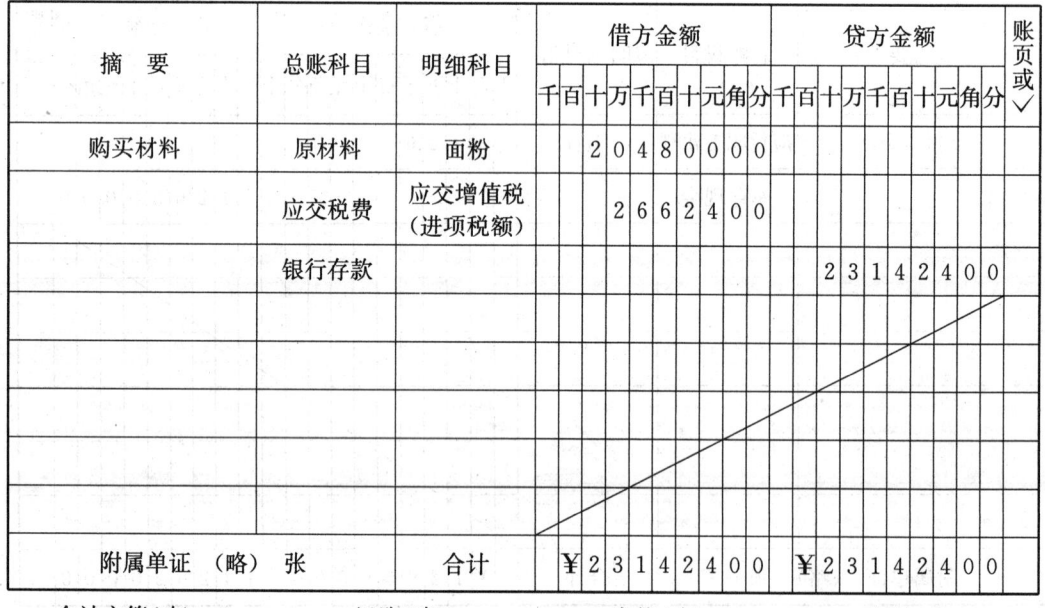

记 账 凭 证

2019 年 9 月 6 日　　　　　　　　　　　　记字第 7 号

摘　要	总账科目	明细科目	借方金额									贷方金额									账页或∨
			千	百	十	万	千	百	十	元	角	分	千	百	十	万	千	百	十	元	角	分	
购买材料	原材料	面粉		2	0	4	8	0	0	0	0												
	应交税费	应交增值税（进项税额）			2	6	6	2	4	0	0												
	银行存款													2	3	1	4	2	4	0	0		
附属单证（略）张	合计		¥	2	3	1	4	2	4	0	0		¥	2	3	1	4	2	4	0	0		

会计主管（略）　　　　　记账（略）　　　　　审核（略）　　　　　制单（略）

【业务8】

记 账 凭 证

2019 年 9 月 7 日　　　　　　　　　　　　　　　　记字第 8 号

摘　要	总账科目	明细科目	借方金额 千百十万千百十元角分	贷方金额 千百十万千百十元角分	账页或✓
领用材料	制造费用		7 9 6 0 0		
	生产成本	饼干	6 0 9 7 6 0 0		
	原材料	面粉		6 0 9 7 6 0 0	
		黄油		7 9 6 0 0	
附属单证 （略） 张		合计	¥6 1 7 7 2 0 0	¥6 1 7 7 2 0 0	

会计主管(略)　　　　记账(略)　　　　审核(略)　　　　制单(略)

【业务9】

记 账 凭 证

2019 年 9 月 8 日　　　　　　　　　　　　　　　　记字第 9 号

摘　要	总账科目	明细科目	借方金额 千百十万千百十元角分	贷方金额 千百十万千百十元角分	账页或✓
销售产品	银行存款		3 8 8 9 4 6 0 0		
	主营业务收入			3 4 4 2 0 0 0 0	
	应交税费	应交增值税（进项税额）		4 4 7 4 6 0 0	
附属单证 （略） 张		合计	¥3 8 8 9 4 6 0 0	¥3 8 8 9 4 6 0 0	

会计主管(略)　　　　记账(略)　　　　审核(略)　　　　制单(略)

【业务10】

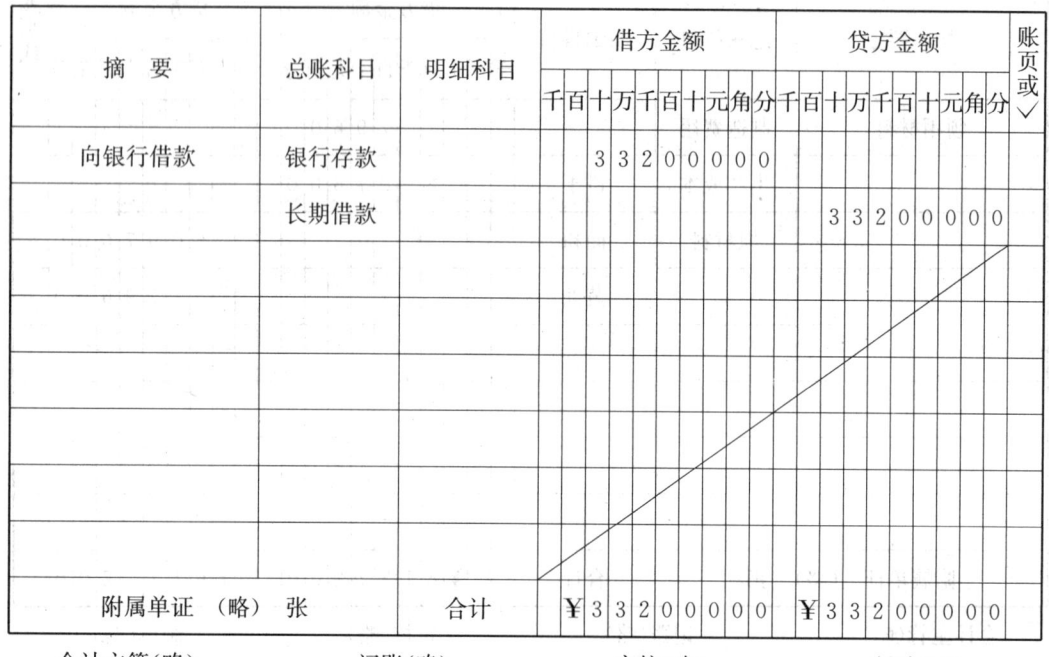

记 账 凭 证

2019 年 9 月 9 日 　　　　　　　　　　　　　　　记字第 10 号

摘　要	总账科目	明细科目	借方金额 千 百 十 万 千 百 十 元 角 分	贷方金额 千 百 十 万 千 百 十 元 角 分	账页或∨
向银行借款	银行存款		3 3 2 0 0 0 0 0		
	长期借款			3 3 2 0 0 0 0 0	
附属单证（略）张	合计		¥ 3 3 2 0 0 0 0 0	¥ 3 3 2 0 0 0 0 0	

会计主管(略)　　　　　　记账(略)　　　　　　审核(略)　　　　　　制单(略)

【业务11】

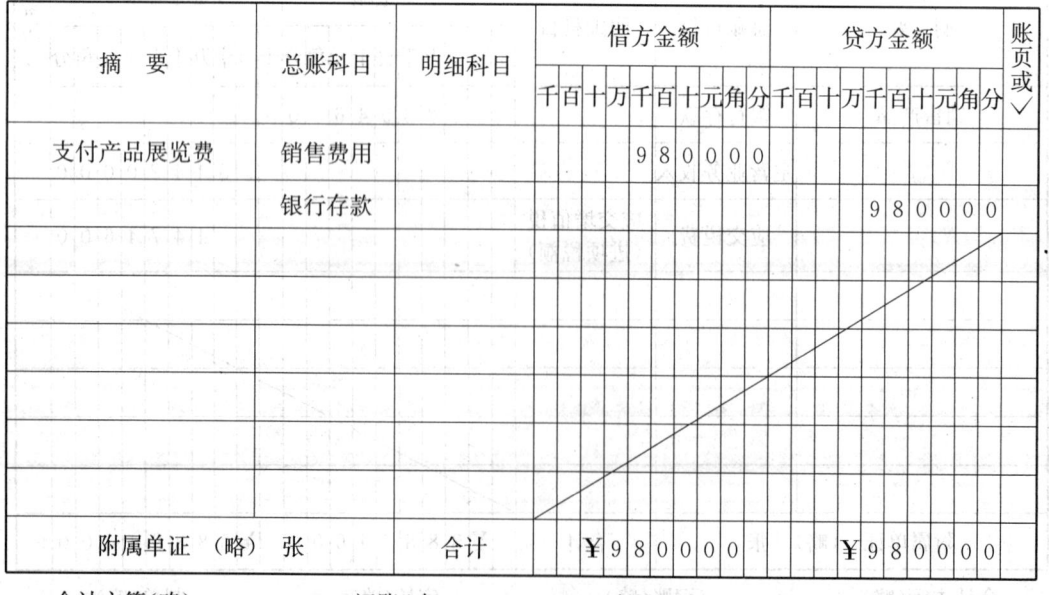

记 账 凭 证

2019 年 9 月 10 日 　　　　　　　　　　　　　　记字第 11 号

摘　要	总账科目	明细科目	借方金额 千 百 十 万 千 百 十 元 角 分	贷方金额 千 百 十 万 千 百 十 元 角 分	账页或∨
支付产品展览费	销售费用		9 8 0 0 0 0		
	银行存款			9 8 0 0 0 0	
附属单证（略）张	合计		¥ 9 8 0 0 0 0	¥ 9 8 0 0 0 0	

会计主管(略)　　　　　　记账(略)　　　　　　审核(略)　　　　　　制单(略)

【业务 12】

记 账 凭 证

2019 年 9 月 11 日　　　　　　　　　　　　　　记字第 12 号

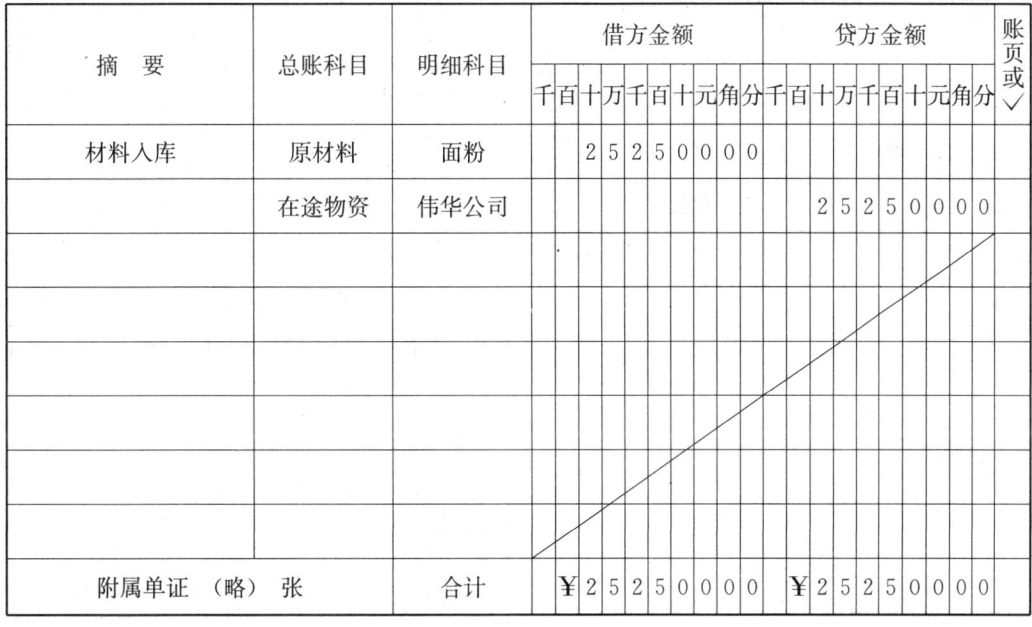

摘　要	总账科目	明细科目	借方金额 千 百 十 万 千 百 十 元 角 分	贷方金额 千 百 十 万 千 百 十 元 角 分	账页或√
材料入库	原材料	面粉	2 5 2 5 0 0 0 0		
	在途物资	伟华公司		2 5 2 5 0 0 0 0	
附属单证（略）张		合计	￥2 5 2 5 0 0 0 0	￥2 5 2 5 0 0 0 0	

会计主管(略)　　　　记账(略)　　　　　审核(略)　　　　　制单(略)

【业务 13】

记 账 凭 证

2019 年 9 月 12 日　　　　　　　　　　　　　　记字第 13 号

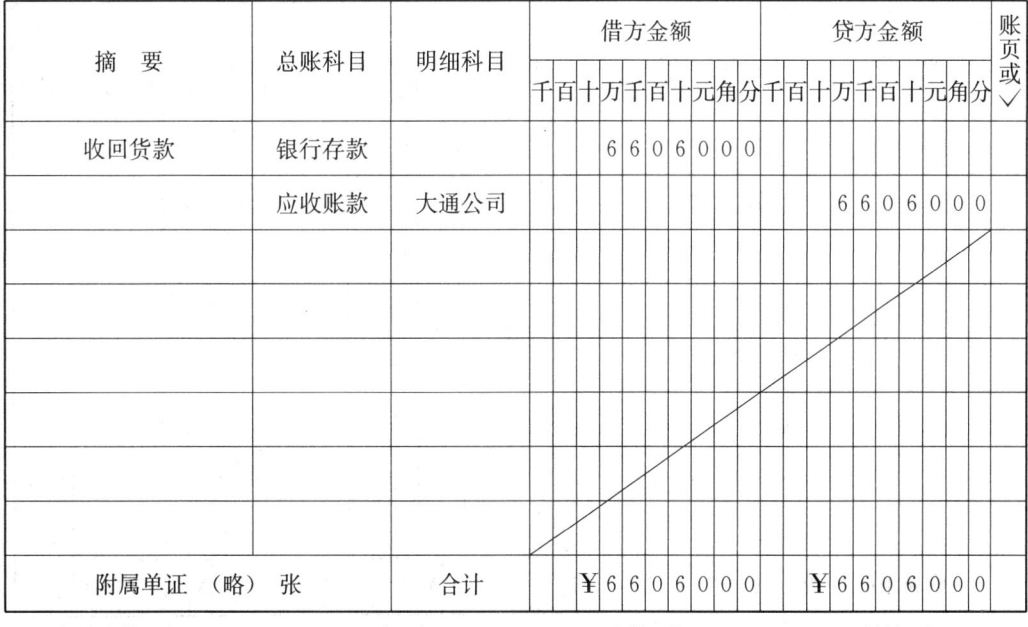

摘　要	总账科目	明细科目	借方金额 千 百 十 万 千 百 十 元 角 分	贷方金额 千 百 十 万 千 百 十 元 角 分	账页或√
收回货款	银行存款		6 6 0 6 0 0 0		
	应收账款	大通公司		6 6 0 6 0 0 0	
附属单证（略）张		合计	￥6 6 0 6 0 0 0	￥6 6 0 6 0 0 0	

会计主管(略)　　　　记账(略)　　　　　审核(略)　　　　　制单(略)

【业务 14】

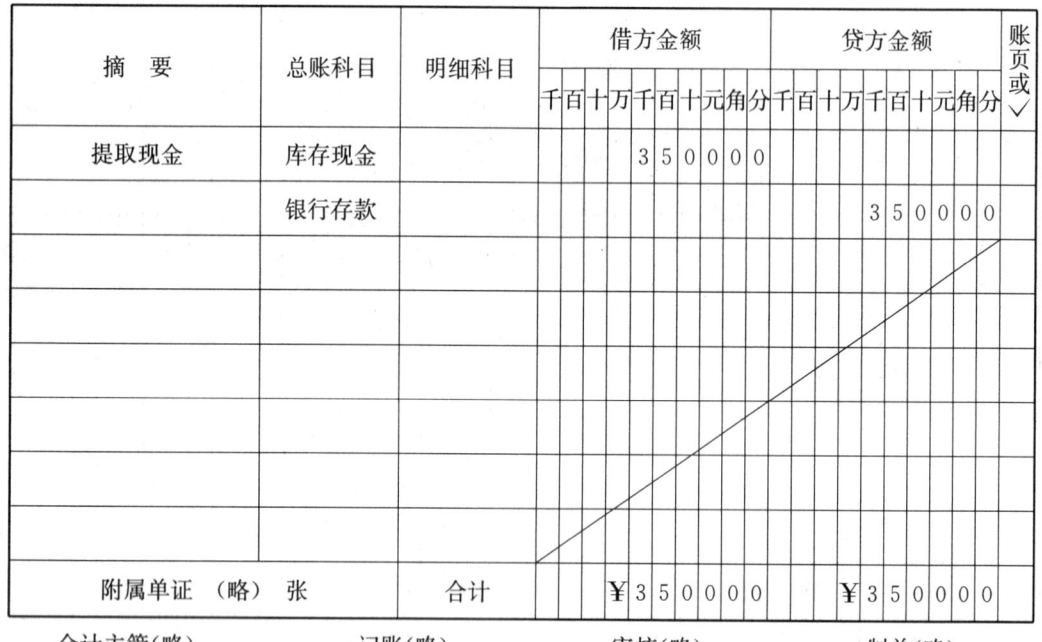

记 账 凭 证

2019 年 9 月 13 日　　　　　　　　　　记字第 14 号

摘　要	总账科目	明细科目	借方金额										贷方金额										账页或✓
---	---	---	千	百	十	万	千	百	十	元	角	分	千	百	十	万	千	百	十	元	角	分	
提取现金	库存现金					3	5	0	0	0	0												
	银行存款															3	5	0	0	0	0	
附属单证 （略） 张	合计				¥	3	5	0	0	0	0			¥	3	5	0	0	0	0				

会计主管（略）　　　　　记账（略）　　　　　审核（略）　　　　　制单（略）

【业务 15】

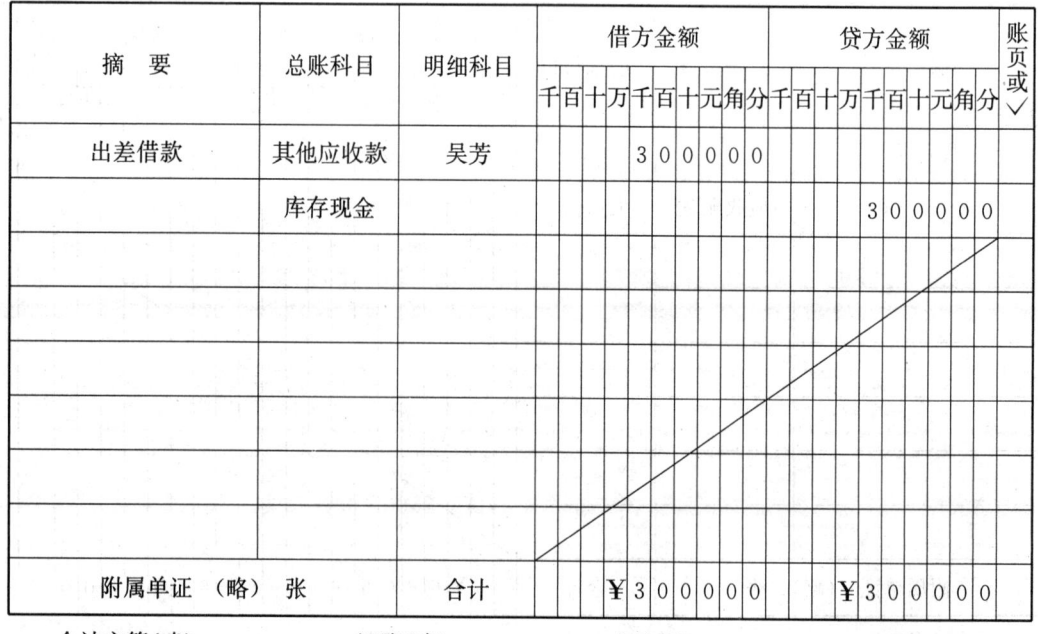

记 账 凭 证

2019 年 9 月 13 日　　　　　　　　　　记字第 15 号

摘　要	总账科目	明细科目	借方金额										贷方金额										账页或✓
---	---	---	千	百	十	万	千	百	十	元	角	分	千	百	十	万	千	百	十	元	角	分	
出差借款	其他应收款	吴芳				3	0	0	0	0	0												
	库存现金															3	0	0	0	0	0	
附属单证 （略） 张	合计				¥	3	0	0	0	0	0			¥	3	0	0	0	0	0				

会计主管（略）　　　　　记账（略）　　　　　审核（略）　　　　　制单（略）

【业务 16】

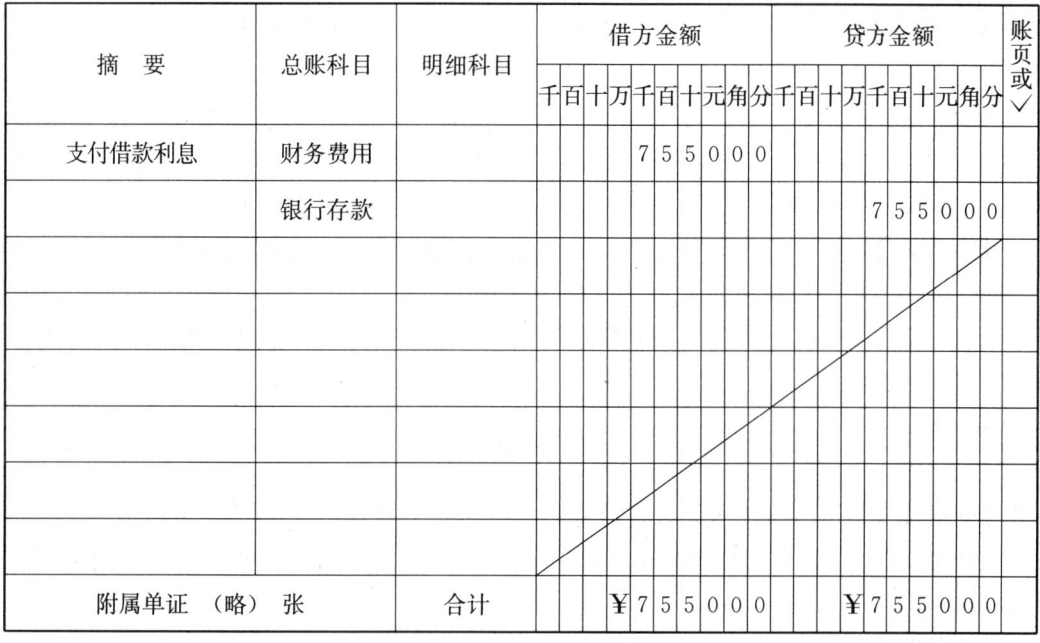

记 账 凭 证

2019 年 9 月 14 日　　　　　　　　　　　记字第 16 号

摘　要	总账科目	明细科目	借方金额										贷方金额										账页或∨
---	---	---	千	百	十	万	千	百	十	元	角	分	千	百	十	万	千	百	十	元	角	分	
支付借款利息	财务费用						7	5	5	0	0	0											
	银行存款																7	5	5	0	0	0	
附属单证　（略）　张		合计	¥	7	5	5	0	0	0				¥	7	5	5	0	0	0				

会计主管(略)　　　　　记账(略)　　　　　审核(略)　　　　　制单(略)

【业务 17】

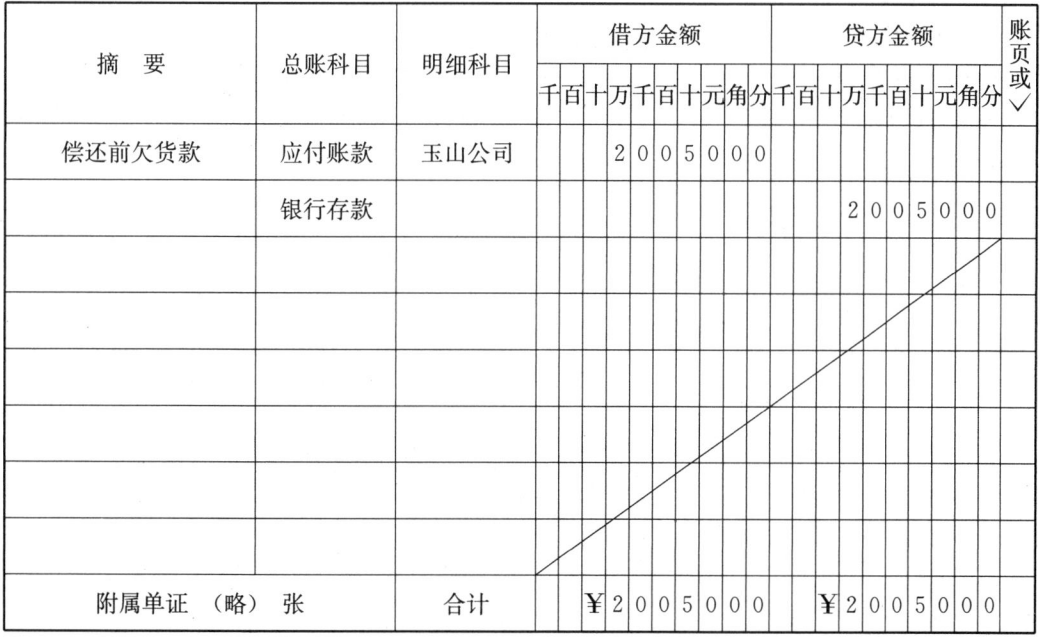

记 账 凭 证

2019 年 9 月 14 日　　　　　　　　　　　记字第 17 号

摘　要	总账科目	明细科目	借方金额										贷方金额										账页或∨
---	---	---	千	百	十	万	千	百	十	元	角	分	千	百	十	万	千	百	十	元	角	分	
偿还前欠货款	应付账款	玉山公司					2	0	0	5	0	0	0										
	银行存款																2	0	0	5	0	0	0
附属单证　（略）　张		合计	¥	2	0	0	5	0	0	0			¥	2	0	0	5	0	0	0			

会计主管(略)　　　　　记账(略)　　　　　审核(略)　　　　　制单(略)

【业务18】15日,厂部办公室报销接待用餐费5 300元,以现金支付。

【业务19】15日,生产领用面粉52 000元,厂部办公室维修领用油漆640元,生产车间维修领用油漆2 500元。

【业务20】15日,以现金支付产品广告费4 200元,可抵扣增值税进项税额为252元。

【业务21】16日,厂部人事科吴芳出差回来报销差旅费(出差借款见业务15),经审核,报销金额合计人民币3 150元(不足部分,以现金补付),其中住宿费700元,可抵扣增值税进项税额42元。

【业务22】25日,销售饼干给恒盛超市,开具增值税专用发票,产品数量500箱,不含税单价150元,增值税税率为13%,款项尚未收到。

【业务23】30日,计提生产车间固定资产折旧费2 760元,厂部行政管理部门固定资产折旧费980元。

【业务24】30日,分配本月厂部管理部门人员工资16 300元,生产车间管理人员工资5 800元,生产工人工资10 500元。

【业务25】30日,结转本月制造费用。

【业务26】30日,饼干(产品)全部完工,结转饼干生产成本,该产品"生产成本"账户期初没有余额。

【业务27】30日,结转饼干(产品)本月销售成本213 460元。

【业务28】30日,签发支票一张,提取备用金127 800元。

【业务29】30日,计算本月应交城市维护建设税。

【业务30】30日,计算本月应交教育费附加。

【业务31】30日,结转本月损益类账户净发生额。

【业务32】30日,计算并结转本月所得税费用。

二、技能训练要求

1. 填制记账凭证

填制[业务18]至[业务20]的记账凭证。

1)[业务18]记账凭证

记 账 凭 证

年 月 日 记字第 号

摘 要	总账科目	明细科目	借方金额										贷方金额										账页或√
			千	百	十	万	千	百	十	元	角	分	千	百	十	万	千	百	十	元	角	分	
附属单证 （略） 张		合计																					

会计主管(略) 记账(略) 审核(略) 制单(略)

2）［业务 19］记账凭证

记 账 凭 证

年 月 日 记字第 号

摘 要	总账科目	明细科目	借方金额										贷方金额										账页或√
			千	百	十	万	千	百	十	元	角	分	千	百	十	万	千	百	十	元	角	分	
附属单证 （略） 张		合计																					

会计主管(略) 记账(略) 审核(略) 制单(略)

3）[业务 20]记账凭证

记 账 凭 证

年 月 日 记字第 号

摘　要	总账科目	明细科目	借方金额										贷方金额										账页或∨
			千	百	十	万	千	百	十	元	角	分	千	百	十	万	千	百	十	元	角	分	
附属单证（略）　张	合计																						

会计主管（略）　　　　　记账（略）　　　　　审核（略）　　　　　制单（略）

2. 编制科目汇总表

　　根据[业务 1]至[业务 20]的记账凭证,汇总本月 1 至 15 日总账账户发生额,编制科目汇总表一。

科 目 汇 总 表

编号：　　　　　　　　年 月 日至 日　　　　凭证第 号至第 号共 张

会 计 科 目	本 期 发 生 额																			账页或∨
	借方金额										贷方金额									
	亿	千	百	十	万	千	百	十	元	角	分亿	千	百	十	万	千	百	十	元	角	分	
库存现金																				
银行存款																				
应收账款																				
其他应收款																				
在途物资																				
原材料																				
库存商品																				
制造费用																				

（续表）

会 计 科 目	本 期 发 生 额																					账页或 ✓
	借方金额										贷方金额											
	亿	千	百	十	万	千	百	十	元	角	分	亿	千	百	十	万	千	百	十	元	角	分	
生产成本																							
固定资产																							
累计折旧																							
短期借款																							
应付账款																							
应付职工薪酬																							
应交税费																							
其他应付款																							
长期借款																							
实收资本																							
盈余公积																							
本年利润																							
利润分配																							
主营业务收入																							
主营业务成本																							
税金及附加																							
销售费用																							
管理费用																							
财务费用																							
投资收益																							
营业外收入																							
营业外支出																							
所得税费用																							
合计																							

会计主管（略）　　　　　记账（略）　　　　　审核（略）　　　　　制单（略）

3. 编制会计分录

编制［业务 21］至［业务 27］的会计分录。

4. 签发提取备用金支票

根据［业务 28］，签发提取备用金支票。

中国工商银行支票存根(粤) 10304416 26549870 附加信息 _____ _____ 出票日期 年 月 日 收款人： 金 额： 用 途： 单位主管 会计	付款期限自出票之日起十天	中国工商银行支票(粤) 10304416 26549870

中国工商银行支票(粤)

出票日期(大写) 年 月 日　　付款行名称：工行广州市东山支行
收款人：　　　　　　　　　　　出票人账号：030567891034678

人民币 (大 写)	千	百	十	万	千	百	十	元	角	分

用途_____　　　　密码_____

上列款项请从
我账户内支付　　章略　　行号_____
出票人签章

复核　　记账

5. 填制原始凭证

根据［业务 29］至［业务 32］，填制相应的原始凭证。

1）［业务 29］原始凭证

城市维护建设税计算表

年　月

税(费)种类	计税(费)金额	税率(征收率)	应纳金额
城市维护建设税		7％	
合计			

会计主管(略)　　　　　　复核(略)　　　　　　制单(略)

2）［业务 30］原始凭证

教育费附加计算表

年　月

税(费)种类	计税(费)金额	税率(征收率)	应纳金额
教育费附加		3％	
合计			

会计主管(略)　　　　　　复核(略)　　　　　　制单(略)

3)［业务 31］原始凭证

损益类账户净发生额计算表

年　月

账户名称	本月净发生额	
	借方	贷方
主营业务收入		
其他业务收入		
主营业务成本		
其他业务成本		
税金及附加		
销售费用		
管理费用		
财务费用		
投资收益		
营业外收入		
营业外支出		
合　计		

会计主管（略）　　　　　　　复核（略）　　　　　　　制单（略）

4)［业务 32］原始凭证

企业所得税计算表

年　月

税（费）种类	计税（费）金额	企业所得税税率	应纳税额
企业所得税		25%	
合　计			

会计主管（略）　　　　　　　复核（略）　　　　　　　制单（略）

6. 填制记账凭证

填制［业务 28］至［业务 32］的记账凭证,将属于记账凭证附件的原始凭证粘贴在相应记账凭证背面,将不属于记账凭证附件的原始凭证粘贴在非记账凭证附件粘贴单的正面。

1) ［业务 28］记账凭证

记 账 凭 证

年 月 日 记字第 号

摘 要	总账科目	明细科目	借方金额										贷方金额										账页或 ✓
			千	百	十	万	千	百	十	元	角	分	千	百	十	万	千	百	十	元	角	分	
附属单证（略）张		合计																					

会计主管(略) 记账(略) 审核(略) 制单(略)

2) ［业务 29］记账凭证

记 账 凭 证

年 月 日 记字第 号

摘 要	总账科目	明细科目	借方金额										贷方金额										账页或 ✓
			千	百	十	万	千	百	十	元	角	分	千	百	十	万	千	百	十	元	角	分	
附属单证（略）张		合计																					

会计主管(略) 记账(略) 审核(略) 制单(略)

3）［业务 30］记账凭证

记 账 凭 证

年 月 日 　　　　　　　记字第 　号

摘 要	总账科目	明细科目	借方金额										贷方金额										账页或√
			千	百	十	万	千	百	十	元	角	分	千	百	十	万	千	百	十	元	角	分	
附属单证 （略） 张		合计																					

会计主管(略) 　　　　记账(略) 　　　　审核(略) 　　　　制单(略)

记 账 凭 证

年 月 日 　　　　　　　记字第 　号

摘 要	总账科目	明细科目	借方金额										贷方金额										账页或√
			千	百	十	万	千	百	十	元	角	分	千	百	十	万	千	百	十	元	角	分	
附属单证 （略） 张		合计																					

会计主管(略) 　　　　记账(略) 　　　　审核(略) 　　　　制单(略)

4）〔业务 31〕记账凭证

记 账 凭 证

年 月 日 记字第 号

摘 要	总账科目	明细科目	借方金额										贷方金额										账页或✓
			千	百	十	万	千	百	十	元	角	分	千	百	十	万	千	百	十	元	角	分	
附属单证（略） 张		合计																					

会计主管(略) 记账(略) 审核(略) 制单(略)

5）〔业务 32〕记账凭证

记 账 凭 证

年 月 日 记字第 号

摘 要	总账科目	明细科目	借方金额										贷方金额										账页或✓
			千	百	十	万	千	百	十	元	角	分	千	百	十	万	千	百	十	元	角	分	
附属单证（略） 张		合计																					

会计主管(略) 记账(略) 审核(略) 制单(略)

记 账 凭 证

年　月　日　　　　　　　　　　　　　　　记字第　　号

摘　要	总账科目	明细科目	借方金额										贷方金额										账页或✓
			千	百	十	万	千	百	十	元	角	分	千	百	十	万	千	百	十	元	角	分	
附属单证　（略）　张		合　计																					

会计主管(略)　　　　　　记账(略)　　　　　　审核(略)　　　　　　制单(略)

6）非记账凭证附件粘贴单

非记账凭证附件粘贴单
（将不属于记账凭证附件的原始凭证正面朝上粘贴在下方）

7. 编制科目汇总表二

汇总本月 16 日至 30 日总账账户发生额,编制科目汇总表二。

科 目 汇 总 表

编号: 　　　　　　　　　　　年　月　日至　日　　　凭证第　号至第　号共　张

会 计 科 目	本 期 发 生 额																				账页或√
	借方金额										贷方金额										
	亿	千	百	十	万	千	百	十	元	角	分	亿	千	百	十	万	千	百	十	元	角	分	
库存现金																							
银行存款																							
应收账款																							
其他应收款																							
在途物资																							
原材料																							
库存商品																							
制造费用																							
生产成本																							
固定资产																							
累计折旧																							
短期借款																							
应付账款																							
应付职工薪酬																							
应交税费																							
其他应付款																							
长期借款																							
实收资本																							
盈余公积																							
本年利润																							
利润分配																							
主营业务收入																							
主营业务成本																							
税金及附加																							
销售费用																							
管理费用																							

会 计 科 目	本 期 发 生 额																						账页或√
	借方金额										贷方金额										
	亿	千	百	十	万	千	百	十	元	角	分	亿	千	百	十	万	千	百	十	元	角	分	
财务费用																							
投资收益																							
营业外收入																							
营业外支出																							
所得税费用																							
合计																							

会计主管（略）　　　　　记账（略）　　　　　审核（略）　　　　　制单（略）

8. 会计凭证整理与装订

［业务28］至［业务32］会计凭证的整理与装订

1）填写记账凭证封面

填写记账凭证封面，"装订人"请使用"会计印章"盖章。

编号_____

凭证封面

_____年　第_____季_____月份

自_____年___月___日起至_____年___月___日止自_____号至_____号
共计原始账凭单_____页附原始凭证_____页
主管负责人：　　会计：　　复核：　　装订：

2）整理并装订会计凭证

整理［业务28］至［业务32］的记账凭证及其附件；将科目汇总表二、［业务28］至［业务32］的记账凭证及其附件以及非记账凭证附件粘贴单装订成册；装订次序为：科目汇总表二、记账凭证及附件、非记账凭证附件粘贴单。

说明：技能训练时，可以分发以下材料：会计凭证封面1张、科目汇总表2张、记账凭证若干、非记账凭证附件粘贴单1张。

【综合训练】

综合训练一

一、单项选择题(本题共 30 题,每小题 2 分,共 60 分)

1. 会计核算和监督所运用的主要计量尺度是(　　)。
   A. 实物量度　　　　B. 货币量度　　　　C. 劳动量度　　　　D. 时间量度

2. 下列各项中,(　　)是会计平衡公式。
   A. 资产=负债　　　　　　　　　　　B. 资产=负债+所有者权益
   C. 资产=流动负债　　　　　　　　　D. 资产=所有者权益

3. 确定本期收入和费用的原则是(　　)。
   A. 权责发生制原则　　　　　　　　　B. 历史成本计价原则
   C. 配比原则　　　　　　　　　　　　D. 划分资本性支出和收益性支出原则

4. 负债类账户的期末余额一般(　　)。
   A. 在贷方　　　　　　　　　　　　　B. 在借方
   C. 在借方或在贷方　　　　　　　　　D. 期末结转后无余额

5. 会计科目是(　　)。
   A. 会计要素　　　　　　　　　　　　B. 账户
   C. 借贷记账法的具体内容　　　　　　D. 账户的名称

6. 对账户不要求固定分类是借贷记账法的(　　)。
   A. 记账方法　　　　B. 记账特点　　　　C. 记账规律　　　　D. 记账形式

7. "应付账款"账户期初贷方余额为 16 000 元,本期借方发生额为 16 000 元,本期贷方发生额为 16 000 元,则该账户的期末余额为(　　)。
   A. 借方 32 000 元　　B. 贷方 16 000 元　　C. 借方 16 000 元　　D. 贷方 32 000 元

8. 月末结转后一般无余额的账户是(　　)。
   A. 收入成果类账户　　　　　　　　　B. 成本类账户
   C. 所有者权益类账户　　　　　　　　D. 负债类账户和资产类账户

9. 下列各项中,可计入材料采购成本的是(　　)。
   A. 采购人员工资　　　　　　　　　　B. 采购人员福利费
   C. 应缴纳的增值税(进项税额)　　　　D. 材料采购运输费

10. 产品生产成本是指(　　)。
    A. 产品制造成本　　　　　　　　　　B. 产品制造成本及材料采购成本
    C. 产品制造成本及产品销售成本　　　D. 产品计划成本

11. 月末结转制造费用,借方账户是(　　)。

　　A. "生产成本"　　　B. "管理费用"　　　C. "本年利润"　　　D. "劳务成本"

12. 在企业进行利润分配时,要用到的账户是(　　)。

　　A. "实收资本"　　　B. "资本公积"　　　C. "盈余公积"　　　D. "所得税费用"

13. 厂部使用固定资产提取折旧时,应借记(　　)账户。

　　A. "财务费用"　　　B. "累计折旧"　　　C. "管理费用"　　　D. "制造费用"

14. "生产成本"账户贷方登记(　　)。

　　A. 退还已领未用的生产材料　　　　　　B. 生产消耗成本

　　C. 结转完工产品成本　　　　　　　　　D. 结转已售产品成本

15. 企业出纳人员付出货币资金的依据是(　　)。

　　A. 原始凭证　　　B. 收款凭证　　　C. 付款凭证　　　D. 转账凭证

16. 采购员报销差旅费 3 200 元,原借支 5 000 元,余额 1 800 元交回现金,应填制的记账凭证是(　　)。

　　A. 收款凭证一张　　　　　　　　　　　B. 收款凭证两张

　　C. 收款凭证和转账凭证各一张　　　　　D. 付款凭证和转账凭证各一张

17. 账簿按(　　)的不同,可以分为订本账、活页张和卡片账。

　　A. 用途　　　B. 外表形式　　　C. 性质　　　D. 填制方法

18. 在记账后,结账前,如发现记账所依据的记账凭证中少记应借、应贷的金额,可以采用(　　)更正错误。

　　A. 划线更正法　　　B. 红字更正法　　　C. 补充登记法　　　D. 挖补方法

19. 在记账过程中,(　　)只有在结账、划线改错和冲账时才能使用。

　　A. 红色墨水笔　　　B. 蓝色墨水笔　　　C. 圆珠笔　　　D. 铅笔

20. 各种不同的会计核算形式,最根本的区别是(　　)。

　　A. 编制汇总原始凭证的依据不同　　　　B. 编制记账凭证的依据不同

　　C. 登记总分类账的依据不同　　　　　　D. 编制财务报表的依据不同

21. 记账凭证汇总表(科目汇总表)核算形式的主要缺点是(　　)。

　　A. 登记总分类账的工作量较大　　　　　B. 不能反映账户的对应关系

　　C. 编制(科目汇总表)的工作量大　　　　D. 不能进行试算平衡

22. 在汇总记账凭证核算程序下,总分类账账页格式一般采用(　　)。

　　A. 三栏式　　　B. 多栏式　　　C. 数量金额式　　　D. 两栏式

23. 技术推算法用于(　　)的清查。

　　A. 实物　　　B. 书面证明、现金　　　C. 银行存款　　　D. 往来款项

24. (　　)是记录盘点结果的书面证明,也是反映财产物资实存数的原始凭证。

　　A. 盘存单　　　B. 实存账存对比表　　　C. 盘盈盘亏报告表　　　D. 以上都是

25. 对现金进行盘点时,(　　)必须在场。

　　A. 会计人员　　　　　　　　　　　　　B. 出纳人员

　　C. 单位负责人　　　　　　　　　　　　D. 上级主管单位财务负责人

26. 原材料盘盈经查明是自然升溢,经批准后应贷记( )账户。

    A. "管理费用"   B. "其他应收款"   C. "营业外收入"   D. "其他业务收入"

27. 下列资产负债项目中,根据总账期末余额直接填列的是( )。

    A. 应收账款   B. 应收票据   C. 应付账款   D. 长期投资

28. 下列报表中,反映企业财务状况的报表是( )。

    A. 资产负债表   B. 利润表   C. 现金流量表   D. 利润分配表

29. 利润表中的"净利润",是指企业的利润总额扣除( )后的净额。

    A. 营业利润   B. 应付利润   C. 所得税费用   D. 盈余公积

30. 下列各项中,属于资本性支出(形成固定资产方面的支出)的是( )。

    A. 购进原材料   B. 购进办公用品

    C. 购进一台机器设备   D. 支付生产费用

二、多项选择题(本题共 10 题,每小题 1 分,共 10 分)

1. 下列各项中,属于会计核算方法的有( )。

    A. 复式记账   B. 财产清查   C. 编制财务报表   D. 会计分析

2. 可比性原则是指( )应一致。

    A. 会计处理方法   B. 全部企业

    C. 全部经济单位   D. 会计指标计算口径

3. 总分类账户和明细分类账户( )。

    A. 核算内容相同   B. 反映资金增减变化的详细程度相同

    C. 登记的原始依据相同   D. 登记的日期相同

4. 编制财务报表的一般要求有( )。

    A. 数字真实   B. 计算准确   C. 内容完整   D. 报送及时

5. 下列各项中,应在"制造费用"账户归集的项目有( )。

    A. 生产车间固定资产的折旧费   B. 车间生产工人工资

    C. 车间为产品生产领用的材料   D. 生产车间管理人员的工资

6. 下列各项中,属于企业营业外支出的项目有( )。

    A. 固定资产盘亏   B. 非常损失

    C. 确定无法收回的应收账款   D. 公益性捐款

7. 下列各项中,属于原始凭证的有( )。

    A. 发货票   B. 领料单   C. 工资结算表   D. 销货合同

8. 定期对账的内容,主要包括( )等方面。

    A. 账证核对   B. 账账核对   C. 账实核对   D. 账表核对

9. 各种会计核算形式的相同之处包括( )。

    A. 根据原始凭证或原始凭证汇总表填制记账凭证

    B. 根据收、付款凭证登记日记账

    C. 根据记账凭证登记总账

    D. 月末,总账余额与日记账的余额和各种明细账的余额相核对

10. 开展财产清查工作前,各部门特别是财会部门应做好(　　　)等准备工作。

    A. 将所有的经济业务登记入账　　　　　B. 核对总账、明细账

    C. 整理各种物资　　　　　　　　　　　D. 准备计量器具及登记表

三、判断题(对的划√,错的划×,本题共10题,每小题1分,共10分)

1. 资产负债表属于动态报表,利润表属于静态报表。 （　　　）

2. 对于银行已入账而本单位尚未入账的款项,应在发现后及时入账。 （　　　）

3. 记账凭证核算程序是其他核算程序的基础。 （　　　）

4. 横线登记式明细账是在账页的同一行内,记录某一项经济业务从发生到结束的所有事项。 （　　　）

5. 将现金存入银行应同时编制银行存款收款凭证和现金付款凭证。 （　　　）

6. 2019年10月31日,某企业"本年利润"账户期末贷方余额为563 800元,"利润分配"账户期末借方余额为320 000元,则月末资产负债表"未分配利润"项目期末余额为243 800元。 （　　　）

7. 每一个会计科目都应当明确反映一定的经济业务内容。 （　　　）

8. 经济业务的发生,会引起资产、负债和所有者权益这三个会计基本要素在数量上发生增减变化,但不会破坏会计等式的数量关系。 （　　　）

9. 会计核算的前提条件有会计主体、持续经营、会计分期、核算监督。 （　　　）

10. 期间费用不计入产品成本,可以直接计入产品成本的费用是间接费用。 （　　　）

四、技能题(本题共2题,每小题10分,共20分)

1. 填制会计凭证

    1)背景资料

    2019年6月15日,广东韩冬服饰有限公司向广东新奇布业有限公司购买棉布1 000米,亚麻1 600米,款项已付,材料已验收入库。

广东增值税专用发票　　　　　　　　　　No 432363041

4401281287　　　　　　　　　　　　开票日期:2019年06月15日

购货单位	名　　　　称:广东韩冬服饰有限公司 纳税人识别号:440162256268024 地址、电话:中山市沙溪建设路289号76327586 开户行及账号:中山市工行沙溪支行61682674052					密码区	(略)		
货物或应税劳务、服务名称	规格型号	单位	数量	单价	金额		税率	税额	
棉布		米	1 000	13.00	13 000.00		13%	1 690.00	
亚麻		米	1 600	15.00	24 000.00		13%	3 120.00	
合　计					¥37 000.00			¥4 810.00	
价税合计(大写)	⊗肆万壹仟捌佰壹拾圆整						(小写)¥41 810.00		
销货单位	名　　　　称:广东新奇布业有限公司 纳税人识别号:440101568268026 地址、电话:广州市工业大道62号56672584 开户行及账号:农行工业支行11606313052					备注			

收款人:张佳纯　　　　复核:李丽芬　　　　开票人:尚晓娜　　　　销货单位:(章)

2) 训练要求

依据背景资料,签发转账支票,支付广东新奇布业有限公司材料款,并填制记账凭证。

	中国工商银行支票存根(粤) GS 02034041	
中国工商银行支票存根(粤) GS 02034041 附加信息 _____ _____ 出票日期 年 月 日 收款人: 金 额: 用 途: 单位主管 会计	付款期限自出票之日起十天	出票日期(大写) 年 月 日 付款行名称: 收款人: 出票人账号: 人民币 千百十万千百十元角分 (大写) 用途_____ 密码_____ 行号_____ 上列款项请从我 账户内支付出票 人签章 广东韩冬服 饰有限公司 财务专用章 韩敬冬 复核 记账

被背书人	被背书人	附加信息:
		根据《中华人民共和国票据法》等法律法规的规定,签发空头支票由中国人民银行处以票面金额5%但不低于1 000元的罚款。
背书人签章 年 月 日	背书人签章 年 月 日	

记 账 凭 证

年 月 日　　　　　　　　　字第 号

摘　要	总账科目	明细科目	借方金额										贷方金额										账页或√
			千	百	十	万	千	百	十	元	角	分	千	百	十	万	千	百	十	元	角	分	
附属单证　　张		合　计																					

会计主管:　　　　　记账:　　　　　审核:　　　　　制单:

2. 编制资产负债表

1) 背景资料

广东新丰家居有限公司 2019 年 10 月 31 日总分类账户期末余额表和相关明细分类账户期末余额表如下所示。

总分类账户期末余额表

2019 年 10 月 31 日　　　　　　　　　　　单位：元

账户名称	借方余额	账户名称	贷方余额
库存现金	14 000.00	短期借款	161 600.00
银行存款	702 028.00	应付账款	407 600.00
其他货币资金	114 600.00	应付票据	170 000.00
短期投资	53 000.00	预收账款	10 000.00
应收票据	132 000.00	应付利润	64 432.00
应收账款	487 500.00	应付职工薪酬	30 000.00
预付账款	10 000.00	应交税费	53 462.00
其他应收款	14 562.00	其他应付款	20 000.00
在途物资	67 623.00	累计折旧	347 500.00
原材料	286 000.00	累计摊销	80 000.00
周转材料	29 600.00	长期借款	2 320 000.00
库存商品	472 000.00	实收资本	1 500 000.00
长期股权投资	80 000.00	资本公积	1 280 000.00
固定资产	4 262 000.00	盈余公积	770 292.00
在建工程	556 000.00	利润分配	426 027.00
工程物资	160 000.00		
无形资产	200 000.00		
合计	7 640 913.00	合计	7 640 913.00

有关明细分类账户期末余额表

2019 年 10 月 31 日　　　　　　　　　　　单位：元

账户名称	借或贷	余额	账户名称	借或贷	余额
应收账款	借	487 500.00	应付账款	贷	407 600.00
——新华公司	贷	50 000.00	——西丽公司	贷	220 000.00
——河滨公司	借	297 500.00	——东环公司	借	60 000.00
——怡景公司	借	240 000.00	——梅江公司	贷	247 600.00
预收账款	贷	10 000.00	预付账款	借	10 000.00
——明光公司	贷	10 000.00	——芳村公司	借	10 000.00

2）训练要求

依据背景资料,编制广东新丰家居有限公司 2019 年 10 月 31 日资产负债表如下所示。

资 产 负 债 表

编制单位：　　　　　　　　　　年　月　日　　　　　　　　　　单位:元

资产	期末余额	年初余额	负债及所有者权益	期末余额	年初余额
流动资产：			流动负债：		
货币资金			短期借款		
短期投资			应付票据		
应收票据			应付账款		
应收账款			预收账款		
预付账款			应付职工薪酬		
应收利息			应交税费		
应收股利			应付利息		
其他应收款			应付利润		
存货			其他应付款		
其他流动资产			其他流动负债		
流动资产合计			流动负债合计		
非流动资产：					
长期债券投资			非流动负债：		
长期股权投资			长期借款		
固定资产原价			长期应付款		
减:累计折旧			其他非流动负债		
固定资产账面价值			非流动负债合计		
在建工程			负债合计		
工程物资					
固定资产清理					
生产性生物资产			所有者权益：		
无形资产			实收资本(或股本)		
开发支出			资本公积		
长期待摊费用			盈余公积		
其他非流动资产			未分配利润		
非流动资产合计			所有者权益合计		
资产总计			负债及所有者权益总计		

企业盖章：　　　　　单位负责人：　　　　　财务负责人：　　　　　制表：

综合训练二

一、单项选择题(本题共 30 题,每小题 2 分,共 60 分)

1. 明确(   )是组织会计核算工作的首要前提,因为它界定了会计活动的空间范围和会计人员的责权范围。

   A. 会计主体　　　　B. 持续经营　　　　C. 货币计量　　　　D. 会计分期

2. 我国会计准则规定,会计核算以人民币为记账本位币。业务收支以外币为主的企业,也可以选定某种外币作为记账本位币,但编制的会计报表应当(   )来反映。

   A. 任意外币　　　　　　　　　　　　B. 折算为某一特定外币

   C. 折算为人民币　　　　　　　　　　D. 随意

3. (   )是对会计信息最重要的质量要求。

   A. 可靠性　　　　　　　　　　　　　B. 相关性、可理解性、可比性

   C. 实质重于形式　　　　　　　　　　D. 重要性、谨慎性和及时性

4. (   )是会计核算工作的第一步。

   A. 设置账户和复式记账　　　　　　　B. 填制和审核会计凭证

   C. 登记账簿　　　　　　　　　　　　D. 财产清查和成本计算

5. 引起资产内部一个项目增加,另一个项目减少,而资产总额不变的经济业务是(   )。

   A. 用银行存款偿还短期借款　　　　　B. 收到投资者投入的机器一台

   C. 收到外单位前欠货款　　　　　　　D. 收到国家拨入特准储备物资

6. 经济业务发生后,(   )会计等式的平衡关系。

   A. 不会破坏　　　　B. 会破坏　　　　C. 有时破坏　　　　D. 根据情况

7. 下列各项中,属于描述资产、负债和所有者权益之间数量变化及其规律的表达式的是(   )。

   A. 账户的结构　　　B. 会计等式　　　　C. 会计科目　　　　D. 会计要素

8. 下列项目中,属于会计科目的是(   )。

   A. 房屋建筑　　　　B. 库存现金　　　　C. 外商投资　　　　D. 没收罚款

9. 下列各项中,反映企业所有者投入资金的账户是(   )。

   A. "固定资产"　　B. "银行存款"　　C. "实收资本"　　D. "长期投资"

10. 记账凭证是根据(   )编制的。

    A. 经济业务　　　　　　　　　　　　B. 原始凭证

    C. 账簿记录　　　　　　　　　　　　D. 审核无误的原始凭证

11. "限额领料单"属于(   )。

    A. 一次凭证　　　　B. 汇总凭证　　　　C. 累计凭证　　　　D. 外来凭证

12. 单式记账凭证是指在一张凭证上（　　　）的凭证

    A. 只填写一项经济业务　　　　　　　　　　B. 只填写一个会计科目

    C. 只写一个金额　　　　　　　　　　　　　D. 只填两个会计科目

13. 从银行提取现金，一般只应填制（　　　）。

    A. 收款凭证

    B. 付款凭证

    C. 转账凭证

    D. 现金收款凭证和银行存款付款凭证各一张

14. 下列项目中，属于外来原始凭证的是（　　　）。

    A. 借款单　　　　　　B. 工资结算单　　　　　C. 限额领料单　　　　　D. 购买材料的发票

15. 发料凭证汇总表属于（　　　）。

    A. 累计凭证　　　　　B. 原始凭证汇总表　　　C. 记账凭证　　　　　　D. 记账凭证汇总表

16. （　　　）是登记账簿的原始依据。

    A. 记账凭证　　　　　B. 原始凭证　　　　　　C. 付款凭证　　　　　　D. 转账凭证

17. 产品制造企业因采购材料而发生的装卸费用，支付时应计入（　　　）。

    A. 产品生产成本　　　B. 库存商品成本　　　　C. 材料采购成本　　　　D. 产品销售成本

18. 在生产过程中，为生产某种产品而发生的各种耗费称为（　　　）。

    A. 产品成本　　　　　B. 制造费用　　　　　　C. 直接费用　　　　　　D. 期间费用

19. 出售材料物资取得的收入应计入（　　　）。

    A. 产品销售收入　　　B. 其他业务收入　　　　C. 营业外收入　　　　　D. 投资收益

20. 下列各项中，不构成材料采购实际成本的是（　　　）。

    A. 买价　　　　　　　B. 采购费用　　　　　　C. 进口关税　　　　　　D. 增值税

21. 某企业应付账款账户期初贷方余额为 2 500 元，本期新增加的应付账款为 7 000 元。实际归还的应付账款为 4 000 元，则该账户期末余额为（　　　）。

    A. 借方 7 000 元　　　B. 贷方 7 000 元　　　　C. 借方 4 000 元　　　　D. 贷方 5 500 元

22. 汇总转账凭证是根据转账凭证按每个账户的贷方设置，按（　　　）汇总，定期编制。

    A. 借方　　　　　　　B. 贷方　　　　　　　　C. 借方和贷方　　　　　D. 借方或贷方

23. "累计折旧"账户对固定资产进行调整，反映固定资产的（　　　）。

    A. 增加价值　　　　　B. 原始价值　　　　　　C. 折旧额　　　　　　　D. 净值

24. 借：主营业务成本，贷：库存商品，这笔会计分录反映的经济业务是（　　　）。

    A. 结转完工入库产品的生产成本　　　　　　B. 结转已销产品的生产成本

    C. 冲销已销产品的生产成本　　　　　　　　D. 结转尚未完工产品的生产成本

25. 财产清查后，经查明是因计量器具原因造成的盘亏，应作（　　　）处理。

    A. 待处理财产损失　　B. 营业外支出　　　　　C. 其他应收款　　　　　D. 管理费用

26. 对于临时租用的机床应登记在（　　　）。

    A. 分类账　　　　　　B. 日记账　　　　　　　C. 备查账　　　　　　　D. 日记总账

27. 下列账簿中，可以采用卡片式账簿的是（　　　）。

    A. 现金日记账　　　　B. 原材料总账　　　　　C. 固定资产总账　　　　D. 固定资产明细账

28. 根据正确的记账凭证登记账簿时,误将 300 元记为 800 元,更正这种记账错误应采用（ ）。

    A. 红字更正法   B. 补充登记法

    C. 划线更正法   D. 任意一种更正错误的方法

29. 具有能避免账页散失,防止账页被抽换,比较严密安全的账簿是（ ）。

    A. 订本式账簿   B. 序时账簿   C. 活页式账簿   D. 卡片式账簿

30. 企业结账的时间应为（ ）。

    A. 每项经济业务终了时   B. 一定时期终了时

    C. 每天工作完了时   D. 会计报表编制完成时

二、多项选择题（本题共 10 题,每小题 1 分,共 10 分）

1. 下列各项中,属于本企业资产范围的有（ ）。

    A. 经营方式租入的设备   B. 融资租入的设备

    C. 企业的库存商品   D. 经营方式租出的设备

2. 下列项目中,不应作为负债确认的有（ ）。

    A. 因购买货物而暂欠外单位的货款

    B. 按照购货合同约定以赊购方式购进货物的货款

    C. 计划向银行借款 100 万元

    D. 因经济纠纷导致的法院尚未判决且金额无法合理估计的赔偿

3. 反映企业财务状况的会计要素包括（ ）。

    A. 资产   B. 负债   C. 费用   D. 所有者权益

4. 下列各种会计处理方法中,体现谨慎性要求的有（ ）。

    A. 固定资产采用加速折旧法计提折旧

    B. 确认坏账损失

    C. 长期股权投资采用成本法核算

    D. 将融资租入固定资产视作企业自有资产核算

5. 下列账户中,属于资产类账户的有（ ）。

    A. "预付账款"   B. "预收账款"   C. "长期待摊费用"   D. "制造费用"

6. 留存收益包括（ ）。

    A. 实收资本   B. 资本公积   C. 盈余公积   D. 未分配利润

7. 下列项目中,属于所有者权益项目的有（ ）。

    A. 所有者投入的资本   B. 直接计入所有者权益的利得和损失

    C. 留存收益   D. 应付利润

8. 会计核算的基本职能包括（ ）。

    A. 记账   B. 报账   C. 核算   D. 监督

9. 企业的期间费用包括（ ）。

    A. 制造费用   B. 管理费用   C. 财务费用   D. 销售费用

10. 登记总分类账的依据有（ ）。

    A. 记账凭证   B. 汇总记账凭证   C. 科目汇总表   D. 原始凭证

三、判断题(对的划√,错的划×,本题共 10 题,每小题 1 分,共 10 分)

1. 企业、事业单位的会计核算,均应以权责发生制为基础。 （　）

2. 会计处理方法应始终保持前后各期一致,不得有任何变更,这就是会计核算的一贯性原则。 （　）

3. 企业所有经济业务的发生都会引起会计恒等式两边发生增减变化。 （　）

4. "累计折旧"账户的余额表示累计已提取的折旧额,是"固定资产"账户的一个备抵账户。 （　）

5. "管理费用"账户的借方发生额应于期末采用一定的方法分配计入产品成本。 （　）

6. 流动资产是指变现期或耗用期在 1 年以内的资产。 （　）

7. 科目汇总表核算程序有利于进行试算平衡。 （　）

8. 资产负债表中的"期末数"栏,应根据有关账户的期末余额填列。 （　）

9. 复式记账是指把发生的每一项业务,都以相等的金额同时记入两个账户。 （　）

10. 会计核算有三种专门方法,分别是填制和审核凭证、登记账簿和编制会计报表。 （　）

四、技能题(本题共 2 题,每小题 10 分,共 20 分)

1. 填制会计凭证

　1)背景资料

　2019 年 8 月 8 日,广东韩冬服饰有限公司（开户行:工行沙溪支行,账号:61682674052)收到广东祥美服饰有限公司开具的转账支票,系支付前欠货款。

中国银行支票(粤)		GS 03865436
出票日期(大写)贰零壹玖年 捌 月零捌日		付款行名称:中行沙溪支行
收款人:广东韩冬服饰有限公司		出票人账号:61722683058

付款期限自出票之日起十天

人民币(大写) 捌万陆仟伍佰柒拾元整　　千百十万千百十元角分　¥8657000

用途 支付货款
上列款项请从我账户内支付
出票人签章

广东祥美服饰有限公司财务专用章　李建祥

密码 _____
行号 _____
复核　记账

附加信息:　被背书人:　　背书人签章 年 月 日　　被背书人:　背书人签章 年 月 日

2）训练要求

依据背景资料,进行转账支票的背书,并填制银行进账单和记账凭证。广东韩冬服饰有限公司预留在开户银行的签章为广东韩冬服饰有限公司财务专用章、韩敬冬。

中国工商银行进账单 （回 单） 1
年 月 日

出票人	全 称		收款人	全 称										
	账 号			账 号										
	开户银行			开户银行										
金额	人民币（大写）					亿	千	百	十	万	千	百	十	元	角	分
票据种类		票据张数												
票据号码														
复核 记账			开户银行盖章											

此联是开户银行交给持（出）票人的回单

记 账 凭 证
年 月 日　　　　　字第 号

摘 要	总账科目	明细科目	借方金额									贷方金额									账页或√
			千	百	十	万	千	百	十	元	角	分	千	百	十	万	千	百	十	元	角	分	
附属单证 张		合 计																				

会计主管：　　　　记账：　　　　审核：　　　　制单：

2. 编制利润表

1）背景资料

广东新丰家居有限公司 2019 年 10 月份有关损益类账户发生额如下所示,该公司适用企业所得税税率为 25％。

损益类账户发生额表（结转到本年利润前）

2019 年 10 月　　　　　　　　　　　　　　　　　　　单位:元

收入类账户	借方发生额	贷方发生额	费用类账户	借方发生额	贷方发生额
主营业务收入		7 114 00.00	主营业务成本	485 100.00	
其他业务收入		27 500.00	其他业务成本	16 250.00	
投资收益		10 000.00	税金及附加	5 990.00	
营业外收入		20 000.00	销售费用	20 000.00	
			管理费用	33 340.00	
			财务费用	2 800.00	
			营业外支出	30 000.00	
合计		769 900.00	合计	593 480.00	

2）训练要求

依据背景资料,编制广东新丰家居有限公司 2019 年 10 月利润表,如下所示。

利 润 表

编制单位:　　　　　　　　　　　年　月　　　　　　　　　　　单位:元

项目	本年累计金额	本月金额
一、营业收入		
减:营业成本		
税金及附加		
销售费用		
管理费用		
财务费用		
加:投资收益(损失以"－"号填列)		
二、营业利润(损失以"－"号填列)		
加:营业外收入		
减:营业外支出		
三、利润总额(亏损总额以"－"号填列)		
减:所得税费用		
四、净利润(净亏损以"－"号填列)		

企业盖章:　　　　　　单位负责人:　　　　　　财务负责人:　　　　　　制表:

主要参考文献

［1］财政部会计资格评价中心.中级会计实务［M］.北京：经济科学出版社.2019.

［2］财政部会计资格评价中心.初级会计实务［M］.北京：经济科学出版社.2018.

［3］陈国辉,迟旭升.基础会计(第三版)［M］.大连：东北财经大学出版社.2012.

［4］罗绍明.小企业财务会计实训(第二版)［M］.上海：立信会计出版社.2018.

［5］卢景.基础会计综合练习册［M］.广州：广东高等教育出版社.2016.

［6］黄洁洵.经济法基础［M］.北京：北京科学技术出版社.2019.

［7］刘忠.初级会计实务［M］.北京：北京科学技术出版社.2019.

［8］广州市中职地方教材建设委员会.会计基础［M］.广州：广东科技出版社.2008.

［9］广东省中职学校教材编写委员会.基础会计［M］.广州：广东高等教育出版社.2009.